中华文明历史记载

中華世纪壇

大风泱泱，大潮滂滂。洪水图腾蚀龙，烈火涅槃凤凰。文明圣火，千古未绝者，唯我无双；和天地并存，与日月同光。

中华文化，源远流长；博大精深，卓越辉煌。信步三百米甬道，阅历五千年沧桑。社稷千秋，祖宗百世；几多荣辱沉浮，几度盛衰兴亡。圣贤典籍，浩如烟海；四大发明，寰球共享。缅怀漫漫岁月，爰灵缕缕遐想。

回首近代，百年三万六千日，饱尝民族苦难，历尽变革风霜。烽火硝烟，江山激昂。挽狂澜于既倒，擎大厦于断梁。春风又绿神州，华夏再沐朝阳。

世纪远望：前有古人，星光灿烂；后有来者，群英璧璧。看乾坤旋转，乾坤动，自强不息之精神；坤包容，厚德载物之气量。继往开来，浩浩荡荡。立民生，兴文明，求统一，图富强。中华民族伟大复兴，定将舒天昭晖，磅礴东方。

世纪交汇，万众景仰；共襄盛举，建坛流芳；昭示后代，永世莫忘。

朱相远

中華世紀壇

朱相远

大风泱泱，大潮滂滂。洪水图腾蛟龙，烈火涅槃凤凰。文明圣火，千古未绝者，惟我无双；和天地并存，与日月同光。

中华文化，源远流长；博大精深，卓越辉煌。信步三百米甬道，阅历五千年沧桑。壮哉千秋，祖宗百世；几回秦汉沉浮，几度盛衰兴亡。圣贤典籍，浩如烟海；四大发明，寰球共享。缅怀漫漫岁月，群贤辈辈迭现。

回首近代，百年三万六千日，饱尝民族苦难，历尽变革风霜。烽火硝烟，江山激荡。挽狂澜于既倒，撑大厦于将倾。春风又绿神州，华夏再沐朝阳。

登临远望：前有古人，星光灿烂；后有来者，群英荟萃。看乾坤旋转，乾恒动，自强不息之精神；坤包容，厚德载物之气量。继往开来，浩浩荡荡。五民主，兴文明，求统一，图富强。中华民族伟大复兴，实畅舒天照耀，瞻望未来。

世纪交汇，万众翘首：共襄盛举，欣迎未来：昭示后代，承前启后。

中華世纪壇
江澤民

THE CHINA MILLENNIUM MONUMENT:
INSCRIPTIONS
ON THE BRONZE CORRIDOR

中国财政经济出版社

中华世纪坛组织委员会 编

中華世紀壇

青铜甬道铭文

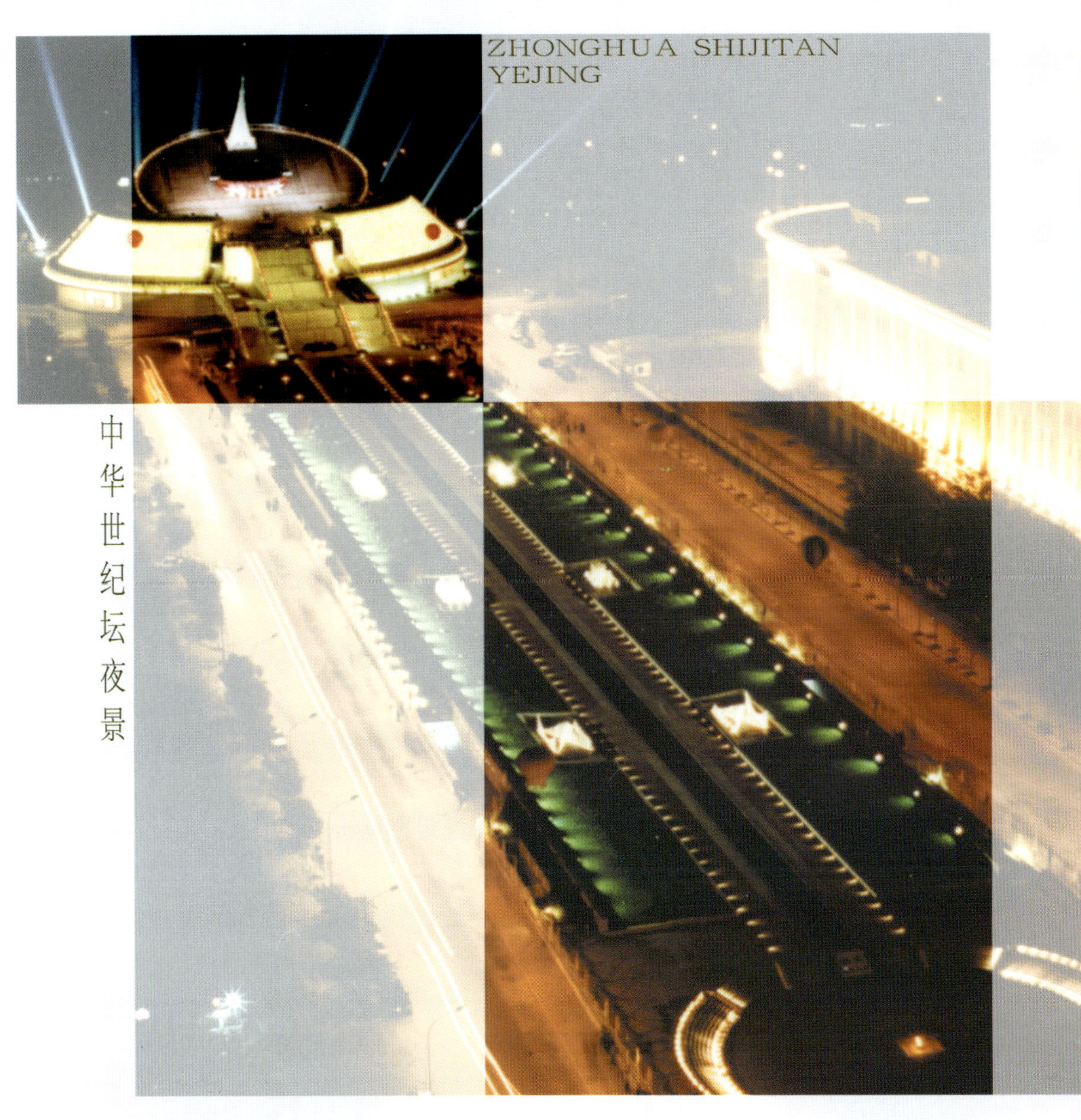

ZHONGHUA SHIJITAN
YEJING

中华世纪坛夜景

中华世纪坛青铜甬道铭文

中华世纪坛组织委员会　编

图书在版编目（CIP）数据

中华世纪坛青铜甬道铭文/中华世纪坛组织委员会编. 北京：中国财政经济出版社，2000.12
ISBN 7-5005-4915-6

Ⅰ. 中…　Ⅱ. 中…　Ⅲ. 爱国主义教育-中国-通俗读物　Ⅳ. D647

中国版本图书馆 CIP 数据核字（2000）第 79398 号

中国财政经济出版社出版

URL：http://www.cfeph.com

E-mail:cfeph@drc.gov.cn

社址：北京东城大佛寺东街 8 号　邮政编码：100010

发行处电话:64033095　财经书店电话:64033436

财经图书发行中心电话:88119132　88119130(传真)

清华大学印刷厂印刷　各地新华书店经销

889×1194 毫米　24 开　18.75 印张　478 000 字

2000 年 12 月第 1 版　2006 年 12 月北京第 2 次印刷

印数:3001-6000　定价:58.00 元

ISBN 7-5005-4915-6/K·0015

（图书出现印装问题,本社负责调换）

序

中华世纪坛的青铜甬道，清清流水淌过的青铜甬道，再现了历史的长河，从百余万年前一直流淌到我们亲历过的时代。

现在知道，从超过百万年以前开始，中华大地一直有人类生息。从他们的遗骸上，我们不仅看到人类完成体质进化的各个环节，还发现了现代黄种人与之一脉相承的某些体质特征。从他们的遗物中，我们不仅看到了整个石器时代工艺传统的连续发展，还知道了今天精湛的琢玉技术，也就从那个遥远的年代发展而来。尽管对人类起源"一元论"抑或"多元论"尚未能确定，但以上事实却是奠基于基因理论的人类起源"夏娃说"所难以解释的，它预示祖国大地的远古居民就是我们祖先。

大约一万年前，在中华大地上，原始农业出现了，这是食物生产的革命，或称为"农业革命"。因为在此以前，我们遥远的先祖虽然发明了制作工具，用火，把自己和其它动物区别开来，但是，当人类还是靠摄取自然界现成产物为生时，不可避免地仍和其它动物一样，被牢牢地锁系在大自然的食物链上，种群的扩大，乃至生存技术的积累、传承、交流都受到很大限制。只有发明了作物栽培和动物畜养以后，丰富了食物来源，才能在一定程度上挣脱食物链的束缚，获得迅速发展的机会。在同样久远的年代，不同地区的先民根据不同的自然条件驯化与驯养了不同的作物与家畜，定居的村落出现了、密集了，各种手工业部门形成了、发展了。由社会分工而发生交换，由分工和交换而发生社会分化，从而为文明因素的形成奠下基础。

五千年前，随着私有财产的出现、社会的分化和价值观念的改变，原先建立的原始共产制基础上、以血缘为纽带的氏族制度日益衰落，而一种植根于氏族、部落，又凌驾其上的更高一级社会组织应运而生，日益成为稳定独立的政治实体，这已经是雏形的国家了。国家是文明社会的概括，雏形的国家的出现，标志着中华大地文明初曙的时代已经开始。

值得注意的是，过去人们常称黄河为母亲河，认为她是中华文明的摇篮，然而现在知道雏形国家并不仅见于黄河流域，相反，已知的第一道文明曙光首先出现在西辽河，以红山文化的石祭坛、女神庙、积石冢为标志。稍晚，与之交相辉映的有长江下游良渚文化的“土冢金字塔”。当时的中原地区经济文化与社会发展并非走在最前列，只不过是在发展进程中，能够吸吮容纳周边地区群星璀璨的文明因素，充实自己，形成八方文化辐辏中原的态势，获得更高的起点和更快的发展速度，以致从距今四千年前，以中原为中心的中央王朝：夏、商、周相继而立，创造了灿烂的青铜文明。在各个地区的先民筚路蓝缕、不断开拓进取的基础上，不同文化的交流融合推动着更大范围、更高水平的组合与重组，百川汇大海，这是中华大地文明形成的基本道路，也是多元一体的中华民族形成、发展的道路，它保证了秦汉以来两千年中华统一不断发展的坚实基础，也造就了我们民族富于兼容与凝聚力的特性。

正因为我们的民族不仅有精于工艺的勤劳的双手,有勇于开拓的创造力,更有这样的民族性,在此后历史的进程中,虽有曲折和短暂的分裂,但国家的统一始终是主流。汉以后十六国南北朝的民族斗争,最终导致民族融合,宋以后北方民族入主中原的辽、金、元、清帝国,也使更富活力的统一的多民族国家的凝聚力不断加强。从元代起西藏已成为中央直执着统辖的地区,清代流亡俄罗斯的新疆土尔扈特部,千辛万苦返回祖国怀抱,受到热切的欢迎。长城,最早是隔离草原民族与农业民族的屏障,清初,已开始在长城边建立起象征民族团结的承德外八庙,标志着中华民族的进一步形成。

干戈化为玉帛，民族的纷争以民族融合而告终，作为常态的和平交流与交往更造就了历史辉煌的篇章。从汉代开始，正史都要为周边以及外邦立传，论述他们社会和经济文化的发展。汉代有张骞通西域，晋代有法显赴天竺，唐代不仅有玄奘西天取经的故事，更把交流的范围扩大到朝鲜、日本、南亚、中亚、西亚和北非各国，创造了异彩纷呈的艺术、宗教和科学技术成果。在此基础上还形成宋代高度发展的经济与文化，就是明代，也留下了郑和下西洋的千古佳话。

正是由于这种凝聚性与包容性，我们民族的文化传统得以不断壮大成长，中华文明在四大文明古国中，独能绵延长久，不曾中断，在世界历史上是独一无二的，这是我们民族的骄傲。然而历史永远不会停下脚步，盲目的自傲曾使近代中国失去了领先的地位，闭关锁国没能挡住列强的侵略和欺凌，充满活力与凝聚力的古族一度沦为“东亚病夫”和“一盘散沙”。

国家与民族的危亡唤醒仁人志士的反思与变革的尝试，终于推翻了腐朽的封建王朝，赶走殖民者，重新掌握了自己的命运。在本世纪，尤其是五四运动以后，数次掀起关于中华文化传统与文明溯源的讨论，就是要“以史为鉴”，认识、珍重、发扬我们文化传统中的精华，汲取振兴中华的历史智慧。

在这世纪之交，当我们共和国的航船终于越来越稳健地把握好航道时，来到中华世纪坛，徜徉在这不绝的清流边，细细阅读镌刻于甬道上的文字，仍是有意义的。这里虽然远远容纳不下历史的全部，却仍有那么多辉煌与失落、光荣与屈辱、正确与失误、经验与教训，值得我们深味。因为我们虽然已经进入了文明时代，历经了数千年，但就人类的发展而言，还只是一个初级阶段，我们面临的问题正像一位伟大的学者一百年前所论述的那样：

自从进入文明时代以来，财富的增长是如此巨大，它的形式是如此繁多，它的用途是如此广泛，为了所有者利益而对它进行的管理又是如此巧妙，以致这种财富对人民来说变成一种无法控制的力量。人类的智慧在自己的创造物面前感到迷惘而不知所措了。然而，总有一天，人类的理智一定会强健到能够支配财富，一定会规定国家对它保护的财产的关系，以及所有者的权利的范围。

我们要回顾悠悠光荣的历史，更要展望和创造无比辉煌灿烂的未来。

中华世纪坛组织委员会

2000 年 9 月

编次

远古文化遗存与传说时代

距今 300—200 万年

人类已经出现。在中华大地，黄河尚未形成，今天的黄土高原是茂密的森林和气候温润的大草原。

距今 200—100 万年

我国云南、四川、陕西、山西、河北已发现这一时期直立人化石或文化遗存，最北一处石器地点是河北阳原小长梁。

中华大地的古人类开始用火。

距今 100—20 万年

我国直立人及其文化遗存分布更为广泛，最北到达辽宁本溪。

古人类已能够控制火堆，保存火种，用火煮食、取暖、制造工具，可能出现了火猎，开始了古史传说中的燧人氏时代。

距今 10 万年前后

在我国从云南、贵州、广东至山西、辽宁都有早期智人的化石和文化遗存，其体质特征与北京猿人、黄种人有较亲密的亲缘关系。

出现了专门的狩猎工具，原始猎人出现，进入传说中的伏牺氏时代。

距今 5 万年前后

4 万年前，晚期智人出现，我国发现的晚期智人的体质形态，开始形成黄种人特征。

距今 2 万年前后

晚期智人遗存几乎遍及我国各个省或自治区。发明弓箭。发明人工取火。出现骨针，开始缝制衣裳。

距今1万年前后

发明了原始农业。发明制陶。进入传说中的神农氏时代。

公元前7000—前6000年

河南舞阳贾湖遗址的时代大约为距今9000—7800年之间，同类型遗址主要分布于淮河上游主要支流沙河、汝河、洪河流域。

稻作农业与渔猎、畜养家畜并重，是同期栽培稻分布的最北地区，形成了雏形的环壕聚落。

出现了七音阶骨笛和甲、骨、陶、石上的契刻符号。

公元前6000—前5000年

距今8000年前后，在湖北、湖南的长江中游一带有以湖南澧县彭头山、八十档、湖北枝城城背溪等为代表的文化遗存，也发现了丰富的栽培稻遗存。

在中原地区有磁山、裴李岗文化，关中地区有老官台等文化，泰沂地区有后李文化，辽西有兴隆洼文化等，都出现了繁荣的原始聚落，从事以粟为主的旱地农业和家畜驯养并获得初步发展。

公元前5000—前4800年

马家滨文化　存在于公元前5000—前4000年，主要分布于太湖地区。从事定居农业，家畜有猪、狗、水牛，渔猎经济也占重要地位。石器磨制和木作技术较高，制陶技术处于较低阶段。

河姆渡文化　存在于公元前5000—前3300年，主要分布于杭州湾南岸的宁绍平原，并越海东达舟山岛。

从事定居农业，出现了水井。在河姆渡遗址最下层，发现大型干栏式建筑及大面积稻谷、稻壳、茎叶堆积，最厚处达1米。家畜有猪、狗，同时进行广谱的采集、狩猎。

陶器以夹炭黑陶为主，织造工艺进步，发现了机刀、布打棒、经轴等织机构件。骨器发达，木作工艺突出，开始了对生漆的利用。出现玉制品、牙雕。

有了船和桨，开辟了近海交通。

公元前 4800 —前 4600 年

仰韶文化 存在于公元前 4800 — 2900 年前，分布以关中、晋南、豫西为中心。

公元前 3500 年前后进入发展的繁荣期，锄耕农业进一步发展，种植的作物以粟为主，西安半坡遗址 115 号窖穴中堆积的朽粟约 0.83 立方米，估计原藏小米近 500 公斤。一些遗址中还发现了黍、稻。当时的人们还饲养猪、狗、鸡并兼营渔猎。

制陶术已走上成熟，出现了慢轮修整，用敞口氧化烧法烧制红陶。彩陶发达，以赭石、含铁较高的红土、瓷土做红、黑、白彩的颜料，用“毛笔”一类工具彩绘。以圆点、弧线等构成二方连续的装饰图案，母题有花卉、日月星辰和鸟纹等。

营建技术取得重大发展，房屋由半地穴式上升为地面建筑，并开始奠下中国古典建筑结构体系的基础。陕西华县元君庙遗址发现的麻布印痕，每平方厘米经纬各 12 根。陕西姜寨遗址出土了用原始的冶炼方法铸成的早期黄铜片。

在河南濮阳西水坡遗址出土了用蚌壳堆筑的大型龙虎等动物和人骑龙的形象。

公元前 4600 —前 4400 年

大溪文化 存在于公元前 4400 —前 3300 年，其分布东起鄂中南，西至川东，南抵洞庭北岸，北达汉水中游两岸，主要集中在长江中游西段两岸地区。经济生活以稻作农业为主，饲养猪、狗、牛、羊、鸡等，渔猎也占有较重要的地位。

大溪文化的陶器以白陶和薄胎彩陶最为突出，白陶圈足盘通体饰类似浅浮雕的印纹；薄胎细泥单耳杯和圈足碗，胎厚仅 1 — 1.5 毫米，在橙黄色器上绘棕红色纹饰，精美别致。

大溪文化晚期遗址中，多处出现石器制造场。

在湖北黄梅焦墩遗址发现用卵石摆塑的巨龙，全长 4.46 米，头向正西。

公元前 4400 —前 4200 年

大汶口文化 存在于公元前 4300 —前 2500 年，其分布东达黄海之滨，北抵渤海南岸，西入豫东，南及苏皖淮水以北。

经济生活以原始农业为主，主要种粟，兼营蓄养、渔猎。盛行枕骨人工变形和青春期拔牙习俗，早期还见人工颌骨变形并盛行同性合葬、多人二次葬。

早期陶器手制，器类较少，烧成火候低，约当公元前3000年前后出现轮制技术。石器制作较规整，广泛使用穿孔技术。骨器较多，已掌握了骨雕工艺。

公元前4200—前4000年

进入神农氏时代繁荣的顶点，并开始了下行的发展阶段。

在江苏吴县草鞋山遗址马家滨文化遗存中，发现以野生葛为原料，纬线起花的罗纹织物，密度每平方厘米经线约10根，纬线罗纹部约26—28根，地部13—14根。花纹有山形斜纹和菱形斜纹。这是已发现的最早的纺织品实物，时代为公元前4000多年。

公元前4000—前3800年

崧泽文化 约当公元前3900—前3300年，分布于太湖地区，经济生活似以稻作农业为主，出现了三角形石犁，逐渐从锄耕进入犁耕阶段，狩猎退居次要地位，制陶技术有了较大提高，出现了慢轮修整，并熟练地掌握了在烧制后期使用还原焰的方法，陶器造型多样。玉饰品逐渐增多。

公元前3800—前3600年

红山文化 约公元前3500年前，分布区北界越过西拉木伦河，东界达下辽河西岸，南界东段达渤海沿岸，西段到达华北平原。

农业工具以大型砍伐器和石耜等起土工具为主，反映出大面积垦荒和耕作粗放的生产情况，畜牧、狩猎在经济生活中占有重要地位。红山文化的陶器既反映出受仰韶文化影响，又有浓郁的地方特色，出现了结构复杂、形制进步的双连窑，制陶业已有了较细的分工。

原始宗教空前发展，出现了不同规模的祭祀遗址以及造型复杂、涵义特殊的各种玉器。

大汶口文化 从公元前3500年开始进入中、晚期，社会经济全面而迅速发展。社会经济以原始农业为基础，在滕县三里河的一个窖穴中出土了约1立方米的朽粟。家畜饲养发达，主要有猪、

狗、牛、鸡等。

制陶日益发达，器形、纹饰多样化，还出现了细泥陶、薄胎黑陶和用高岭土制作的白陶，轮制技术用于生产大件器物，烧窑技术也有很大提高。

石器制作开始选用高硬度的蛋白石、流纹岩作原料，出现了成套的系列工具。开始使用切割法、管钻法的石器制作技术，玉器加工业也达到很高水平。兴起骨牙透雕技术和镶嵌工艺。

公元前3600—前3400年

卡若遗址　约当公元前3500—前3200年，位于西藏东部昌都县卡若村，西靠澜沧江，南临卡若水，在两河交汇的三角形台地上。

经济生活以农业为主，畜养猪、牛，狩猎也占有较重要的地位。

房屋建筑在早期多是半地穴式的，用木骨泥墙，晚期则用石砌墙壁，还用砾石铺筑道路，构筑石圆台、石圆圈。

以卡若遗址为代表的卡若文化是西藏古文化发展谱系中的一个环节，曾受到马家窑文化的较多影响，又沿澜沧江和金沙江河谷南下，对云南新石器文化发生影响。

富河文化　约公元前3350年，主要分布于内蒙古巴林左旗的吉尔木伦河流域，过着从事农耕与渔猎相结合的生活。半地穴式的房子挖掘在背依山坡的山岗上。用鹿肩胛骨占卜，这是迄今发现的最早的卜骨。

公元前3400—前3200年

马家窑文化　约当公元前3300—前2900年，分布在以陇西平原为中心，东起陇东山地，西到河西走廊和青海东北部，北达甘肃北部和宁夏南部，南抵甘南山地和四川北部地区。经济生活以从事旱地农业为主，作物有粟和黍，饲养猪、狗、羊等家畜，狩猎的主要对象是鹿。

吴兴钱山漾遗址　约公元前3300—前2600年，位于浙江吴兴县东南7公里，钱山漾东南岸，遗址下层发现良渚文化早期干栏式住房，石器、陶器及竹木编织物200余件，包括篓、篮、谷箩、簸箕、竹席等种类，编法繁多，还使用了“梅花眼”、“辫子口”等复杂的竹编方法，显示了高超的技巧。木器中有长1.8米的木桨和独木刻成的千篰和木槽。

这里发现了最早的丝织品实物，包括绢片，丝带、丝线，绢用平织法，每一平方厘米经纬各40根。同出的麻织品有蓖麻织的平纹麻布，每平方厘米经纬各24根，有的达30根，同近代的细麻布，此外还有麻绳。

西山古城址　西山遗址位于河南郑州市北郊枯河北岸二级台地上。文化堆积以仰韶文化遗存为主，跨越时间很长，晚期有一座古城址，年代大约为距今5300—4800年。

城址平面略成圆形，总面积3万多平方米，城垣基槽分层分段夯筑，以集束木棍为夯具，墙厚3—5米，复原高度当为4—5米，此门东西两侧附筑城台，外侧正中有一道护门墙，西城门北侧城墙上可能有望楼一类的建筑。城墙外有环壕，在城门口处架设板桥通行。城内有大型夯土建筑基址及一个面积数百平方米的广场。

西山古城营建方法比较进步，运用方块板筑法大规模建造城垣是西山城的创举，这是一种较为成熟的夯筑方法。此外城垣的收杀设计、城隅加宽、城台、护门墙等都对以后的城垣制度有深远影响。

公元前3200—前3000年

薛家岗文化　约当公元前3200—前3000年，分布于大别山以东、巢湖以西的江淮间。

经济生活以稻作农业为主，玉石加工工艺相当发达，石器通体磨光，使用管钻法穿孔。扁薄穿孔石铲及有孔石刀，有的已演化成一种仪仗器，加工精致，孔周绘出红色花果形图案。玉器较多，礼器有钺，饰物有环、管、玦等，达到很高的工艺水平。

安徽望江黄家堰遗址的一座墓中还有用各色小卵石堆塑的鸟形图案，展翅欲飞，惟妙惟肖。

东山嘴遗址　是红山文化一座中型祭祀建筑群址。位于大凌河北岸的一座山岗顶部，三面环山，居高临下。主体建筑为一方形和一圆形的两个石砌基址，作南圆北方、左右对称的布局。附近有与祭祀有关的埋葬，以及祭牲、玉鸮、双龙首玉璜等玉器，还有一批泥塑女神像，大型的相当真人三分之一，小型的有孕妇像。时代为距今5000年。

牛河梁庙、坛、冢群体建筑　是红山文化大型祭祀遗存，中心建筑是女神庙，方圆5公里范围

内围绕分布许多积石冢群。女神庙位于牛河梁中梁近于梁顶处，主体为长 18.4 米的多室半地穴建筑，出土物有陶祭器，泥塑龙、鸟等动物及女神像。神像有三种规格：与真人同大、比真人大一倍、大两倍。冢选在高度适中的岗丘顶部，一岗一冢或多冢，墓葬有中心大墓、台阶式墓、石棺墓、附葬墓的不同等级，大墓均以玉器随葬，有勾云玉佩、玉龟、玉鸟等，皆成对出土。

公元前 3000 —前 2960 年

大河村彩陶　河南郑州大河村遗址位于郑州市东北郊的一座漫坡土冈上，包含仰韶、龙山和商代文化遗存。在公元前 3075 —前 2550 年间遗物中，有大量绚丽的彩陶，多施鲜艳的白色或红色陶衣，用黑、棕、红色绘勾叶、圆点、锯齿、方形、菱形、六角形及与天象有关的太阳、月亮、星座纹等。

太阳纹有三种，绘于不同的器物上，都是在口沿或肩部一周绘制十二个太阳。绘月亮纹的陶片比较多，为两个月牙相对，中间一圆点，绘于肩或上腹部一周三组。此外还有用曲线、直线连接圆点构成的星座图。

出现了釉彩，施釉彩的陶器坚硬细腻，火候高，渗水性低，器表内外施杏黄色釉，用黑色或棕色绘网纹。

屈家岭文化　约当公元前 3000 —前 2600 年，分布以江汉平原为中心，东起大别山南麓，西至三峡，北到豫西南，南抵洞庭湖北岸。

经济生活以种植水稻为主，兼营采集渔猎。

屈家岭文化的石器均磨制，有的磨制甚精，用管钻法穿孔。陶器制作趋向定型化，其中米黄色薄胎彩陶制作精美，用浓淡不同的墨色在器内外晕染，有的在一器上有二、三种颜色的陶衣，彩纹浓淡相间，为屈家岭文化所特有。

此外，还有大量陶纺轮，轻重大小不同，其中一种形体轻薄者，多施多种多样纹饰的彩绘。

公元前 2960 —前 2920 年

大南沟墓地　约公元前 3000 —前 2500 年，位于内蒙古自治区赤峰市北。系红山文化晚期墓

地，出土了大批文化遗物，石器中斧、锛、凿器类齐全。不同工具在用料和制作方法上有严格的区分，形制固定，还有用高级玉料精制的小型锛。特殊身份的墓葬不仅随葬品丰富，还有大型石钺和刻划成组符号的陶器。陶器手制，部分经慢轮修整，少数陶器制作精致，火候甚高，甚至还有一些，如鸮形壶等堪称造型艺术的精品。

石峡文化　约公元前3000—前2500年，分布在广东、北江和东江流域。经济生活以稻作农业为主，也存在一定的采集经济。陶器发达，多为轮制或模制，以及轮模合制。出现了钺等专用兵器和特殊用途的琮、璜、玦等玉石器，以及外来形制的陶器。

大小墓差别明显，大墓中往往有成套的工具，精美的玉器、兵器和大量陶器，随葬品多达百余种，有的还随葬稻谷，一般小墓随葬品很少。

通过北江到赣江河谷是石峡文化对外联系的重要交通孔道。

含山凌家滩文化遗址　位于安徽含山县长岗乡的一片高岗台地上，时代约当大汶口文化中期。

以凌家滩遗址为中心、半径2公里的范围内，分布有6处新石器时代遗址和一处大型墓地。墓地中心最高处为一座600平方米的祭坛。周围墓葬中出土大批精美的玉器，有玉人、玉龙、玉鹰、玉璜、玉镯、玉铲等。一件微作拱形的玉片，上面雕琢出方、圆、八角形，并用线条表示出四方和八方的方位，四边还有数量不等的穿孔，玉片夹在玉龟背甲和腹甲之间，置于墓主胸前，图案所示约略与中国古代原始八卦理论相合。

公元前2920—前2880年

大汶口氏族墓地　山东泰安大汶口发掘出一片大汶口文化中、晚期的氏族墓地，其中已划分出家族墓区。

墓地中，大、中、小型墓差别悬殊，大型墓有结构复杂的井字形木椁，成套的工具，大量精美的黑陶、白陶、彩陶，成组的玉饰和骨牙雕，以及猪头等，个别的还有可能是鼍鼓残留下的成堆鳄鱼骨板。

随葬品中有一种高柄杯，陶质细腻，是龙山文化蛋壳黑陶杯的雏形。还有雕镂精美的象牙梳、镶嵌松绿石的骨牙雕筒，达到很高的工艺水平。

大汶口文化陶器符号 在山东莒县陵阳河、大朱村、诸城前寨和安徽蒙城尉迟寺的大汶口文化晚期遗存中，发现一批契刻在陶尊上的象形符号。有单体、复体两种形式，有的还有涂朱。

这些符号已有了一定的流通范围，有些和甲骨金文形状和造字方法都很接近，类似的符号还见于良渚等文化，应是后来形成古汉字体系的基础。

公元前2880—前2840年

甘肃东乡林家遗址 公元前2900年前后的马家窑文化遗存，发现储藏粮食的袋状窖穴，其中17号窖穴存有大量炭化粮食，以现存厚度计算约2立方米。

在20号房址内，发现一件铜刀，长12.5厘米，是目前已知最早的用合范浇铸的铜器，成份为含锡青铜，是用木炭直接还原锡石和氧化铜矿的混合物得到的。

马家窑文化彩陶很发达，在器表光滑的橙黄色的泥质陶器上绘黑彩，色彩浓郁，漆黑发亮，尤其是一种舞蹈人物图形的陶盆，笔法流畅，形态逼真，还用辫发和尾饰体现舞蹈的节奏。

尉迟寺遗址 安徽淮河以北的蒙城尉迟寺遗址一期文化属于大汶口文化晚期的一个地方类型。

整个聚落有以独立单间构成的排房，周围构筑大型围沟。种植的粮食作物有水稻和粟两种，除农业外，纺织业也相当发达，陶、石纺轮数以百计，形状各异，大小有别。

遗址面积10万平方米，周围还分布着一批同期的中小聚落，和尉迟寺的距离均在10—20公里间。其中3万平方米之下的中型聚落3处，1万平方米之下的小型聚落12处，三类聚落互相依托，构成一个社会共同体。

公元前2800—前2760年

大地湾原始殿堂 甘肃秦安大地湾遗址的仰韶文化晚期大型聚落是以北边山坡上901号原始殿堂为中心，向南作扇面展开，其中又分若干小区，每个区都有较大的房子和小房子。

901号殿堂是由前堂、后屋、东西两厢构成的多间式大型建筑，残存面积290平方米。其中，前堂130平方米，正中有一个直径超过2.5米、残高0.5米大火塘，室内地坪系用原始水泥铺成，表面光洁，抗压强度相当100号水泥砂浆地面。房前还有130平方米地坪和附加建筑。室内出土的器物较特殊，如四足鼎、畚箕形陶器等是一般遗址所不见的。

小区中有次一级考究的大房子，405号房址是一座大单间建筑，总面积270平方米，室内结构近似901号的前堂，室外还有屋檐散水和夯土护墙斜坡。附近还有一座小型的宗教性建筑。

公元前2760—前2720年

庙底沟二期文化 公元前2900—前2800年，主要分布在豫西地区，河南郑洛地区、晋南和陕西关中也有发现。上承仰韶文化，属于龙山文化早期遗存。和仰韶文化相比，石器制作水平提高，器形规整锋利，更便于装柄，砍伐工具更厚重。农业和畜养业都有较大发展，渔猎经济仍然存在。陶窑改进，开始了用还原焰烧制灰陶的新阶段。

樊城堆文化（山背文化） 约公元前2800年，分布于赣江流域。

经济生活以稻作为主。生活器皿多用红陶、灰陶，也有少量黑陶、白陶和彩陶，在泥质黄陶上绘红彩，近似屈家岭文化，还有一些器物显示出受到了石峡文化和良渚文化的影响。

公元前2720—前2680年

史载，轩辕之时，神农氏世衰，诸侯相侵伐，暴虐百姓，而神农氏弗能征，于是轩辕习用干戈，以征不享。与炎帝战于阪泉，三战，然后得其志，与蚩尤战于涿鹿，擒而杀之。诸侯咸尊轩辕为天子，代神农氏，是为黄帝。

相传公元前2697年为黄帝纪元元年，为文明之肇始。黄帝曾采铜铸鼎；又作舟车以济不通；为宫室，上栋下宇，以避风雨，又为五城十二楼。黄帝妃嫘祖始劝蚕，黄帝臣仓颉造字，伶伦作磬，羲和占日，常仪占月，臾区占星气。

公元前2680—前2640年

中原龙山文化群体 约公元前2600—前2000年，主要分布在黄河中游地区，是在仰韶文化的基础上发展起来的，包括若干的地域类型，如后岗二期文化，王湾三期文化、客省庄二期文化、三里桥类型、陶寺类型、造律台类型等，继这些不同类型的中原龙山文化之后，在不同地区分别发展

为夏文化、先商文化、先周文化。

经济生活以旱地农业为主，房屋地坪和四壁多抹白灰防潮，建筑常用土坯和夯筑法，社会分化明显。各遗址常发现有卜骨。

公元前 2640—前 2600 年

白营遗址 约当公元前 2590—前 2100 年，位于河南汤阴县东，面积 3 万平方米，属于中原龙山文化群体中的后岗二期文化。

在早期遗存中发现了中原地区迄今所知最早、结构最复杂的水井，为圆角方形，口大底小，深 11 米，靠井壁处以木棍凿榫交叉扣合，成井字形木架，叠垒 46 层，作为支护。晚期出现用土坯砌墙的房屋。家畜有猪、狗、猫、牛、山羊和鸡。

石家河文化 约公元前 2600—前 2000 年，分布于长江中游的广阔地域，是在屈家岭文化的基础上发展起来的，也有很多地域类型，经济生活以稻作农业为主，遗址中大量出土红陶小杯，应是酒器，有生产规模很大的主要烧制这种陶器的作坊，属于作为交换的产品。出现了铜器冶铸，一些遗址出有铜块、孔雀石、类似铜器云雷纹的陶器。

琢玉工艺达到极高的水平，大墓中常有大量玉器随葬。出土了十分精美的透雕龙、凤玉佩。

公元前 2600—前 2560 年

半山—马厂类型文化 约公元前 2600—前 2050 年，分布东不逾陇西，半山类型以洮河、湟河流域为中心，马厂类型则以湟水流域为中心。

彩陶艺术持续发展，到马厂前期达到鼎盛，彩绘绚丽多姿，数量很多，在旋转的陶轮上施彩，线条流畅，均匀是一大特色。在甘肃兰州白道沟坪遗址发现一处窑场，位于黄河北岸，12 座陶窑分成四组，每组共用一个烧火坑，还有备料坑及研磨颜料和调色的用具。

半山—马厂类型生产力水平较马家窑类型有较大提高，永登蒋家坪遗址中也发现过青铜刀，但这时的生产工具似主要使用石器。农业生产水平的提高反映为一些地区盛行用粮食随葬，放在粗陶瓮中，最多可达 4 瓮。但大小墓随葬品数量、质量差别也很悬殊。

公元前 2560 —前 2520 年

相传黄帝在位百年而崩，葬桥山，其孙昌意之子高阳立，是为帝颛顼。这时华夏、东夷等部族集团不仅形成，而且有了进一步的交融。

颛顼的主要历史功绩是进行宗教改革，原始宗教最初是民神杂糅，家有巫史，至颛顼，命南正重司天以属神，火正黎司地以属民，无相侵渎，是为绝地天通。

颛顼以后，相继有帝喾高辛氏、帝尧、帝舜，社会发生日益深刻的变革，舜禅位于禹，禹禅于益，但天子位终为禹子启所得，开始了“夏传子，家天下”的时代。

公元前 2520 —前 2480 年

陶寺类型文化　约公元前 2500 —前 1900 年，分布在晋西南。居住遗址中有很多小型房址、道路、水井、窑穴、陶窑。房址有半地穴式、窑洞式、地面起建三种形式，有的房子灶台在室内一侧，后部有通向室外的烟道。

陶器种类多，一种烧后着彩的彩绘陶色彩绚丽，此外还有彩绘髹饰、玉石镶嵌、金属冶铸等各种手工业门类。

在山西襄汾陶寺遗址发掘一片龙山文化早期墓地，大、中、小型墓呈现出金字塔状的比例关系，大墓中彩绘蟠龙陶盘是中原地区蟠龙图象的最早标本，彩绘的木案、俎、盘、斗以及鼍鼓、特磬也都是过去所不见的。

公元前 2480 —前 2440 年

客省庄二期文化　约公元前 2600 — 2300 年，主要分布在陕西泾、渭水流域，在陕西西南沣河西岸的客省庄遗址发现了这一文化吕字形双间房屋，室内有瓮形的壁炉和小型窖穴。室外还有很多口小底大的圆袋型窖穴，形状固定，加之大量农业收割工具，可见农业的发达。家畜骨骸数量很多，有狗、猪、水牛、黄牛、羊等。陶器中包括各种各样的炊具、盛食器、酒器，表明饮食生活水平较前大大提高。

流行用羊胛骨进行占卜的习俗。

公元前2440—前2400年

良渚文化 主要分布在太湖地区，由崧泽文化发展而来。经济生活以稻作农业为主，晚期出现了石犁、破土器、耘田器等一套适应水田作业的工具。陶器以夹细砂灰黑陶和泥质灰胎黑皮陶为主，器表磨光，少数有精细的朱绘或刻划花纹。手工业已形成专业性生产部门，玉器极为发达，多通体磨光，广泛采用切割法和管钻法，雕工精良，品种繁多，多数为高台土冢的随葬品。社会分化十分明显，有不同层次的大中型中心聚落及周围附属性的小型聚落。

公元前2400—前2360年

良渚文化的祭坛与高台土冢 良渚文化晚期贵族墓地与平民墓地已划分开来，贵族墓地与祭坛结合，在人工构筑的高土台上，和聚落的分化一样，相应的形成若干等级。以反山、瑶山为代表的高台土冢是最高一级中心聚落上层贵族：王及其臣僚的墓地与祭坛，处于中心位置的王随葬带有神徽的大玉琮、玉钺及大量真玉玉器，其配偶墓中无琮、无钺，但有带神徽的玉璜等，墓列两翼墓葬规格稍低，但也以玉器为主要随葬品。以寺墩、福泉山为代表的高台土冢是次一级中心聚落上层贵族的墓地与祭坛，同样有大量玉器随葬，但不见饰神徽的玉器。

公元前2360—前2320年

周边地区 公元前2400年前后，从台北盆地延伸到北部沿海始形成圆山文化。在台湾西海岸中南部有凤鼻头文化。均存在稻作农业，捕捞、狩猎也占重要地位。凤鼻头文化由当地更早的大坌坑文化发展而来，而稻作农业与某些陶器纹饰是受福建昙石山文化影响而产生。

公元前2200年前后，云南洱海地区白羊村遗址发现了房址、火塘、窖穴。这是云贵高原目前所知年代较早的以稻作农业为主的遗址。

公元前2320—前2280年

城址 距今4000多年前的龙山文化时代，黄河、长江流域和内蒙古长城地带普遍出现了城址，其中规划最整齐的是河南淮阳平粮台龙山城，总面积5万多平方米，平面正方形，座北朝南，城墙

基厚13米，用小板筑堆筑法夯筑而成，墙体坚固，正门还修建了两个门卫房，东西相对，中间通道仅1.7米宽。有了公共下水道设施，由专门烧制的陶水管套接，从南门口地下排出城外。城内还有在夯土台基上用土坯砌垒的分间式建筑，有铸铜、制陶及宗教祭祀遗迹，已具备了雏形城市的性质。

在泰沂山北侧的龙山城中，最大的是山东章丘城子崖，平面近方形，面积约20万平方米。石家河文化也多次发现了古城址，澧县城头山古城始建于屈家岭文化，兴盛于石家河文化，城外出现了兼作防御、供排水、航运用的护城河。成都平原的古城址群是用堆筑、拍打方法修建城垣。在内蒙古长城地带是依山修建石城聚落遗址群。

公元前2280—前2240年

快轮制陶 龙山时代的快轮制陶技术，以龙山文化和良渚文化最为发达，提高劳动生产率的同时，制陶专业化也在部分地区发展起来。蛋壳黑陶杯是龙山文化中的艺术珍品，精细的陶泥是在快轮上拉坯成形的，杯身作成两层壁，内层呈胆状，外壁镂刻花纹，烧成后，壁厚不足一毫米，重不到一两，器表黝黑光亮。其他龙山文化快轮制成的陶器造型规整，纹饰也都留有旋出的特征。良渚文化的轮制陶器胎薄且均匀，刻划纹、弦纹、竹节纹和镂空等具特色的纹饰和优美匀称的造型，都表现出高超的制陶技艺。

公元前2240—前2200年

玉器制作 龙山时代的玉器，是山东龙山文化、中原龙山文化、良渚文化和石家河文化诸遗址中最富特色的软玉产品，良渚文化遗址中出土的玉器最多。玉器花纹是用透雕或浮雕加线刻手法制作的。纹样极其细腻，在一毫米宽度内刻出四五道阴纹。良渚的神人兽面纹就是这种雕刻技法的杰作。玉器大体分为三类：一是礼仪器具，以钺、斧、锛、刀为主；二是宗教用品，主要是琮、璧等；三是装饰品，头饰、耳坠、项饰、佩玉等，此外还有人形和动物形状的艺术品，极为生动传神。钺、琮、璧是各种玉器中最重要的品种，是象征着神权的礼器。

公元前2200—前2160年

漆木器 中原龙山文化、山东龙山文化和良渚文化中的漆器，已在少数贵族生活中广泛使用，山西陶寺的漆器残迹有：鼓、圈足盘、长方形平盘、豆、斗、案、俎、匣、谷仓型器等。一般是在胎体上涂以红色地，再用白、黄、黑、蓝、绿等颜色绘出美丽图案。良渚的漆器有盘、觯、杯等，以黑色为地，绘以红色花纹，考究的漆木器还镶嵌玉粒。

纺织 龙山时代的纺织技术比仰韶时代又有新提高，麻布的经纬线更加细密，山西陶寺麻布每平方厘米16×20根，甘肃永靖麻布每平方厘米30×30根，良渚文化的细麻布每平方厘米20×30根。细密麻布的织成，有赖于当时对麻纤维脱胶处理，方能纺出均匀的麻纱。良渚文化的丝织品成就更是空前。

公元前2160—前2120年

建筑技术 龙山文化时代建筑技术有三大进步，即夯筑技术、制作土坯、烧制石灰。

山东日照东海峪龙山文化遗址出现了建在夯土台基上的房子。普遍出现的城堡，更是建立在夯筑技术进一步发展的基础上。山东章丘县龙山镇发现了龙山文化时最大的城址，面积20万平方米，墙体夯土结构有两种，一为用石块夯筑，一为用单棍夯，反映了夯筑技术的发展。

制作土坯，晒干后错缝垒砌，用黄泥粘接，筑成的墙体规整方正，其做法在黄河、淮河、长江流域都有发现。

河南永城王油房龙山文化遗址发现了一个石灰坑和三个石灰窑，残存没有烧透的石灰石、灰渣及石灰粉末，这是我国目前发现最早的烧制石灰的实证。

公元前2120—前2080年

铜器冶铸 龙山文化时代遗址中多处发现铜器和冶铸遗存，分布面积扩大，数量增加，标志着进入铜石并用时代晚期。山西襄汾陶寺遗址一座规模不大的墓葬出土了一件铜铃，为红铜制造，含铜量97.8%，纯度相当高。登封王城岗古城址所出为锡铅青铜铸造的铜容器残片。石家河文化遗存中发现许多铜块。齐家文化遗址更多次出现各种铜制品。

齐家文化 约公元前2000年，分布于甘青境内黄河沿岸及其支流渭河、洮河、大夏河、湟水流域。

经济生活以旱地农业为主，种植粟，饲养马、牛、羊（山羊、绵羊）、驴，有随葬粮食和家畜下颌骨、头骨的习俗。各主要遗址都发现了铜制品，有斧、凿、钻头、刀、锥、环、匕、铜镜等，有红铜也有铅青铜和锡铅青铜。

盛行羊卜骨，出现了宗教性质的“石圆圈”建筑。

夏商周

青铜甬道铭文

公元前2080—前2061年

相传帝舜举荐禹为继承人，帝舜崩，禹避舜子商均于阳城，天下诸侯去商均而朝禹，禹遂继任领袖之职。今在战国阳城所在地的河南登封县王城岗发现一座有夯土台基的古城址，还出土了铜容器残片，年代为公元前2050年前后。

这一时期的考古发现证实了这些传说包含了真实历史的素地。以黄河长江为中心的广大地区从铜石并用时代早期迈进到晚期，社会生产大幅度提高，社会变革日益加深，这时在传说黄帝、炎帝活动地区的中原有中原龙山文化；东夷集团活动地区有晚期的大汶口文化和山东龙山文化；三苗活动的荆楚之地有石家河文化，苏南、浙北即后来的吴越之地有中晚期良渚文化。东夷、华夏、苗蛮等部族集团及与之相应的历史文化区正在形成中。周边地区文化也有很大发展。

公元前2060—前2041年

禹举荐皋陶为继承人，皋陶卒，又举益辅政。史载，禹致力发展农业生产，卑宫室而尽力乎沟洫。相传禹时以铜为兵，又铸九鼎。还命奚仲为车正，主管造车。

传说当江汉地区出现灾害性天气，天雨血、夏有冰、地坼及泉，日夜出，昼日不出，禹乘机伐三苗。又传禹伐有扈，三阵而不服，禹修教一年，有扈请服。禹会诸侯于涂山，执玉帛者万国。

公元前2040—前2021年

禹巡狩，至会稽而崩，以天下授益。益让禹之子启，避居箕山之阳，益佐禹日浅，天下未洽，诸侯皆去益而朝启，于是启即天子位，建立了夏王朝。

公元前2020—前2001年

启大飨诸侯于钧台。

有扈氏不服夏后启，启伐有扈，大战于甘，作《甘誓》。传说启与有扈氏战于甘泽而不胜，于是励精图治，亲亲长长，期年而有扈氏服。

公元前 2000 —前 1981 年

启晚年，统治集团背弃大禹“慎乃在位”的遗训，淫佚康乐，又发生诸子争立，武观以西河叛，启命彭伯寿征西河。

夏后启卒，子太康立，居斟寻。相传太康放纵游乐，田猎无度，不恤民事。有穷氏首领后羿趁太康行猎于洛水之南，十旬不返，距太康于河，因夏人以代夏政。

公元前 1980 —前 1961 年

太康失国，兄弟五人止于洛汭，作《五子之歌》。

后羿立太康弟仲康。

史载仲康时季秋月朔，辰弗集于房，发生日食，历世为日官的羲、和湎淫废职，胤侯奉命征讨，作《胤征》。

根据普查性计算公元前 2043、2019、1970、1961 年都发生过洛阳可见的符合季秋的大食分日食。

公元前 1960 —前 1941 年

史载“禹时五星累累如贯珠，炳炳若连璧”。距今所知，公元前 1953 年 2 月中旬— 3 月初，黎明时在东方的地平线上土、木、水、火、金星排成一列，相互间角距离小于 4 度。

公元前 1940 —前 1921 年

仲康崩，后羿代夏，仲康子相出居商丘，依同姓诸侯斟寻。

帝相征淮夷，又征风夷、黄夷。七年，于夷来宾。

公元前 1920 —前 1901 年

后羿代夏后，恃其善射，淫于田猎，不修民事，弃其良臣武罗、伯姻、熊髡、尨圉，而任用伯明氏之谗子寒浞。八年，寒浞于后羿行猎初归之时，先后杀死后羿父子，代夏，立为帝，袭有穷之号，占羿之家室，生浇及豷。

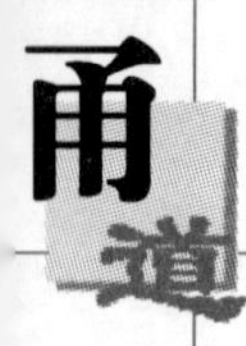

公元前 1900—前 1881 年

寒浞灭戈，又使其子浇率师灭斟灌、斟寻，杀帝相。后缗方娠，逃归母家有仍氏，生少康。夏遗臣伯靡收斟寻、斟灌残部。

公元前 1880—前 1861 年

浇多力，能陆地行舟，寒浞封浇于过，又封豷于戈。恃其诈力，不恤民事。

公元前 1860—前 1841 年

少康长，为有仍氏牧正。后，寒浞使浇追杀，少康逃奔有虞氏，虞思妻之二女，赠纶邑，少康始有田一成，有众一旅。

公元前 1840—前 1821 年

伯靡杀寒浞,立少康。少康使汝艾伐过杀浇,使世子杼伐戈灭豷。少康复国,还旧都,方夷来宾。

公元前 1820—前 1801 年

少康卒，子杼（或称伯杼、予）继立，居原，后迁于老丘。史载，帝杼能率禹，夏后氏报焉。杼作甲，改进矛，相传征东海及三寿，得一狐九尾。

公元前 1800—前 1781 年

帝杼卒，子芬（槐）立。三年，九夷来宾。洛伯用与河伯冯夷斗。

帝芬卒，子芒（荒）立。

公元前 1780—前 1761 年

帝芒元年以玄圭宾于河。东狩大海，获大鱼。

帝芒卒，子泄立。

公元前 1760 —前 1741 年

殷先公王亥宾于有易，有易之君绵臣杀之。王亥之子上甲微假师河伯伐灭有易，杀绵臣。

帝泄二十一年，畎夷、白夷、玄夷、风夷、赤夷、黄夷受夏爵命。

帝泄卒，子不降立。六年，伐九苑。

公元前 1740 —前 1721 年

帝不降逊位于帝扃。帝扃卒，子廑立。

公元前 1720 —前 1701 年

帝廑（一名胤甲），即位居西河。

传说天有妖孽，十日并出，其年帝廑卒，帝不降子孔甲立。

公元前 1700 —前 1681 年

帝孔甲居西河。好事鬼神，肆行淫乱，夏政始衰，诸侯叛之。

陶唐氏后裔刘累，学于豢龙氏，为孔甲饲龙，夏后赐氏御龙，以更豕韦之后。

孔甲作《破斧之歌》，始为东音。

公元前 1680 —前 1661 年

帝孔甲卒，子皋立。

帝皋卒，葬于淆山南陵，子发立。

公元前 1660 —前 1641 年

帝发（一名后敬或发惠）元年，诸夷宾于王门，再保墉会于上池，诸夷入舞。帝发卒，子履癸立，是为桀。

帝桀居斟寻。宠妹喜，为之作琼宫瑶台，殚百姓之财。

桀会诸侯于有仍，有缗叛之，桀灭有缗。又伐岷山，得二女琬、琰，弃元妃妹喜于洛。

公元前1640—前1621年

史载，桀不务德而荒淫暴虐，残贼海内，赋敛无度，万民弗堪，曰：时日曷丧，予与汝皆亡。

传说桀时泰山震，山走石泣。又说桀末年五星错行，夜中，星陨如雨。还发生过地震，伊洛竭。

考古发掘在河南偃师二里头发掘出一处布局严整的都城遗址，中部有庞大的宫殿建筑群，四周有冶铸、烧陶、制陶、制骨等作坊和窑址。出土大量的石器、玉器、铜器、漆器等，尤其是绿松石镶嵌技术达到相当高的水平。其年代为公元前1900—前1600年。

公元前1620—前1601年

成汤，名履。自契至汤八迁，汤始居亳，从先王居，作《帝诰》。汤居亳，与葛为邻，葛伯不祀，汤始征之，作《汤征》。十一征而无敌于天下。

桀不务德而武伤百姓，百姓弗堪，诸侯多叛，桀召汤囚于夏台。后释之，诸侯宾于商。

汤举伊尹以国政，伊尹去汤适夏，以夏桀为虐政淫荒，复归于商，入于北门，遇汝鸠、汝方，作《汝鸠》、《汝方》。

公元前1600—前1581年

汤修德，诸侯皆归之，会诸侯于景亳。灭韦、征顾，又兴师率诸侯，自把钺以伐昆吾。夏桀暴乱愈甚，太史令终古、费伯昌出奔商。

汤遂率兵伐桀，作《汤誓》，自号“武王”。桀败于有娀之虚，奔于鸣条。又战于鸣条之野，夏师败绩，桀逃于南巢。汤遂伐三朡，俘厥宝玉。汤践天子位，还亳，作《汤诰》，商王朝建立。

传说灭夏后，中原连年大旱，商汤翦发磨爪，以己为牲，祷于桑林，曰：“万方有罪，罪在朕躬，朕躬有罪，无及万方”。天乃大雨。

公元前1580—前1561年

河南郑州发现商代早期都城，城内有多座大型夯土台基宫殿遗址，并铺设供排水管道。城内还有制骨、烧陶、铸铜手工业作坊，古城边出土过大型青铜鼎、尊、爵等彝器。

河南偃师洛河北岸也有一座商代早期城址，城门和道路设施齐备，城外有护城河。城内小城中央是大面积宫殿台基。

公元前1560—前1541年

相传汤命伊尹作《大濩》乐。这一时期的文献还有《典宝》、《夏社》、《仲虺之诰》、《咸有一德》、《明居》等，多失传。

汤崩，太子太丁未立而卒，乃立太丁弟外丙，是为帝外丙。

外丙（名胜）即位三年，卒，立外丙之弟仲壬，是为帝仲壬。

仲壬（名庸）即位四年，卒，伊尹乃立太丁之子太甲，是为帝太甲。

公元前1540—前1521年

太甲元年，伊尹作《伊训》、《肆命》、《徂后》，言政教所当为及汤之法度。

太甲既立三年，不尊汤法，乱德，伊尹放之桐宫，摄行政当国。

又三年,太甲悔过,伊尹迎之。授以政;太甲修德,诸侯咸归,百姓以宁,伊尹作《太甲训》嘉之。

公元前1520—前1501年

太甲卒，子沃丁立，是为帝沃丁。

沃丁（名绚）之时，伊尹卒，既葬伊尹于亳，咎单遂训伊尹事，作《沃丁》。

沃丁卒，弟太庚立，是为帝太庚。

公元前1500—前1481年

太庚（名辨）居亳。太庚卒，子小甲立。是为帝小甲。

小甲（名高）居亳。小甲卒，弟雍己立，是为帝雍己。

雍己（名伷）时殷道衰，诸侯或不至。雍己卒，弟太戊立，是为帝太戊。

公元前 1480—前 1461 年

太戊（名密）居亳，立伊陟为相，又重用巫咸，巫咸治王家有成，作《咸艾》、《太戊》，太戊赞伊陟于庙，伊陟作《原命》。太戊修德补阙，殷道复兴。

太戊卒，子仲丁立，是为帝仲丁。

仲丁（名庄），元年自亳迁于嚣。征蓝夷。有《仲丁》篇记其事，已失传。

公元前 1460—前 1441 年

仲丁卒，弟外壬立，是为帝外壬。

外壬（名发）居嚣。外壬卒，弟河亶甲立，是为帝河亶甲。

河亶甲（名整，甲骨文作戋甲）自嚣迁于相。征蓝夷，又征班方，殷复衰。

河亶甲卒，子祖乙立。祖乙（名滕）元年，任用巫咸之子贤。迁都于邢，或曰庇。殷复兴。

公元前 1440—前 1421 年

河南郑州小双桥遗址发现了商代大规模宫殿基址，有祭祀遗存及带有明显东夷文化特征的文化遗物，年代约公元前 1450—前 1410 年。

公元前 1420—前 1401 年

在河南安阳花园庄发现一片 150 万平方米的商代前期大型遗址，中心部位有大片夯土基址，时代始于公元前 1410 年。

河北邢台也发现有大规模的商代前期遗址和铜礼器。

公元前 1400—前 1381 年

祖乙卒，被尊为中宗。子祖辛立。

祖辛名旦，卒，弟沃甲立。

沃甲名逾，又称开甲，羌甲。

公元前1380—前1361年

沃甲卒，祖辛之子祖丁立，是为帝祖丁。

祖丁名新，卒，沃甲之子南庚立，是为帝南庚。

公元前1360—前1341年

南庚名更，卒，祖丁之子阳甲立。是为帝阳甲。

公元前1340—前1321年

阳甲名和，殷道衰。自仲丁以来，废適而更立诸弟子，弟子或争相代立，比九世乱，于是诸侯莫朝。

阳甲卒，弟盘庚立，是为帝盘庚。

公元前1320—前1301年

盘庚名旬，即位居奄，又迁于殷，即今安阳小屯，殷民不欲徙，盘庚告谕臣民，有《盘庚》三篇传世。

殷墟出土了十万以上的有字甲骨，证实这时已有了成熟的文字系统。

盘庚行汤之政，殷道复兴，诸侯来朝，此后二百七十三年更不徙都。

安阳殷墟遗址面积约24万平方公里，中部宫殿宗庙区已清理出50余座宫殿基址；周围有铸铜、制骨等手工业作坊，平民居址、墓地。北部越过洹水是王陵区，布局严谨，规模宏大。

公元前1300—前1281年

盘庚卒，弟小辛立，是为帝小辛。

小辛名颂，即位居殷，殷复衰。

公元前 1280 —前 1261 年

小辛卒，弟小乙立。是为帝小乙。

小乙名敛，即位居殷。世子武丁居于河，学于甘盘，又久劳于外，体察民情，知稼穑之艰难。

公元前 1260 —前 1241 年

小乙卒，子武丁立。

武丁名昭，思复兴殷，而未得其佐。三年不言，政事决定于冢宰，以观国风。终得在傅险服劳役的傅说，举以为相，修政行德，又北伐鬼方，南征荆楚，殷国大治。

公元前 1240 —前 1221 年

武丁时，青铜冶铸业迅速发展，有了带鼓风装置的熔铜炉，浑铸法和分铸法并用，分铸法在技术上已达到殷墟文化的最高水平。已发现的这时织物有平纹绢、回纹绮、缣、纱罗等，后者为我国最早的纠经机织罗标本，还出现了朱砂涂染工艺。

公元前 1220 —前 1201 年

卜辞记载：癸未夕月食；甲午夕月食；乙未夕至庚申月食；壬申夕月食；乙酉夕月食。在公元前 1201～公元前 1189 年间，确曾有相应干支日发生的月食。

武丁卒，立其庙为高宗，有《高宗肜日》传世；子祖庚立。

公元前 1200 —前 1181 年

祖庚名曜，卒，弟祖甲立。

祖甲名载，旧居民间，及即位，能保惠于庶民。祖甲卒，子廪辛立。

廪辛名先，即位后，西邻羌方重又崛起，始成商王朝之重要威胁和用兵重点。廪辛卒，弟康丁立。

公元前1180—前1161年

康丁名嚣，即位后，继续对羌方用兵。甲骨文中出现了“于大学”，学校教育有所发展。

康丁卒，子武乙立。武乙名瞿，即位居殷。

公元前1160—前1141年

史载，武乙曾为偶人，谓之天神，与之博，令人为行，天神不胜，乃戮辱之。又以革囊盛血，仰而射之，命曰“射天”。

先周古公亶父率众去豳，渡漆、沮，逾梁山，止于岐下。长子太伯、次子虞仲亡如荆蛮，文身断发，以让季历。季历行古公遗道，笃于行义，诸侯归之。

武乙时，周季历来朝，赐地三十里、玉十珏、马八匹。又伐西落鬼戎，俘二十狄王。

公元前1140—前1121年

武乙猎于河渭之间，暴雷震死，子文丁立。

文丁名托，即位居殷。洹水一日三绝。

季历伐余无之戎，受命为殷牧师，伐戎连胜，来朝献捷，文丁执而囚之。季历困而死，子昌立，是为西伯。西伯笃仁、敬老、慈少，礼下贤者，士多归之。

文丁卒，子帝乙立。

公元前1120—前1101年

帝乙名羡，即位居殷。东夷日益强大，自帝乙始，至帝辛二代相继以倾国之师伐夷方，又伐盂方、林方等，长年劳师远征。

帝乙卒，子帝辛立。帝辛名受，居殷。后扩大其邑，南距朝歌，北及沙丘，皆为离宫别馆。

公元前1100—前1081年

史载，帝纣资辨捷疾，材力过人，拒谏饰非，逸人幸进；又好酒淫乐，厚赋税、慢鬼神、辟重

刑，诸侯益疏。大蒐于黎，东夷叛之。

公元前1080—前1061年

西伯阴修德行善，诸侯归之。纣囚西伯于羑里，相传西伯于羑里演易，成六十四卦。周人献美女奇物善马，又献洛西之地。纣释西伯，又赐弓矢斧钺，使得专征伐，史称文王受命之年。

公元前1060—前1041年

文王受命九年而卒，太子发即位，是为武王。武王以太公望为师，以周公旦、召公奭、毕公高为辅佐，修文王之业。东至盟津观兵，八百诸侯叛殷会周，武王复归。纣愈淫乱，杀比干，囚箕子，微子去之，殷之大师少师奔周。

文王十一年武王出兵伐纣，率西方和南方诸侯联军，师渡盟津。

公元前1046年，二月甲子昧爽，于商郊牧野与纣军大战，灭商，建立周王朝（都镐京）。武王改元。征讨商之盟国，天下诸侯皆臣于周。分封诸侯和褒封先圣王之后。封纣子武庚俾守商祀，令管叔鲜、蔡叔度、霍叔处相武庚，史称“三监”。武王始议建成周。

武王二年，王访箕子，问殷之所以亡国，箕子陈《洪范》，言天道大事。武王有疾，周公为之祈寿，有《金縢》传世。

武王四年卒，子诵即位，是为成王。

成王元年，王年少，周公摄行政当国。管叔、蔡叔联合武庚和东夷集团叛周。

成王二年，周公、召公分陕而治，周公主东。

公元前1040—前1021年

成王三年，周公东征，平定武庚和三监之乱，灭薄姑、商奄和熊、盈等十七国。召公北上抵达燕山南麓。封姜尚于薄姑旧地曰齐，周公子伯禽就封于商奄旧地曰鲁，召公子克就封于北燕，封纣庶兄微子启于宋。

成王四年，封康叔于卫，周公命以《康诰》、《酒诰》和《梓材》治理殷民。周初分封七十一国，姬姓五十三。

成王五年，开始大规模营建成周，作为统治天下的中心。

相传周公制礼作乐，用严格的礼仪制度别尊卑等贵贱。为营建成周，作《召诰》、《洛诰》。成王定鼎于郏鄏。

成王七年，成周落成，迁殷遗民。周公还政于成王，作《无逸》以戒之。又作《多士》令殷遗民“宅尔邑，继尔居”。

成王十年，封弟叔虞于唐，都翼。虞子燮徙居晋水旁，改唐为晋。

成王十一年，周公卒于丰。周公子君陈治东都。

成王将崩，命召公、毕公率诸侯相康王，作《顾命》。

成王二十二年四月乙丑卒，太子钊即位，是为康王。

成王时封熊绎为楚君，都丹阳（秭归）。

公元前1020—前1001年

康王即位，遍告诸侯，宣告以文武之业以申之，作《康诰》。故成康之际，刑错四十余年不用，史称成康之治。

康王六年，齐太公望卒，子丁公吕伋立。

康王九年，使人责备晋侯筑宫室太奢华。

康王命毕公治理成周，作《毕命》。

康王时鲁公伯禽卒，子考公酋立。又四年，鲁考公卒，弟炀公熙立。

公元前1000—前981年

康王向盂阐说殷灭亡的原因在于酗酒，并赏赐盂奴隶和人民。又令盂率师伐鬼方，大获全胜。

康王时召康公奭卒。

康王卒，子瑕立，是为昭王。

昭王十六年。诸侯之师从昭王南征，涉汉水，伐楚，振旅凯旋。

昭王十九年。祭公、辛伯从王伐楚。天大曀，雉兔皆震，丧六师于汉。王与祭公溺水而亡，太子满即位，是为穆王。

穆王立，命君牙为周大司徒，作《君牙》，命伯冏为周太仆正，作《冏命》。命伯冏申诫太仆以文武之道治国。

穆王时筑祇宫于南郑。又北征犬戎。

穆王十三年，西征，至于青鸟之所憩。

公元前960—前941年

穆王十七年，西征昆仑丘，见西王母。

徐国始强，率九夷攻周西至河，穆王驰师救周，与楚联合伐徐，逐徐偃王至彭城以北。

公元前940—前921年

穆王伐楚至于九江。又于涂山大会诸侯。

吕侯受命于穆王申训夏代赎刑之法，作《吕刑》。

穆王五十五年卒，太子繄扈即位，是为共王。

共王游于泾水之上，密康公从，有三女奔之，密康公弗献于王。一年，王师灭密。

公元前920—前901年

共王三年二月壬寅，王在丰京举行建旂典礼。矩伯庶人为参加建旂礼用十三田换取裘卫的瑾璋和服饰物品，执政大臣令三有司主持付田仪式。

共王九年正月庚辰，王在周庙召见远裔首领眉敖的使者。

共王十年二月，眉敖来见，献贡品。

公元前900—前881年

共王卒，太子囏即位，是为懿王。

公元前 899 年 4 月 21 日晨，发生西安附近可见日全食现象。文献记载懿王元年，天再旦于郑。

是时王室衰微，西有戎狄入侵，东南有淮夷为患，懿王一度徙都犬丘。

出现青铜凹面聚光燃火的阳燧，是当时先进的取火工具。

版瓦、筒瓦发明了，使宫室建筑更美观实用。

懿王卒，共王弟辟方立，是为孝王。

孝王令申侯伐西戎。召秦人非子主马于汧渭之间，马大蕃息。封非子为附庸，邑于秦，续嬴氏祀，号曰秦嬴。

孝王卒，诸侯共立懿王太子燮，是为夷王。

公元前 880 —前 861 年

夷王时，天子始下堂见诸侯，觐礼废。周益衰，荒服不朝，乃命虢公率六师，伐太原之戎，至于俞泉，获马千匹。

夷王卒，太子胡即位，是为厉王。

厉王五年自铸钟，追思文、武开创基业盛况，表示承嗣先王基业，要勤于朝政，匡正不听王命的诸侯和蛮夷。

厉王效法文武治理疆土，伐南国，获胜，南夷、东夷具见廿有六邦，臣服周王朝。

又，淮夷入寇，王命虢仲征之，不克。

公元前 860 —前 841 年

厉王晚年，好利，近荣夷公，大夫芮良夫谏，不听。王行暴虐侈傲，国人谤王，召公谏曰：民不堪命矣。王怒，使卫巫监谤者，以告则杀之。其谤鲜，诸侯不朝。后四年，王益严，国人莫敢言，道路以目。王喜，曰：吾能弭谤矣。召公谏，王不听。于是国莫敢出言，三年，乃相与畔，袭厉王。厉王出奔于彘。

公元前841年，周共和元年

鲁真公十五年 周厉王暴虐，引发国人暴动，被国人流放到彘。大臣周、召二公主持政事，称“共和行政”。一说，共伯和干王位，故称共和。此年为中国历史上有确切记年之始。

公元前840年，周共和二年

鲁真公十六年晋僖（僖字一作厘，下同）侯司徒元年

公元前839年，周共和三年

鲁真公十七年

公元前838年，周共和四年

鲁真公十八年 蔡国君武侯卒，子夷侯即位。楚国君熊勇卒，弟熊严即位。

公元前837年，周共和五年

鲁真公十九年蔡夷侯元年　楚熊严元年

公元前836年，周共和六年

鲁真公二十年

公元前835年，周共和七年

鲁真公二十一年 曹国君夷伯喜卒，弟幽伯彊即位。

公元前834年，周共和八年

鲁真公二十二年　曹幽伯元年

公元前833年，周共和九年

鲁真公二十三年

公元前832年，周共和十年

鲁真公二十四年　陈国君幽公卒，子僖公孝即位。

公元前831年，周共和十一年

鲁真公二十五年　陈僖公元年　宋国君僖公卒，子惠公覸即位。

公元前830年，周共和十二年

鲁真公二十六年　宋惠公元年

公元前829年，周共和十三年

鲁真公二十七年

公元前828年，周共和十四年

鲁真公二十八年　周厉王卒于彘，太子静即位，是为宣王。楚国国君熊严卒，子熊霜即位。

公元前827年，周宣王元年

鲁真公二十九年　楚熊霜元年　燕国君惠侯卒，子僖侯庄即位。宣王“中兴”，始对四方用兵。又，“不藉千亩”，废除天子藉田礼制。

公元前826年，周宣王二年

燕僖侯元年　鲁真公濞卒，弟敖即位，是为武公。曹国内乱，鲜杀其兄国君幽伯，自立为君，是为戴伯。

公元前 825 年，周宣王三年

鲁武公敖元年　曹戴伯鲜元年　齐国君武公卒，子厉公无忌即位。

公元前 824 年，周宣王四年

鲁武公二年　齐厉公无忌元年

公元前 823 年，周宣王五年

鲁武公三年　晋国君僖侯卒，子籍即位是为献侯。

公元前 822 年，周宣王六年

鲁武公四年　晋献侯元年　楚君熊霜卒，少弟徇立为君。宣王命秦仲进攻西戎，仲兵败被杀。周以兵七千援秦仲之子庄公，大败西戎，封庄公为西垂大夫。

公元前 821 年，周宣王七年

鲁武公五年　楚熊徇元年　秦庄公元年

公元前 820 年，周宣王八年

鲁武公六年

公元前 819 年，周宣王九年

鲁武公七年

公元前 818 年，周宣王十年

鲁武公八年

公元前 817 年，周宣王十一年

鲁武公九年 鲁武公与太子括、少子戏朝见周王。宣王废太子括，以戏为鲁太子。

公元前 816 年，周宣王十二年

鲁武公十年 鲁武公卒，子戏即位，是为懿公。齐人杀厉公，立其子赤，是为文公。

公元前 815 年，周宣王十三年

鲁懿公元年 **齐文公元年** 诛讨杀父者七十人。

公元前 814 年，周宣王十四年

鲁懿公二年

公元前 813 年，周宣王十五年

鲁懿公三年 卫君僖公卒，太子共伯余即位，旋为弟和所逼自杀；和即位，是为武公。

公元前 812 年，周宣王十六年

鲁懿公四年 **卫武公元年** 晋君献侯卒，子穆侯弗生即位。

公元前 811 年，周宣王十七年

鲁懿公五年 **晋穆侯元年**

公元前 810 年，周宣王十八年

鲁懿公六年 蔡君夷侯卒，子僖侯所事即位。

公元前809年，周宣王十九年

鲁懿公七年　**蔡僖侯元年**

公元前808年，周宣王二十年

鲁懿公八年　晋君穆侯娶齐女为夫人，称为晋姜。

公元前807年，周宣王二十一年

鲁懿公九年　鲁懿公被兄子伯御攻杀，伯御自立为君。

公元前806年，周宣王二十二年

鲁伯御元年　周宣王封其弟友于郑，为郑桓公，郑始建国；又加封申侯、韩侯爵位。

公元前805年，周宣王二十三年

鲁伯御二年　晋穆侯攻条戎，生太子名仇。

公元前804年，周宣王二十四年

鲁伯御三年　齐君文公卒，子说即位，是为齐成公。

公元前803年，周宣王二十五年

鲁伯御四年　**齐成公元年**

公元前802年，周宣王二十六年

鲁伯御五年　晋君穆侯与戎战于千亩，获胜，生少子名成师。

公元前801年，周宣王二十七年

鲁伯御六年

公元前800年，周宣王二十八年

鲁伯御七年　楚君熊徇卒，子熊鄂即位。宋君惠公卒，子戴公即位。

公元前799年，周宣王二十九年

鲁伯御八年　楚熊鄂元年　宋戴公元年

公元前798年，周宣王三十年

鲁伯御九年

公元前797年，周宣王三十一年

鲁伯御十年　宣王攻太原之戎，失败。

公元前796年，周宣王三十二年

鲁伯御十一年　宣王征鲁，杀伯御，以懿公子称为君，是为孝公。诸侯由是不服。陈君僖公卒，子武公灵即位。曹君戴伯卒，子惠伯兕（一作雉）即位。

公元前795年，周宣王三十三年

鲁孝公元年　陈武公元年　曹惠公元年　齐成公卒，子赎即位，是为庄公。

公元前794年，周宣王三十四年

鲁孝公二年　齐庄公元年

公元前 793 年，周宣王三十五年

鲁孝公三年

公元前 792 年，周宣王三十六年

鲁孝公四年 周师伐条戎、奔戎，大败。

公元前 791 年，周宣王三十七年

鲁孝公五年 楚君熊鄂卒，子熊仪即位，是为若敖。燕君僖侯卒，子顷侯即位。

公元前 790 年，周宣王三十八年

鲁孝公六年 **楚若敖元年** **燕顷侯元年** 晋军败北戎于汾隰。戎人夺姜侯都城。

公元前 789 年，周宣王三十九年

鲁孝公七年 周与姜氏戎战于千亩，大败，南国之师全军覆灭。周料民（清查人口）于太原。周败申戎。

公元前 788 年，周宣王四十年

鲁孝公八年

公元前 787 年，周宣王四十一年

鲁孝公九年

公元前 786 年，周宣王四十二年

鲁孝公十年

公元前785年，周宣王四十三年

鲁孝公十一年　晋穆侯卒，弟殇叔自立为君，太子仇出逃。

公元前784年，周宣王四十四年

鲁孝公十二年　**晋殇叔元年**

公元前783年，周宣王四十五年

鲁孝公十三年

公元前782年，周宣王四十六年

鲁孝公十四年　周宣王卒，子宫涅即位，是为幽王。

公元前781年，周幽王元年

鲁孝公十五年　晋太子仇攻杀国君殇叔，自立为文侯。陈君武公卒，子说即位，是为夷公。

公元前780年，周幽王二年

鲁孝公十六年　**晋文侯元年**　**陈夷公元年**　镐京大地震，泾、渭、洛水枯竭，岐山崩。伯阳父用阴、阳二气解释地震成因。

公元前779年，周幽王三年

鲁孝公十七年　周幽王宠幸褒姒，任用善谀好利的虢石父为卿；褒姒生子伯服。

公元前778年，周幽王四年

鲁孝公十八年　秦庄公卒，子襄公即位。陈君夷公卒，子平公燮即位。幽王废太子宜臼及王后申后，立褒姒为王后，伯服为太子。宜臼逃奔申国。

公元前 777 年，周幽王五年

鲁孝公十九年　秦襄公元年　陈平公元年

公元前 776 年，周幽王六年

鲁孝公二十年

公元前 775 年，周幽王七年

鲁孝公二十一年

公元前 774 年，周幽王八年

鲁孝公二十二年

公元前 773 年，周幽王九年

鲁孝公二十三年　周太史伯用金、木、水、火、土五种物质相杂而生成百物来解释物质的构成。

公元前 772 年，周幽王十年

鲁孝公二十四年　郑桓公为周司徒，知周将亡，听周太史计策，迁其民于洛东。虢、桧两国献十邑于郑，号称新郑。郑桓公在此与商人盟誓。

公元前 771 年，周幽王十一年

鲁孝公二十五年　申侯联络缯、犬戎攻杀幽王及太子伯服于骊山下。郑桓公战死。诸侯拥立原太子宜白于申，是为周平王。史称此前为西周。

公元前 770 年，周平王元年

鲁孝公二十六年　平王迁都洛邑，东周开始。秦襄公护送平王东迁有功，始封为诸侯。虢公翰立王子余成于檇，称檇王，出现二王并立局面。

公元前 769 年，周平王二年

鲁孝公二十年 鲁孝公卒，子惠公弗湟即位。郑、西虢随平王东迁。郑建都新郑。西虢建都下阳。在此前后，铁器出现，已发现虢国用铁铸成铜柄铁剑。

公元前 768 年，周平王三年

鲁惠公元年 郑武公滑突继父桓公为王室卿士，任司徒之职。

公元前 767 年，周平王四年

鲁惠公二年 燕君顷侯卒，子哀侯即位。郑灭东虢，据有战略要地虎牢关。

公元前 766 年，周平王五年

鲁惠公三年 **燕哀侯元年** 秦襄公攻戎阵亡，子文公即位。宋君戴公卒，子武公司空即位。

公元前 765 年，周平王六年

鲁惠公四年 **秦文公元年** 建都西垂宫。宋武公元年。燕君哀侯卒，子郑侯即位。

公元前 764 年，周平王七年

鲁惠公五年 **燕郑侯元年** 楚君若敖卒，子熊坎即位，是为霄敖。

公元前 763 年，周平王八年

鲁惠公六年 **楚霄敖元年**

公元前762年，周平王九年

鲁惠公七年 蔡僖侯卒，子共侯兴即位。秦文公迁都于汧渭二水交会之地，向东扩展。

公元前761年，周平王十年

鲁惠公八年 **蔡共侯元年**

公元前760年，周平王十一年

鲁惠公九年 晋文侯杀王子余臣，周室二王并立局面结束。曹惠公卒，穆公立。蔡共侯卒，戴侯立。

公元前759年，周平王十二年

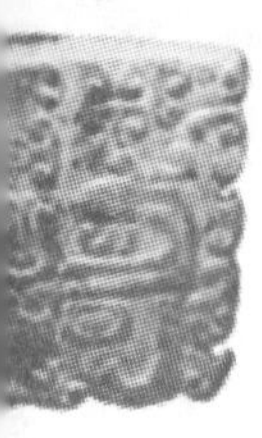

鲁惠公十年 **蔡戴侯元年** **曹穆公元年**

公元前758年，周平王十三年

鲁惠公十一年 楚君霄敖卒，子熊眴即位，是为蚡冒。卫君武公和九十五卒，子庄公杨即位。

公元前757年，周平王十四年

鲁惠公十二年 **楚蚡冒元年** **卫庄公元年** 曹君穆公卒，子桓公终生即位。郑武公娶姜氏而生子寤生。

公元前756年，周平王十五年

鲁惠公十三年 **曹桓公元年** 秦初作鄜畤，用三牢祭祀。

公元前755年，周平王十六年

鲁惠公十四年 陈君平公卒，子文公圉即位。

公元前754年，周平王十七年

鲁惠公十五年　**陈文公元年**　郑武公子太叔段生。

公元前753年，周平王十八年

鲁惠公十六年　秦国初设史官记事。

公元前752年，周平王十九年

鲁惠公十七年

公元前751年，周平王二十年

鲁惠公十八年

公元前750年，周平王二十一年

鲁惠公十九年　蔡戴侯卒，子宣侯楷论即位。秦文公大败戎军于岐山，收复周朝失地，自有岐西地，将岐东地献给周王。

公元前749年，周平王二十二年

鲁惠公二十年　**蔡宣侯元年**

公元前748年，周平王二十三年

鲁惠公二十一年　宋武公卒，子宣公力即位。

公元前747年，周平王二十四年

鲁惠公二十二年　**宋宣公元年**

公元前746年，周平王二十五年

鲁惠公二十三年 晋文侯仇卒，子昭侯伯即位。秦国开始使用族诛刑罚。

公元前745年，周平王二十六年

鲁惠公二十四年 陈文公卒，子桓公鲍即位。晋昭侯元年，封叔父成师于曲沃，后势力大于公室，称曲沃桓叔，晋国内乱动因始此。

公元前744年，周平王二十七年

鲁惠公二十五年 **陈桓公元年** 郑武公卒，其夫人姜氏曾欲以次子叔段为国君，武公不准，故由太子寤生即位，是为郑庄公。

公元前743年，周平王二十八年

鲁惠公二十六年 **郑庄公元年**

公元前742年，周平王二十九年

鲁惠公二十七年

公元前741年，周平王三十年

鲁惠公二十八年 楚君蚡冒卒，弟熊通杀蚡冒子自立为君。

公元前740年，周平王三十一年

鲁惠公二十九年 **楚熊通元年**

公元前739年，周平王三十二年

鲁惠公三十年 晋潘父杀昭侯，迎曲沃桓叔入国都。晋人逐桓叔，使昭侯子平为国君，是为孝侯。

公元前738年，周平王三十三年

鲁惠公三十一年

公元前737年，周平王三十四年

鲁惠公三十二年

公元前736年，周平王三十五年

鲁惠公三十三年

公元前735年，周平王三十六年

鲁惠公三十四年　卫庄公卒，子桓公完即位。

公元前734年，周平王三十七年

鲁惠公三十五年　**卫桓公元年**

公元前733年，周平王三十八年

鲁惠公三十六年　卫桓公弟州吁骄横僭越，被绌而出奔。

公元前732年，周平王三十九年

鲁惠公三十七年

公元前731年，周平王四十年

鲁惠公三十八年　齐庄公卒，子僖公禄父即位。晋国曲沃桓叔卒，子鲜即位，是为曲沃庄伯。

公元前730年，周平王四十一年

鲁惠公三十九年 齐僖公元年

公元前729年，周平王四十二年

鲁惠公四十年 燕君郑侯卒，子穆侯即位。宋君宣公卒，传位于弟和，是为穆公。

公元前728年，周平王四十三年

鲁惠公四十一年 燕穆侯元年 宋穆公元年

公元前727年，周平王四十四年

鲁惠公四十二年

公元前726年，周平王四十五年

鲁惠公四十三年

公元前725年，周平王四十六年

鲁惠公四十四年

公元前724年，周平王四十七年

鲁惠公四十五年 晋国曲沃庄伯杀国君孝侯，晋大夫拥立孝侯子郄，是为鄂侯。曲沃庄伯势力强于国君。

公元前723年，周平王四十八年

鲁惠公四十六年 鲁惠公卒，太子年幼，庶子息姑即位，是为鲁隐公。晋鄂侯元年。

公元前722年，周平王四十九年

鲁隐公元年　鲁国编年史《春秋》记事始于此年，而终于鲁哀公十四年，此书为中国现存第一部编年史。郑庄公弟叔段图谋袭郑，兵败出逃于共。

公元前721年，周平王五十年

鲁隐公二年　鲁隐公与戎人在潜地相会，以通好。郑国叔段之子公孙滑逃奔卫国。郑攻卫。

公元前720年，周平王五十一年

鲁隐公三年　周平王卒，其孙林即位，是为桓王。周、郑不和，互以太子为人质。桓王重用虢公。郑庄公派兵先后抢割周地麦与禾，以威逼王室。

公元前719年，周桓王元年

鲁隐公四年　宋殇公元年　卫国州吁杀国君桓公夺位，旋被杀，桓公弟晋即位，是为宣公。宋国联合陈、蔡、卫、鲁四国进攻郑国，包围国都东门，败郑国徒兵。

公元前718年，周桓王二年

鲁隐公五年　卫宣公元年　晋君鄂侯卒，周王命虢公立鄂侯子光为晋君，是为哀侯。郑国进攻卫国，并设伏打败援卫之南燕国军队。《春秋》云，九月“螟”，是我国螟害最早记载。

公元前717年，周桓王三年

鲁隐公六年　晋哀侯元年　郑庄公朝见周桓王以修好，桓王不以礼相待。

公元前716年，周桓王四年

鲁隐公七年　秦文公卒，孙宁公即位。鲁国进攻邾国。郑与宋、陈两国结盟修好。

公元前715年，周桓王五年

鲁隐公八年　秦宁公元年　蔡宣侯卒，子桓侯封人即位。周桓王任用虢公忌父为卿士，以削郑庄公权。宋、齐、卫三国结盟。

公元前714年，周桓王六年

鲁隐公九年　蔡桓侯元年　郑庄公以周王左卿士之名，挟王命令鲁讨伐宋国不朝王之罪。北戎攻郑，郑设伏大败戎师。秦宁公迁都平阳。

公元前713年，周桓王七年

鲁隐公十年　郑庄公以王命与鲁公、齐侯伐宋，取宋郜、防二地归鲁。蔡、卫、郕三国不听王命攻宋，郑、齐攻郕。秦与亳王战，灭荡社。

公元前712年，周桓王八年

鲁隐公十一年　滕、薛君朝拜鲁君。郑庄公联合齐、鲁攻许，分许国为二。鲁大夫翚杀国君隐公，隐公弟允即位，是为桓公。

公元前711年，周桓王九年

鲁桓公元年　鲁、郑两国国君在越地结盟。

公元前710年，周桓王十年

鲁桓公二年　宋庄公元年　燕宣侯元年　宋华督杀国君殇公，立穆公子冯是为庄公。鲁、齐、陈、郑四国国君会于稷，议平宋乱，因受赂而罢。郑、蔡二君会于邓，始惧楚国。

公元前709年，周桓王十一年

鲁桓公三年　晋小子元年　晋曲沃武公虏国君哀侯，立哀侯子小子为国君。秋七月壬辰，日全蚀。

公元前708年，周桓王十二年

鲁桓公四年 秦军攻芮国，因轻敌而败。周、秦合兵，俘芮国君。

公元前707年，周桓王十三年

鲁桓公五年 周桓王率军与陈、蔡、卫三国之军攻郑，战于繻葛，王师大败，桓王肩中箭，周王权威大损。郑庄公小霸诸侯。《春秋》云，“秋，螽”，是我国蝗灾的最早记载。

公元前706年，周桓王十四年

鲁桓公六年 晋湣侯元年 陈厉公元年 楚国攻随国。北戎攻齐国，郑太子忽帅师救齐。周王命虢仲、芮伯、梁伯、荀伯、贾伯讨伐晋曲沃武公，立哀侯弟湣为君，是为晋湣侯。

公元前705年，周桓王十五年

鲁桓公七年 郑、齐、卫三国攻盟、向二国。周桓王迁盟、向民众于郏。晋国曲沃武公诱杀国君。

公元前704年，周桓王十六年

鲁桓公八年 秦宁公卒，大庶长弗忌等立出公。楚君熊通向周桓王求晋爵不允，遂自称武王。楚君称王自此始。

公元前703年，周桓王十七年

鲁桓公九年 秦出公元年 楚、巴二国攻邓。

公元前702年，周桓王十八年

鲁桓公十年 曹君桓公卒，子庄公射姑即位。郑率齐、卫军伐鲁，战于郎。

公元前701年，周桓王十九年

鲁桓公十一年　曹庄公元年　郑庄公卒，太子忽即位，旋被公子突取代，太子忽逃奔卫国，公子突即位，是为厉公。

公元前700年，周桓王二十年

鲁桓公十二年　郑厉公元年　陈厉公卒，弟庄公林即位。卫宣公卒，子朔即位，是为惠公。宋以拥立郑厉公而求赂不止，郑乃联鲁攻宋。

公元前699年，周桓王二十一年

鲁桓公十三年　卫惠公元年　陈庄公元年　郑、鲁、纪联军大败齐、宋、卫、燕师。楚军攻罗国，因轻敌而败。

公元前698年，周桓王二十二年

鲁桓公十四年　秦三父杀出公，武公即位。齐僖公卒，太子襄公诸儿即位。宋联合齐、蔡、卫、陈伐郑，攻入郑国都。

公元前697年，周桓王二十三年

鲁桓公十五年　秦武公元年　齐襄公元年　周桓王卒，子庄王佗即位。郑厉公出逃，太子忽即位，是为昭公。秦武公攻彭戏氏东至华山下。

公元前696年，周庄王元年

鲁桓公十六年　卫黔牟元年　郑昭公元年　宋君联合鲁、卫、陈、蔡攻郑，谋复厉公位。卫君惠公出奔齐，公子黔牟即位。

公元前695年，周庄王二年

鲁桓公十七年　鲁与齐、纪盟于黄以修好。蔡桓侯卒，弟哀侯献舞即位。郑昭公为高渠弥所杀，公子亹即位。秦武公诛三父等，夷三族，为出公报仇。

公元前694年，周庄王三年

鲁桓公十八年　蔡哀侯元年　郑子亹元年　郑子亹为齐人所杀，弟婴即位。齐襄公杀鲁桓公，桓公子同即位，是为庄公。周公黑肩欲立周庄王弟王子克，事败被诛，王子克奔燕。

公元前693年，周庄王四年

鲁庄公元年　郑子婴元年　陈庄公卒，弟宣公杵臼即位。齐夺取纪国郱、鄑、郚三邑。

公元前692年，周庄王五年

鲁庄公二年　陈宣公元年　鲁公子庆父攻余丘。宋庄公卒，子湣公捷即位。

公元前691年，周庄王六年

鲁庄公三年　宋湣公元年　燕桓公卒，子庄公即位。纪侯弟将酅地献给齐国，纪国被分而为二。

公元前690年，周庄王七年

鲁庄公四年　燕庄公元年　楚武王攻打随国，卒于军中，子熊赀即位，是为楚文王。齐国灭纪国。

公元前689年，周庄王八年

鲁庄公五年　楚文王元年　楚从丹阳迁都于郢。齐联合鲁、宋、陈、蔡进攻卫国，送卫惠公回国复位。

公元前688年，周庄王九年

鲁庄公六年　卫惠公回国复位，放逐公子黔牟于周。秦灭邽、冀之戎，以其地设县，开后世郡县制先例。楚进攻邓、申国。

公元前687年，周庄王十年

鲁庄公七年　秦灭小虢，在杜、郑地设县。《春秋》载：四月辛卯“夜中星陨如雨”，此为世界上最早见于文字的流星雨天象记录。

公元前686年，周庄王十一年

鲁庄公八年　鲁与齐攻郕。齐公子无知杀国君襄公，即位为君。公子纠与管仲逃至鲁，公子小白与鲍叔牙逃至莒。卫惠公返国复位。

公元前685年，周庄王十二年

鲁庄公九年　齐桓公元年　齐人杀无知，公子小白抢先回国即位，是为齐桓公。齐败鲁军于乾时，逼鲁杀公子纠，接回管仲以为相。管仲推行改革，齐强。

公元前684年，周庄王十三年

鲁庄公十年　鲁败齐军于长勺。楚灭息，俘蔡侯，称霸江汉。齐灭谭国。

公元前683年，周庄王十四年

鲁庄公十一年　鲁败宋师。宋国大水灾。

公元前682年，周庄王十五年

鲁庄公十二年　周庄王卒，子胡齐即位，是为僖王。宋万杀国君闵公。

公元前681年，周僖王元年

鲁庄公十三年　宋桓公元年　齐桓公与宋、陈、蔡、邾等国在北杏会盟，为诸侯主盟之始。齐灭遂。齐、鲁两君相会于柯，修好。

公元前680年，周僖王二年

鲁庄公十四年　齐桓公请师于周，假天子之命联合陈、曹攻宋。郑申繻提出“妖由人兴”说。郑厉公复位，杀其君子婴。

公元前679年，周僖王三年

鲁庄公十五年　郑厉公（复立）元年　齐桓公与宋、陈、卫、郑四国国君在鄄地会盟，开始称霸。

公元前678年，周僖王四年

鲁庄公十六年　秦武公卒，用六十六人殉葬。齐桓公与宋、陈、卫、郑、许、滑、滕结盟于幽。晋国曲沃武公杀国君，行赂于周，周王承认其为诸侯。楚灭邓。

公元前677年，周僖王五年

鲁庄公十七年　秦德公元年　周僖王卒，子阆即位，是为惠王。楚文王卒，子熊囏立，是为堵敖。秦迁都于雍，饮马于河。梁、芮二国君西朝秦。晋武公卒，子诡诸立，是为献公。

公元前676年，周惠王元年

鲁庄公十八年　晋献公元年　秦德公卒，子宣公即位。鲁击戎于济西。巴人攻楚。

公元前675年，周惠王二年

鲁庄公十九年　秦宣公元年　蔡哀侯卒，子穆侯肸即位。周五大夫攻惠王，立王子颓，卫、南

燕两国援助王子颓。

公元前674年，周惠王三年

鲁庄公二十年　蔡穆侯元年　郑厉公调解王室不果，安置周惠王于郑国栎地，惠王、郑厉公进入成周，取宝器而回。

公元前673年，周惠王四年

鲁庄公二十一年　郑厉公、虢公杀王子颓，安定王室。周王赏给郑国虎牢以东土地。郑厉公卒，子文公捷即位。

公元前672年，周惠王五年

鲁庄公二十二年　郑文公元年　楚熊恽杀国君堵敖夺位，是为成王。陈公子完出逃至齐，齐桓公任命为工正，为战国时齐陈（一作田）氏之祖。

公元前671年，周惠王六年

鲁庄公二十三年　楚成王元年　曹共公卒，子僖公夷即位。楚致贡周惠王，王赐与祭肉。晋献公谋除桓叔、庄伯子孙。

公元前670年，周惠王七年

鲁庄公二十四年　曹僖公元年　鲁国红漆桓公庙柱，雕刻屋椽，呈现新的建筑装饰风貌。

公元前669年，周惠王八年

鲁庄公二十五年　卫惠公卒，子懿公赤即位。晋国诛桓叔、庄伯子孙，由是无公族。

公元前668年，周惠王九年

鲁庄公二十六年　卫懿公元年　虢国进攻晋国。

公元前667年，周惠王十年

鲁庄公二十七年　陈、郑服齐，齐桓公与鲁、宋、陈、郑之君盟于幽。周惠王赐命齐桓公为伯，请出兵攻打支持王子颓的卫国。

公元前666年，周惠王十一年

鲁庄公二十八年　齐败卫师。晋骊姬之乱始，公子重耳、夷吾离开国都。楚伐郑，齐桓公率鲁、宋师救郑。

公元前665年，周惠王十二年

鲁庄公二十九年　秋，鲁有虫灾。

公元前664年，周惠王十三年

鲁庄公三十年　秦宣公卒，弟成公即位。山戎攻北燕。

公元前663年，周惠王十四年

鲁庄公三十一年　秦成公元年　齐桓公北征山戎以救燕，深入孤竹地。

公元前662年，周惠王十五年

鲁庄公三十二年　鲁庄公卒。庆父拥立庶子启方，是为闵公。虢国太史嚚提出“国将兴，听于民；将亡，听于神”，神“依人而行”的民神观。

公元前661年，周惠王十六年

鲁闵公元年　曹昭公元年　狄人攻邢，齐桓公率军救邢。鲁国庆父为难于国。晋建二军，灭耿、霍、魏国。晋赐大臣赵夙耿地、毕万魏地。

公元前660年，周惠王十七年

鲁闵公二年　卫戴公元年　鲁庆父杀闵公，僖公申立。狄人灭卫。许穆公夫人赋《载驰》哀母国之亡，为我国第一位女诗人。齐桓公援卫。晋太子申生率军伐东山皋落氏。

公元前659年，周惠王十八年

鲁僖公元年　秦穆公元年　卫文公元年　狄人攻邢国，齐桓公迁邢国都于夷仪。

公元前658年，周惠王十九年

鲁僖公二年　晋献公借道于虞以进攻虢国。齐桓公为卫国建筑楚丘城，恢复卫国。

公元前657年，周惠王二十年

鲁僖公三年　燕襄公元年　齐桓公与宋、江、黄君会于阳谷，谋伐楚国。

公元前656年，周惠王二十一年

鲁僖公四年　齐桓公帅鲁、宋、陈、卫、郑、许、曹国之君与楚盟于召陵，管仲指责楚不供王职。晋杀太子申生，公子重耳、夷吾出逃。

公元前655年，周惠王二十二年

鲁僖公五年　楚灭弦。晋灭虢、虞。《左传》载“正月辛亥朔日南至”，说明已测知冬至时日，为确定回归年长度提供了定量数据。

公元前654年，周惠王二十三年

鲁僖公六年 齐桓公与鲁、宋、卫、陈、曹之君攻郑。

公元前653年，周惠王二十四年

鲁僖公七年 齐伐郑，郑服，桓公与鲁、宋、陈、郑在宁母地结盟。周惠王卒，太子郑畏后母弟太叔带，求助于齐桓公。

公元前652年，周惠王二十五年

鲁僖公八年 曹共公元年 齐桓公与鲁、宋、卫、许、曹、陈、郑等国君在洮地会盟，拥立周惠王太子郑为王，是为周襄王。

公元前651年，周襄王元年

鲁僖公九年 宋桓公卒，子襄公兹父即位。晋献公卒，内乱。秦穆公扶立晋惠公。齐桓公与诸侯盟于葵丘，周襄王特派太宰致送祭肉。齐桓公霸业臻于鼎盛。

公元前650年，周襄王二年

鲁僖公十年 晋惠公元年 宋襄公元年 晋惠公诛大臣里克。狄灭温。齐桓公伐北戎。

公元前649年，周襄王三年

鲁僖公十一年 周太叔带奔齐。扬、拒、泉、皋、伊、洛之戎攻入王城，秦、晋攻戎人以救周。

公元前648年，周襄王四年

鲁僖公十二年 陈宣公卒，子穆公款即位。楚人灭黄。齐桓公派管仲赴成周调解戎人与周王关系。

公元前 647 年，周襄王五年

鲁僖公十三年　陈穆公元年　晋灾荒，借粮于秦，粮船由水道从雍至晋都绛相继，称为“泛舟之役”，为我国大规模漕运之始。

公元前 646 年，周襄王六年

鲁僖公十四年　蔡穆侯卒，子庄公午即位。秦灾荒，借粮于晋，晋惠公拒而不借。楚灭六、英二国。

公元前 645 年，周襄王七年

鲁僖公十五年　蔡庄公元年　秦与晋战于韩原，俘晋惠公，复立之。管仲卒，有《管子》一书，疑为战国时人托名之作。晋作爰田，作州兵，革新土地制度与军制。

公元前 644 年，周襄王八年

鲁僖公十六年　五颗陨石坠于宋地。狄因晋败于秦而侵晋。戎侵周，齐桓公征集诸侯兵戍守成周。齐桓公会诸侯于淮，谋救鄫国。

公元前 643 年，周襄王九年

鲁僖公十七年　齐灭项。齐桓公卒，五子争位，内乱，太子昭逃奔宋国。

公元前 642 年，周襄王十年

鲁僖公十八年　齐孝公元年　宋襄公以兵护送齐太子昭回国即位，是为齐孝公。

公元前 641 年，周襄王十一年

鲁僖公十九年　宋襄公谋为霸主，多行不义，执滕君，与曹、邾盟于曹南，使邾君用鄫君为牺牲以祭社神。秦灭梁。

公元前640年，周襄王十二年

鲁僖公二十年　齐与狄盟于邢。楚攻随国。

公元前639年，周襄王十三年

鲁僖公二十一年　宋襄公与诸侯盟于盂，欲借楚势称霸中原，被楚成王囚执，数月后释归。

公元前638年，周襄王十四年

鲁僖公二十二年　宋襄公与楚成王战于泓水，墨守不用险地攻敌、不攻未列队之敌、不伤害已受伤之敌、不俘有白发之敌的古训而大败，受重伤。

公元前637年，周襄王十五年

鲁僖公二十三年　宋襄公因伤卒，子成公王臣即位。晋惠公卒，子怀公圉即位，下令随重耳出亡者限期返国，大臣狐突未令其子从重耳者返国，被杀。

公元前636年，周襄王十六年

鲁僖公二十四年　宋成公元年　秦穆公以军护送重耳归国即位，是为晋文公，杀怀公圉。狄人攻周，立太叔带为王，周襄王出走，避难于郑。

公元前635年，周襄王十七年

鲁僖公二十五年　晋文公元年　卫文公卒，子成公郑即位。晋文公发兵勤王救周，迎襄王归王都，杀太叔带，安定王室。襄王赐晋南阳之田。

公元前634年，周襄王十八年

鲁僖公二十六年　卫成公元年　齐攻鲁西鄙、北鄙。楚灭夔，进攻宋国，包围缗邑。

公元前633年，周襄王十九年

鲁僖公二十七年 齐孝公卒，桓公子潘即位，是为昭公。宋告急于晋。晋国建立三军；出兵救宋。

公元前632年，周襄王二十年

鲁僖公二十八年 齐昭公元年 晋文公率齐、宋、秦三国军与楚、陈、蔡战于城濮，楚军大败，主将子玉自杀。晋文公与诸侯盟于践土，率诸侯朝周王，确立霸主地位。

公元前631年，周襄王二十一年

鲁僖公二十九年 陈共公元年 晋大夫狐偃与诸侯国大夫盟于狄泉，谋攻郑国。

公元前630年，周襄王二十二年

鲁僖公三十年 秦、晋军围郑国都，郑老臣烛之武夜坠城入秦营，说退秦师。

公元前629年，周襄王二十三年

鲁僖公三十一年 晋国建立五军，以御狄。狄人围攻卫国，卫迁都于帝丘。

公元前628年，周襄王二十四年

鲁僖公三十二年 郑文公卒，子穆公兰即位。晋文公卒，子襄公即位。秦乘机袭郑国，欲东向发展。

公元前627年，周襄王二十五年

鲁僖公三十三年 晋襄公元年 郑穆公元年 郑商人弦高遇秦军于途，假称受国君命以牛慰劳秦师。秦师袭郑未成，还与晋军战于崤山，大败，三将被俘。鲁僖公卒。

公元前626年，周襄王二十六年

鲁文公元年 楚太子商臣杀其父成王自立，是为穆王。

公元前625年，周襄王二十七年

鲁文公二年 楚穆王元年 秦攻晋，以报崤山兵败之仇，晋败秦师。

公元前624年，周襄王二十八年

鲁文公三年 秦穆公伐晋，过黄河后焚舟，誓死报仇，晋人不出，穆公乃封崤谷秦军尸骨而归，作《秦誓》。

公元前623年，周襄王二十九年

鲁文公四年 楚灭江。秦穆公东进受阻，用谋士由余计，向西发展，遂灭国十二，开地千里，称霸西戎。周王赐以金鼓致贺。

公元前622年，周襄王三十年

鲁文公五年 秦军攻鄀国。楚灭六、蓼二国。

公元前621年，周襄王三十一年

鲁文公六年 秦穆公卒，用一百七十七人殉葬，内有车氏三位贤人，秦人作诗《黄鸟》三章以哀之；子康公罃立。晋襄公卒，子灵公夷皋立，大臣赵盾执晋国政。

公元前620年，周襄王三十二年

鲁文公七年 秦康公元年 晋灵公元年 宋成公卒，昭公杵臼即位。秦与晋战于令狐。

公元前619年，周襄王三十三年

鲁文公八年　宋昭公元年　周襄王卒，太子任臣即位，是为顷王。秦攻晋，取武城。

公元前618年，周顷王元年

鲁文公九年　燕宣公卒，子桓公即位。曹共公卒，子文公寿即位。楚攻郑，晋、宋、卫、许救郑。

公元前617年，周顷王二年

鲁文公十年　燕桓公元年　曹文公元年　晋攻秦，取少梁，秦取晋北征。楚、陈、郑之君会于息，图谋攻宋。

公元前616年，周顷王三年

鲁文公十一年　楚王攻麇。鲁败狄于鹹，俘获狄首领侨如。

公元前615年，周顷王四年

鲁文公十二年　秦晋之师战于河曲。

公元前614年，周顷王五年

鲁文公十三年　楚穆王卒，子庄王侣即位。陈共公卒，子灵公平国即位。邾文公卜迁都，史曰“利于民而不利于君”，文公云：“天生民而树之君，以利之也。民既利矣，孤必与焉。”

公元前613年，周顷王六年

鲁文公十四年　楚庄王元年　陈灵公元年　周顷王卒，子班即位是为匡王。齐昭公卒，弟商人杀太子自立，是为懿公。七月，彗星出现，此是世界上哈雷最早的正式记录。

公元前612年，周匡王元年

鲁文公十五年　齐懿公元年　六月辛丑，日食。晋军攻蔡，蔡服，诸侯盟于扈。齐侵鲁西鄙，攻曹国。蔡庄侯卒，文侯申即位。

公元前611年，周匡王二年

鲁文公十六年　蔡文侯元年　楚庄王与秦、巴联军灭庸。宋襄公夫人使卫伯杀宋昭公，立昭公弟鲍，是为文公。

公元前610年，周匡王三年

鲁文公十七年　宋文公元年　晋荀林父以诸侯之师攻宋，质问宋人杀君之罪。

公元前609年，周匡王四年

鲁文公十八年　鲁文公卒，子宣公俀（一作倭）即位。秦康公卒，子共公和即位。齐人杀懿公，立桓公之子元，是为惠公。鲁季孙行父讲《周礼》及古史。

公元前608年，周匡王五年

鲁宣公元年　秦共公元年　齐惠公元年　楚、郑之师攻陈、宋，晋赵盾帅师救陈，宋、陈、卫、曹会晋师攻郑。

公元前607年，周匡王六年

鲁宣公二年　周匡王卒，弟瑜即位，是为定王。晋赵穿杀国君灵公，迎立公子黑臀于周，是为成公。晋太史董弧直书赵盾弑君，被誉为直笔良史。

公元前606年，周定王元年

鲁宣公三年　晋成公元年　郑穆公卒，子灵公夷即位。楚庄王征讨陆浑之戎，遂陈兵周王国

境，问周九鼎轻重，意欲取而代之。

公元前605年，周定王二年

鲁宣公四年　郑灵公元年　郑公子归生杀郑灵公，立公子坚，是为襄公。楚若敖氏为乱，庄王攻灭之。

公元前604年，周定王三年

鲁宣公五年　郑襄公元年　秦共公卒，子桓公即位。孙叔敖为楚国令尹，修芍陂、开思期水等水利工程。楚伐郑，与陈结和。晋救郑，伐陈。

公元前603年，周定王四年

鲁宣公六年　秦桓公元年　晋、卫攻陈。赤狄攻晋，围邢丘及怀。

公元前602年，周定王五年

鲁宣公七年　燕宣公卒，桓公即位。黄河第一次大改道。齐、鲁攻莱夷。

公元前601年，周定王六年

鲁宣公八年　燕桓公元年　楚灭舒、蓼。楚与吴、越结盟，稳定后方，以图北上争霸。

公元前600年，周定王七年

鲁宣公九年　晋成公卒，子景公据即位。卫成公卒，子穆公遬即位。齐攻莱。晋成公与宋、卫、郑、曹君会于扈，谋伐陈国。楚攻郑。

公元前599年，周定王八年

鲁宣公十年　晋景公元年　卫穆公元年　齐惠公卒，子顷公无野即位。陈夏征舒杀灵公，太子成公午即位。郑服楚，晋率诸侯之师攻郑；郑服晋，楚攻郑。

公元前598年，周定王九年

鲁宣公十一年　齐顷公元年　陈成公元年　楚庄王入陈，杀夏征舒，灭陈为县；旋复其国。

公元前597年，周定王十年

鲁宣公十二年　楚围郑三月，郑襄公肉袒牵羊降楚。晋荀林父帅师救郑，与楚战于邲，大败。楚庄王称霸诸侯。

公元前596年，周定王十一年

鲁宣公十三年　晋杀大夫先縠，灭其族。因他在邲之败中负有罪责，后来图谋叛变。

公元前595年，周定王十二年

鲁宣公十四年　曹共公卒，子宣公庐即位。宋杀楚国使臣申舟，楚围宋。

公元前594年，周定王十三年

鲁宣公十五年　曹宣公元年　楚围宋九月，城中绝粮，易子而食，乃告急于晋，晋不能救，宋与楚结盟。晋北向用兵灭赤狄潞氏。鲁国初税亩。

公元前593年，周定王十四年

鲁宣公十六年　晋灭赤狄甲氏、留吁。

公元前592年，周定王十五年

鲁宣公十七年　蔡文侯卒，子景侯固即位。晋郤克脚跛，出使齐国，受妇人讥笑之辱，归请伐齐。

公元前591年，周定王十六年

鲁宣公十八年　蔡景侯元年　楚庄王卒，子共王审即位。鲁宣公卒，子成公黑肱即位。晋、卫军攻齐，齐以公子彊为质修好，晋师还。

公元前590年，周定王十七年

鲁成公元年　楚共王元年　鲁作丘甲，改革军制。

公元前589年，周定王十八年

鲁成公二年　晋率鲁、卫、曹师败齐于鞍，齐归鲁汶阳。楚攻鲁，鲁以三百名技工献楚求和。楚与鲁、蔡、许、秦、宋、陈、卫、郑、齐九国盟于蜀。

公元前588年，周定王十九年

鲁成公三年　宋共公元年　卫定公元年　晋景公帅鲁、宋、卫、曹之君攻郑。晋作六军，始置六卿。

公元前587年，周定王二十年

鲁成公四年　鲁成公往晋，晋不以礼待之；成公怒，欲联楚，季文子谏乃止。

公元前586年，周定王二十一年

鲁成公五年　郑悼公元年　燕昭公元年　周定王卒，子简王夷即位。晋国梁山崩塌。鲁国大水。晋景公与齐、宋、卫、郑、杞盟于虫牢。

公元前585年，周简王元年

鲁成公六年　吴王寿梦元年　吴始强大。楚伐郑，晋师救郑。晋迁都新田。郑悼公卒，弟成公立。

公元前584年，周简王二年

鲁成公七年　郑成公元年　吴攻郯，鲁震恐。楚攻郑，晋率鲁、齐、宋、卫、曹、莒、邾、杞八国师救之。晋遣巫臣使吴教吴车战法，使叛楚，通中原诸国。吴侵楚州来，始为楚患。

公元前583年，周简王三年

鲁成公八年　晋逼鲁归齐汶阳之田，鲁以是渐离心于晋。晋杀大夫赵同、赵穿，晋政渐乱。

公元前582年，周简王四年

鲁成公九年　晋景公与鲁、齐、宋、卫、郑、曹、莒、杞八国之君盟于蒲。秦人、白狄伐晋。楚遣公子辰赴晋修好。晋伐郑。

公元前581年，周简王五年

鲁成公十年　齐灵公元年　晋与诸侯攻郑。晋景公疾，秦国医生缓诊其病入膏肓，不可治。景公旋卒，太子厉公州蒲即位。

公元前580年，周简王六年

鲁成公十一年　晋厉公元年　晋、秦两国盟于令狐。

公元前579年，周简王七年

鲁成公十二年　宋华元奔走晋、楚谋和，事成，晋、楚盟于宋西门之外，是为春秋时代第一次弭兵盟会。

公元前578年，周简王八年

鲁成公十三年　晋厉公与鲁、齐、宋、郑、曹、邾、滕之师攻秦，败秦师于麻隧。

公元前 577 年，周简王九年

鲁成公十四年　曹成公元年　晋逼卫定公接纳叛臣孙林父。

公元前 576 年，周简王十年

鲁成公十五年　秦景公元年　卫献公元年　楚攻郑，背前盟。晋士燮率鲁、宋、齐、卫、郑、邾等国大夫与吴会于钟离，吴始与中原诸侯结盟。许畏郑，迁于叶。

公元前 575 年，周简王十一年

鲁成公十六年　宋平公元年　晋、楚战于鄢陵，楚师大败，楚共王伤目。晋霸复兴。晋厉公与鲁、齐、卫、宋、邾等国盟于随河。

公元前 574 年，周简王十二年

鲁成公十七年　晋厉公会周大夫尹子、单子、齐侯、宋公、鲁侯 、卫侯、曹伯，邾人攻郑，并在柯陵结盟。晋厉公杀三郤，灭其族。楚灭舒、庸。

公元前 573 年，周简王十三年

鲁成公十八年　燕武公元年　晋栾书杀死国君厉公，赴成周迎襄公孙周即位，是为晋悼公。楚、郑攻宋，使宋叛臣石鱼守彭城，以阻晋、吴通道。

公元前 572 年，周简王十四年

鲁襄公元年　晋悼公元年　周简王卒，子灵王泄心即位。晋联合鲁、宋、卫、曹、莒、邾、滕七国之军围彭城，囚石鱼等五大夫。晋韩厥败郑步兵于洧水上。

公元前 571 年，周灵王元年

鲁襄公二年　齐侵莱。晋荀罃会鲁、齐、宋、卫、邾、滕、薛及小邾八国大夫于戚，筑虎牢关以威逼郑。郑向晋请和。

公元前570年，周灵王二年

鲁襄公三年　郑僖公元年　楚令尹子重选精兵攻吴，得不偿失，因受责难而忧卒。晋与诸侯盟于鸡泽，议攻亲楚之许国。

公元前569年，周灵王三年

鲁襄公四年　陈成公卒，楚将伐陈，闻丧而止。晋魏绛提出和戎之策，北方由是安定。

公元前568年，周灵王四年

鲁襄公五年　陈哀公元年　吴王派大夫秦越使晋，晋悼公与诸侯在戚与吴结盟抗楚。楚攻陈，诸侯之军戍守陈国。

公元前567年，周灵王五年

鲁襄公六年　莒灭鄫国。齐灭莱夷，扩大疆土一倍以上。

公元前566年，周灵王六年

鲁襄公七年　郑僖公因待大臣无礼，被杀，其子简公嘉即位。楚师围攻陈，晋会诸侯于鄬以救陈。

公元前565年，周灵王七年

鲁襄公八年　郑简公元年　晋召诸侯于邢丘，规定对晋朝贡数量，晋复霸。楚攻郑，郑大臣子驷提出“唯强是从”以应付晋楚的两面策略。

公元前564年，周灵王八年

鲁襄公九年 晋将诸侯之师分为三批，轮番攻郑，以疲劳楚军。魏绛向晋悼公提出休养生息计策，大获成功。

公元前563年，周灵王九年

鲁襄公十年 晋悼公与诸侯同吴王寿梦会于柤。郑与楚盟，晋率诸侯之师攻郑。诸侯军队再筑虎牢关逼郑。

公元前562年，周灵王十年

鲁襄公十一年 鲁国作三军，“三桓”三分公室，所取税收制度各有不同。秦、晋两国战于栎，晋军失败。

公元前561年，周灵王十一年

鲁襄公十二年 吴王寿梦卒，长子诸樊即位。楚、秦联军进攻宋国。

公元前560年，周灵王十二年

鲁襄公十三年 **吴王诸樊元年** 晋悼公治兵于绵上，选贤才充任三军将佐，晋复强。吴楚战于庸浦，吴败。楚共王卒，子康王昭立。

公元前559年，周灵王十三年

鲁襄公十四年 **楚康王元年** 晋与诸侯大夫会吴于向，援吴攻楚。晋与诸侯攻秦至于棫林而退。卫孙林父驱逐国君献公。楚令尹子囊攻吴，败死。

公元前558年，周灵王十四年

鲁襄公十五年 **卫殇公元年** 晋悼公卒，子平公彪即位。齐攻鲁，围成，以示不服于晋。楚康王用贤能为政，国势复强。

公元前557年，周灵王十五年

鲁襄公十六年　晋平公元年　晋平公与鲁、宋、卫、郑、曹、莒、邾、薛、杞、小邾之君及齐大夫高厚会于溴梁，由各国大夫结盟，齐高厚逃盟。晋、楚战于湛坂，大败楚师。

公元前556年，周灵王十六年

鲁襄公十七年　宋攻陈。卫攻曹。齐、邾联军攻鲁。

公元前555年，周灵王十七年

鲁襄公十八年　齐攻鲁，晋平公率十二国之师攻齐救鲁，战于平阴，进围齐都临淄，大败齐师。楚乘诸侯伐齐又攻郑。

公元前554年，周灵王十八年

鲁襄公十九年　曹武公元年　燕文公元年　晋平公与诸侯盟于沂上，执邾国国君，命归还侵占鲁国的土地。齐灵公卒。

公元前553年，周灵王十九年

鲁襄公二十年　齐庄公元年　齐服晋，晋平公与诸侯及齐庄公盟于澶渊。

公元前552年，周灵王二十年

鲁襄公二十一年　楚令尹子庚卒，随葬物中有使用失腊法先进技术铸造的青铜器。晋栾盈出逃，晋悼公会诸侯于商任，禁止各国接纳栾盈。

公元前551年，周灵王二十一年

鲁襄公二十二年 孔子生。孔子为儒家学说创始人、著名思想家和教育家，首创私学。孔子与道家创始人老子同时，曾到周王都向老子问礼。

公元前550年，周灵王二十二年

鲁襄公二十三年 栾盈潜回晋国，从曲沃进攻国都绛，事败被杀，灭族。齐乘晋国内乱进攻卫、晋及鲁，欲争霸主地位。

公元前549年，周灵王二十三年

鲁襄公二十四年 晋征收诸侯贡赋过重，郑子产致书争之乃减。楚以水军攻吴，无功。晋会诸侯于夷仪，谋伐齐，楚攻郑以救齐。

公元前548年，周灵王二十四年

鲁襄公二十五年 **燕懿公元年** 齐崔杼专权，杀国君庄公。齐太史秉笔直书“崔杼弑其君”。楚司马蔿掩“书土田”，行“量入修赋”改革。吴王诸樊伐楚，中箭，受伤而卒。

公元前547年，周灵王二十五年

鲁襄公二十六年 **齐景公元年** **吴王余祭元年** 卫宁喜杀其君剽，迎回献公复位。楚大夫声子论“楚材晋用”，劝执政者注重人才。楚伐郑。

公元前546年，周灵王二十六年

鲁襄公二十七年 **卫献公后元元年** 宋向戌活动“弥兵”成功，晋、楚等十四国在宋都结“弥兵之盟”，规定“晋楚之从交相见”。齐庆封执政，灭权臣崔杼族。

公元前545年，周灵王二十七年

鲁襄公二十八年 周灵王卒，子景王贵即位。齐、陈、蔡、燕、杞、胡、沈、白狄之君朝贡于晋。郑、鲁、宋、陈许君朝贡于楚，实践“交相见”盟约。楚康王卒。

公元前544年，周景王元年

鲁襄公二十九年 楚郏敖元年 吴王余祭被越俘杀，弟夷末即位。晋使鲁、齐、宋、卫、郑、曹、莒、滕、薛、小邾为杞修城。吴季札出使中原列国，在鲁观乐并予中肯评论。

公元前543年，周景王二年

鲁襄公三十年 卫襄公元年 蔡太子般杀父景公自立，是为灵公。郑子产执政，作“田有封洫，庐井有伍”改革，郑人先怨而后颂之。

公元前542年，周景王三年

鲁襄公三十一年 蔡灵侯元年 吴派大夫屈狐庸出使晋，以开通晋、吴之路。郑子产拒毁乡校，使民有谈论时政之处。鲁襄公卒。

公元前541年，周景王四年

鲁昭公元年 楚令尹王子围杀其君郏敖自立，是为灵王。秦后子奔晋，有车千辆，架舟桥于黄河以渡。晋魏舒改车兵为步卒，大败太原之戎。

公元前540年，周景王五年

鲁昭公二年 楚灵王元年 晋赵武执掌国政。晋韩厥观书于鲁太史室，见易象与鲁《春秋》叹道“周礼尽在鲁矣”。

公元前539年，周景王六年

鲁昭公三年　齐晏婴出使晋国，见叔向说齐政将归于田氏，叔向言晋公室卑，政在家门。燕国君简公出逃到齐。

公元前538年，周景王七年

鲁昭公四年　楚灵王会诸侯于申，欲为霸主。楚攻吴夺取朱方，灭赖。吴伐楚，取三邑。郑子产作丘赋。

公元前537年，周景王八年

鲁昭公五年　鲁去中军建制，四分公室，季氏独得二份。楚灵王帅诸侯之师攻吴，无功而还。晋君嫁女于楚王以联姻通好。

公元前536年，周景王九年

鲁昭公六年　**秦哀公元年**　郑子产铸刑书，刊布成文法，行法制。楚伐吴，战败。齐伐燕，欲送燕简公归国。

公元前535年，周景王十年

鲁昭公七年　**燕悼公元年**　楚大夫无宇论人有十等之别。楚灵王建章华之台，壮观异常。

公元前534年，周景王十一年

鲁昭公八年　**卫灵公元年**　陈内乱，哀公自杀，孙惠公吴继位。楚乘陈乱灭陈，毁“弥兵”盟约。鲁阅军于红，出动兵车千乘。

公元前533年，周景王十二年

鲁昭公九年　**陈惠公元年**　鲁、宋、郑、卫大夫会楚灵王于陈。楚迁许于夷。

公元前532年，周景王十三年

鲁昭公十年 晋平公卒，子昭公夷即位，诸侯皆派大夫赴晋会葬。齐陈氏、鲍氏攻栾氏、高氏而分其家，陈氏始大。

公元前531年，周景王十四年

鲁昭公十一年 晋昭公元年 宋元公元年 楚灵王诱杀蔡哀侯，灭蔡。晋韩起会诸侯之大夫于厥慭，谋救蔡。

公元前530年，周景王十五年

鲁昭公十二年 吴王馀昧元年 齐以师护送燕简公于燕之阳地，燕人不让复位。楚灵王无故攻徐，民皆怨之。晋灭肥，攻鲜虞。

公元前529年，周景王十六年

鲁昭公十三年 郑定公元年 楚灵王自杀，弟平王即位，让陈、蔡复国。晋阅军于邾南，出动兵车四千辆，合诸侯于平丘，分摊贡额。吴灭州来，威胁楚。

公元前528年，周景王十七年

鲁昭公十四年 楚平王元年 燕共公元年 楚平王修养生息，宣布养息民力五年而后用兵。

公元前527年，周景王十八年

鲁昭公十五年 曹平公元年 吴王馀昧卒，弟季札不愿为王，馀昧子即位。晋攻鲜虞，取鼓。晋籍谈使周，周景王以“数典忘祖”讥之。

公元前526年，周景王十九年

鲁昭公十六年 吴王僚元年 齐进攻徐。楚平王诱杀戎蛮子。郑大旱，子产严惩毁山林求雨的

大夫。

公元前525年，周景王二十年

鲁昭公十七年　晋顷公元年　郯国君朝鲁，讲论古史，孔子向其学习。晋灭陆浑之戎。吴败楚师于长岸。冬，彗见。

公元前524年，周景王二十一年

鲁昭公十八年　宋、卫、陈、郑皆发生水灾。周景王铸大钱。楚迁许于析。

公元前523年，周景王二十二年

鲁昭公十九年　曹悼公元年　燕平公元年　宋伐邾，随即又与邾、郳、徐结盟于虫。楚平王以舟师攻濮。齐攻莒及纪。

公元前522年，周景王二十三年

鲁昭公二十年　楚平王信谗，欲杀太子建。伍子胥奔吴。郑子产卒。周景王铸“无射”钟，伶州鸠论十二乐律。齐晏婴提出“和同”哲学观。

公元前521年，周景王二十四年

鲁昭公二十一年　蔡悼侯元年　宋华氏乱，以南里叛。晋、宋、卫师救宋，围南里。

公元前520年，周景王二十五年

鲁昭公二十二年　周景王卒，长子猛立，王子朝杀猛，猛为悼王。晋人攻子朝而立猛弟匄，是为敬王。周室王子朝乱起。晋灭鼓。

公元前519年，周敬王元年

鲁昭公二十三年 八月乙未，鲁国地震。周王子朝入王都称王，敬王避难狄泉。吴攻楚，战于鸡父，败楚及七国之军；楚惧之，增修郢都。

公元前518年，周敬王二年

鲁昭公二十四年 **蔡昭侯元年** 楚用舟师攻吴，越助楚攻吴。吴败楚师，灭巢及钟离。

公元前517年，周敬王三年

鲁昭公二十五年 晋会诸侯于黄父，谋救周王室乱，并命诸侯向周王送粟及戍守。鲁昭公欲去“三桓”，兵败奔齐，国政由季氏执掌。

公元前516年，周敬王四年

鲁昭公二十六年 **宋景公元年** 晋军攻王子朝党，周敬王复位。王子朝及尹氏等奉周朝典籍奔楚；王子朝对周朝历史作了一番论述。

公元前515年，周敬王五年

鲁昭公二十七年 **楚昭王元年** 吴军围楚潜邑，吴公子光使专诸刺杀王僚即位，是为吴王阖庐。楚杀谗臣费无极。晋士鞅会诸侯之大夫于扈，谋戍周及送鲁昭公返国。

公元前514年，周敬王六年

鲁昭公二十八年 **吴王阖庐元年** 晋灭强宗祁氏、羊舌氏族，分其地为十县，公室弱，六卿强。

公元前513年，周敬王七年

鲁昭公二十九年 **郑献公元年** 鲁昭公欲赴晋求援不成，居于乾侯。晋国赵鞅赋一鼓铁，以铸

刑鼎，著范宣子所为刑书。

公元前512年，周敬王八年

鲁昭公三十年 吴师攻徐，以水淹其都而灭之。吴阖庐用伍子胥计，分吴军为三班，轮番攻楚以疲楚军。

公元前511年，周敬王九年

鲁昭公三十一年 吴轮番攻楚，楚军疲于奔命。

公元前510年，周敬王十年

鲁昭公三十二年 曹公子通杀其君声公自立，是为隐公。吴攻越及楚潜、六。晋史墨提出“君臣无常位”的历史观。鲁昭公卒于乾侯。

公元前509年，周敬王十一年

鲁定公元年 **曹隐公元年** 晋率诸侯为周王修建成周城，士弥牟计算工程量精确，准时完工。

公元前508年，周敬王十二年

鲁定公二年 吴败楚军于豫章，获楚公子繁。

公元前507年，周敬王十三年

鲁定公三年 鲜虞败晋师于平中。楚令尹囊瓦贪财；蔡昭侯、唐成公朝见楚王，囊瓦求赂不得囚禁二君，后得赂方释归之。

公元前506年，周敬王十四年

鲁定公四年 晋会诸侯于召陵，谋为蔡伐楚，求赂不得而罢。蔡转求吴，吴联合唐、蔡伐楚，吴大败楚军于柏举，随即攻入楚都郢，楚昭王出逃于随。楚臣申包胥赴秦求师救楚。

公元前505年，周敬王十五年

鲁定公五年　陈怀公元年　曹靖公元年　越攻吴。秦师救楚，吴军退，楚昭王返郢。孔子学生曾参生，后为儒家正宗学派传人。

公元前504年，周敬王十六年

鲁定公六年　燕简公元年　郑灭许。鲁攻郑。吴败楚舟师，楚惧吴，迁都于鄀。

公元前503年，周敬王十七年

鲁定公七年　鲁季孙氏家臣阳虎专政。齐、郑、卫国结盟反叛霸主晋国。齐攻鲁。

公元前502年，周敬王十八年

鲁定公八年　鲁国侵犯齐国，攻廪丘。齐攻鲁西鄙，晋救鲁。鲁阳虎攻“三家”，不克而叛。

公元前501年，周敬王十九年

鲁定公九年　陈湣公元年　曹伯阳元年　郑大臣驷歂杀学者邓析，然用其所著《竹刑》。齐攻晋。鲁“三家”败阳虎，阳虎奔晋。孔子为鲁国中都宰。郑献公卒。

公元前500年，周敬王二十年

鲁定公十年　郑声公元年　秦惠公元年　鲁定公与齐景公会于夹谷，孔丘为鲁司寇相礼，斥退齐人要挟。齐归鲁郓、讙、龟阴之地。晏婴卒，有后人所辑《晏子春秋》一书传世。

公元前499年，周敬王二十一年

鲁定公十一年　鲁、郑结盟，背叛晋国。

公元前 498 年，周敬王二十二年

鲁定公十二年 孔丘学生子路发动堕三家都城以强公室，孟孙氏之城不堕。孔丘在鲁遭冷遇，始游列国。

公元前 497 年，周敬王二十三年

鲁定公十三年 齐、卫攻晋河内，因晋师拒战而归。晋赵氏与范、中行氏之战开始。

公元前 496 年，周敬王二十四年

鲁定公十四年 **越王句践元年** 吴、越战于槜李，吴王阖庐受伤而卒，子夫差即位。晋人败范氏、中行氏于潞，再败于百泉。范氏、中行氏奔齐。

公元前 495 年，周敬王二十五年

鲁定公十五年 **吴王夫差元年** 鲁定公卒。楚灭胡。郑败宋师，齐、卫之君会于蘧挐，谋取救宋。

公元前 494 年，周敬王二十六年

鲁哀公元年 吴败越于椒，越王句践仅以甲五千困守会稽山，向吴称臣求和。齐、卫之君会于乾侯，谋救晋范氏。

公元前 493 年，周敬王二十七年

鲁哀公二年 齐援晋范氏粟，郑人送之。赵鞅与郑人战于铁，胜之，获粟千车。晋推行县大于郡的行政建制。吴迁蔡于州来。

公元前 492 年，周敬王二十八年

鲁哀公三年 **卫出公元年** **燕献公元年** 孔子在陈，随即入宋，与弟子习礼于大树下。赵简子

围朝歌，荀寅奔邯郸。

公元前491年，周敬王二十九年

鲁哀公四年 楚攻蛮，蛮君奔晋，晋执之送归楚。

公元前490年，周敬王三十年

鲁哀公五年 **秦悼公元年** **蔡成侯元年** 晋范氏、中行氏奔齐，子孙牛耕于齐之郊野。齐景公卒，子荼即位。

公元前489年，周敬王三十一年

鲁哀公六年 齐陈乞杀国君荼，立公子阳生，是为悼公。晋赵简子伐鲜虞。吴伐陈，楚救陈。齐陈氏、鲍氏攻国氏、高氏，国、高二氏失败奔鲁。

公元前488年，周敬王三十二年

鲁哀公七年 **齐悼公元年** **楚惠王元年** 吴王夫差会鲁哀公于鄫，强令鲁贡献百牢。宋围曹，郑救曹。

公元前487年，周敬王三十三年

鲁哀公八年 宋灭曹。

公元前486年，周敬王三十四年

鲁哀公九年 宋败郑于雍丘。楚伐陈。吴王夫差城邗，开凿邗沟，连通江、淮二水，以图北方，此为南北大运河开凿之始。

公元前 485 年，周敬王三十五年

鲁哀公十年 吴会鲁、邾、郯师败齐军。吴舟师自海攻齐，为齐所败，遂南归。齐人杀悼公，立悼公子壬，是为简公。

公元前 484 年，周敬王三十六年

鲁哀公十一年 齐简公元年 吴、鲁大败齐军于艾陵。伍子胥因反对伐齐被杀。孔子返鲁，整理六经典籍，设私学教弟子，致弟子三千人。

公元前 483 年，周敬王三十七年

鲁哀公十二年 鲁国用田赋。鲁哀公与吴王夫差会于橐皋。鲁、卫、宋君会于郧。宋攻郑。

公元前 482 年，周敬王三十八年

鲁哀公十三年 吴王夫差会周王臣单平公及晋定公、鲁哀公于黄池争为霸主。越乘机攻吴，大败吴师，进逼都城姑苏。

公元前 481 年，周敬王三十九年

鲁哀公十四年 鲁国狩猎获麟，鲁史《春秋》编年记事止。齐陈恒杀其君简公，专国政。春秋时代终。春秋晚期，熟铁、生铁并用，春秋战国之际发明铸铁柔化术及块炼渗碳钢。

公元前 480 年，周敬王四十年

秦悼公十一年 齐田（陈）氏实已取代姜氏政权。战国时代始。

公元前 479 年，周敬王四十一年

秦悼公十二年 孔丘卒，其后弟子辑其言行为《论语》。

公元前478年，周敬王四十二年

秦悼公十三年　卫国工匠起义，杀国君，齐人立卫灵公子起为国君。越败吴于笠泽。

公元前477年，周敬王四十三年

秦悼公十四年　巴人攻楚国，旋败。卫人驱逐国君起，起奔齐，卫出公回国复位。周敬王卒，子仁即位，是为元王。

公元前476年，周敬王四十四年

秦厉共公元年　卫出公元年　越攻楚，使吴不防备越人。

公元前475年，周元王元年

秦厉共公二年　齐会诸侯于廪丘，谋攻晋。越进围吴都姑苏。晋赵鞅卒，子襄子无恤立。

公元前474年，周元王二年

秦厉共公三年　越遣使通鲁。鲁、齐、邾之君盟于顾。

公元前473年，周元王三年

秦厉共公四年　越攻破吴都，吴王夫差自杀。越大夫范蠡出走，大夫文种被杀。越王句践致贡于周室，周王命为伯，为霸主。

公元前472年，周元王四年

秦厉共公五年　晋知伯伐齐，败齐师于廪丘。鲁使叔青聘越，越诸鞅回聘，两国通使。

公元前471年，周元王五年

秦厉共公六年　蔡声侯元年　晋伐齐，取廪丘。鲁哀公南朝越王句践。

公元前470年，周元王六年

秦厉共公七年 卫出公被大臣驱逐，奔宋，求救于越。鲁哀公归自越，与三桓为仇。

公元前469年，周元王七年

秦厉共公八年 越、鲁、宋攻卫，拟送出公回国，未遂，出公终老于越。周元王卒，子贞定王介即位。

公元前468年，周贞定王元年

秦厉共公九年 越大夫与鲁哀公盟于阳。鲁哀公患三桓威逼，出奔越。

公元前467年，周贞定王二年

秦厉共公十年 鲁哀公卒，其子宁即位，是为悼公。鲁三家强，公室如小侯。秦庶长将兵攻晋，取魏城。

公元前466年，周贞定王三年

秦厉共公十一年 晋国地震。

公元前465年，周贞定王四年

秦厉共公十二年

公元前464年，周贞定王五年

秦厉共公十三年 越王句践卒，子鹿郢即位，越国从此衰弱。晋知伯、赵无恤帅师围郑，齐师救郑。知伯侮辱赵无恤，无恤怀恨在心。

公元前463年，周贞定王六年

秦厉共公十四年 晋人、楚人往朝秦。

郑声公卒。

公元前462年，周贞定王七年

秦厉共公十五年 **郑哀公元年**

公元前461年，周贞定王八年

秦厉共公十六年 秦发兵二万伐大荔，夺取其王城。

公元前460年，周贞定王九年

秦厉共公十七年

公元前459年，周贞定王十年

秦厉共公十八年 越王鹿郢卒，子不寿即位。

公元前458年，周贞定王十一年

秦厉共公十九年 越王不寿元年。晋国知、韩、赵、魏四家瓜分范氏、中行氏地为邑。

公元前457年，周贞定王十二年

秦厉共公二十年 **赵襄子元年** 秦与绵诸戎战。晋知伯伐中山，取穷鱼之丘。

公元前456年，周贞定王十三年

秦厉共公二十一年 **蔡元侯元年** **晋哀公元年** 秦初县频阳。

公元前455年，周贞定王十四年

秦厉共公二十二年　卫悼公黔元年　齐宣公元年　知伯向韩、赵、魏索万家之邑，独赵氏不给。知伯与韩、魏围赵晋阳城。

公元前454年，周贞定王十五年

秦厉共公二十三年　晋知、韩、魏三家继续围困赵晋阳城。

公元前453年，周贞定王十六年

秦厉共公二十四年　赵秘密与韩、魏合谋，灭知伯，三家均分其地。黄河在扈地断流。

公元前452年，周贞定王十七年

秦厉共公二十五年　晋知伯族人知开奔秦；晋出公奔楚。

公元前451年，周贞定王十八年

秦厉共公二十六年　秦左庶长修筑南郑城，欲向巴蜀发展。

公元前450年，周贞定王十九年

秦厉共公二十七年

公元前449年，周贞定王二十年

秦厉共公二十八年　燕成公元年　越人迎女于秦。

公元前448年，周贞定王二十一年

秦厉共公二十九年　晋大夫知宽率邑人奔秦。越王不寿被杀，子朱句即位。

公元前447年，周贞定王二十二年

秦厉共公三十年　越王朱句元年　楚灭蔡。

公元前446年，周贞定王二十三年

秦厉共公三十一年

公元前445年，周贞定王二十四年

秦厉共公三十二年　魏文侯元年　楚灭杞拓地至泗上，楚复强。魏文侯立，任李悝为相，致力改革，行“尽地力之教”，制定《法经》六篇，推行法治，魏乃强。

公元前444年，周贞定王二十五年

秦厉共公三十三年　巧匠鲁班约死于此年。秦伐义渠，俘虏其王。晋韩、魏二家灭伊、洛、阴地之戎。

公元前443年，周贞定王二十六年

秦厉共公三十四年　秦厉共公卒，子躁公立。

公元前442年，周贞定王二十七年

秦躁公元年

公元前441年，周贞定王二十八年

秦躁公二年　周贞定王卒，诸子争立互杀，最后少子嵬夺得王位，是为考王。南郑叛秦。

公元前440年，周考王元年

秦躁公三年　周考王封其弟揭于王城，是为西周桓公，又称西周君。

公元前439年，周考王二年

秦躁公四年 燕成公卒，文公即位。

公元前438年，周考王三年

秦躁公五年 燕文公元年

公元前437年，周考王四年

秦躁公六年 晋幽公元年

公元前436年，周考王五年

秦躁公七年 孔子学生曾参卒，有《曾子》十八篇传世，传《孝经》是其所作。

公元前435年，周考王六年

秦躁公八年 秦六月雨雪。

公元前434年，周考王七年

秦躁公九年

公元前433年，周考王八年

秦躁公十年 曾（随）侯乙卒，随葬品豪华，有钟65件，具C大调七间阶，5个八度音域，12个半音齐备。箱盖上写二十八宿名并绘北斗及青龙、白虎图。

公元前432年，周考王九年

秦躁公十一年 楚惠王卒，子简王中即位。

公元前431年，周考王十年

秦躁公十二年　卫昭公元年　楚简王元年　楚灭莒国。

公元前430年，周考王十一年

秦躁公十三年　义渠攻秦，深入至渭阳。

公元前429年，周考王十二年

秦躁公十四年　秦躁公卒，弟怀公即位。鲁悼公卒。

公元前428年，周考王十三年

秦怀公元年　鲁元公元年

公元前427年，周考王十四年

秦怀公二年

公元前426年，周考王十五年

秦怀公三年　周孝王卒，子威烈王午即位。

公元前425年，周威烈王元年

秦怀公四年　秦庶长晁围怀公，怀公自杀，立其孙，是为灵公。赵襄子无恤卒，弟嘉继位，是为桓子。韩康子卒，子启章继位，是为武子。

公元前424年，周威烈王二年

秦灵公元年　赵桓子元年　魏文侯元年　韩武子元年　赵桓子为国人所杀，立襄子无恤之子，是为献侯。

公元前423年，周威烈王三年

秦灵公二年　郑幽公元年　赵献侯元年　韩杀郑幽公，子繻公即位。

公元前422年，周威烈王四年

秦灵公三年　郑繻公元年

公元前421年，周威烈王五年

秦灵公四年

公元前420年，周威烈王六年

秦灵公五年

公元前419年，周威烈王七年

秦灵公六年　魏修建少梁城墙。

公元前418年，周威烈王八年

秦灵公七年　秦、魏战于少梁。

公元前417年，周威烈王九年

秦灵公八年　秦临黄河岸修筑军事防御工事。魏复修建少梁城墙。

公元前416年，周威烈王十年

秦灵公九年　晋幽公夜出，为盗所杀。魏文侯以兵平晋乱，立幽公子止，是为烈公。

公元前 415 年，周威烈王十一年

秦灵公十年　晋烈公元年　秦灵公卒，叔父悼子即位，是为简公。赵氏修筑泫氏城墙。韩武子都于平阳。

公元前 414 年，周威烈王十二年

秦简公元年　卫慎公元年　中山武公初即位。

公元前 413 年，周威烈王十三年

秦简公二年　秦与魏战，败魏军于郑下。齐伐魏，摧毁黄城，进围阳狐。魏河岸崩，塞龙门至于砥柱。楚伐魏，至上洛。

公元前 412 年，周威烈王十四年

秦简公三年　魏公子击围攻繁庞，出其民。齐取鲁之安阳及莒。

公元前 411 年，周威烈王十五年

秦简公四年　齐伐鲁，取一城。越修建平邑城防。

公元前 410 年，周威烈王十六年

秦简公五年　齐田悼子元年

公元前 409 年，周威烈王十七年

秦简公六年　秦令官吏带剑。魏攻秦，修筑临晋、元里城。

公元前 408 年，周威烈王十八年

秦简公七年　韩景侯元年　赵烈侯元年　秦初租禾。韩攻郑，取雍丘。魏攻秦，至郑还。魏伐

中山。楚简王卒。

公元前407年，周威烈王十九年

秦简公八年　楚声王元年　鲁穆公元年　魏文侯受经学于子夏，尊重名士段干木，以网罗人才。齐与鲁会于西城，伐卫，取贯丘。郑败韩于黍。

公元前406年，周威烈王二十年

秦简公九年　魏将乐羊子灭中山。

公元前405年，周威烈王二十一年

秦简公十年　魏文侯谋相于李克，决定以魏成子为相。齐田会以廪丘叛入赵，齐围廪丘，赵大败齐军。

公元前404年，周威烈王二十二年

秦简公十一年　田和子元年　齐康公元年

公元前403年，周威烈王二十三年

秦简公十二年　周王承认晋韩、赵、魏三家为诸侯。孔子孙子思约卒于此年（约公元前483年生）有《中庸》篇传世。

公元前402年，周威烈王二十四年

秦简公十三年　赵烈侯用贤，以牛畜为师，荀欣为中尉，徐越为内史。楚声王卒。

公元前401年，周安王元年

秦简公十四年　楚悼王元年　秦攻魏，至阳狐。

公元前 400 年，周安王二年

秦简公十五年 秦简公卒，惠公即位。郑围攻韩阳翟。韩、赵、魏联军伐楚，至乘丘。

公元前 399 年，周安王三年

秦惠公元年 **韩烈侯元年** **赵武公元年** 魏虢山崩，壅塞黄河河道。楚归还榆关于郑以修好。

公元前 398 年，周安王四年

秦惠公二年 楚攻郑，败郑师。郑人杀其相子阳。

公元前 397 年，周安王五年

秦惠公三年

公元前 396 年，周安王六年

秦惠公四年 魏文侯卒，太子击即位，是为武侯。郑相子阳之徒杀郑繻公，立幽公弟乙，是为康公。

公元前 395 年，周安王七年

秦惠公五年 **魏武侯元年** **郑康公元年** 吴起为魏镇守西河。魏武侯与诸大夫泛舟黄河，夸河山之险，吴起折之。

公元前 394 年，周安王八年

秦惠公六年 齐攻鲁，取最。韩救鲁。郑负黍人叛郑归于韩。

公元前 393 年，周安王九年

秦惠公七年 魏攻郑。魏修酸枣城。楚伐韩，取负黍。魏败秦于汪。

公元前392年，周安王十年

秦惠公八年　晋孝公元年

公元前391年，周安王十一年

秦惠公九年　秦伐韩宜阳，取六邑。三晋伐楚，败楚师于大梁、榆关。楚赂秦以求和。

公元前390年，周安王十二年

秦惠公十年　秦、魏战于武城。秦以陕为县。齐伐魏取襄陵。鲁败齐师于平陵。墨翟约卒于此年（约公元前480年生），有《墨子》一书传世。

公元前389年，周安王十三年

秦惠公十一年　秦攻魏国的阴晋。

公元前388年，周安王十四年

秦惠公十二年　晋桓公元年

公元前387年，周安王十五年

秦惠公十三年　赵烈侯卒，子敬侯章立。秦惠公卒，子出公即位。齐田和会魏武侯、楚人、卫人于浊泽，求为诸侯。秦伐蜀，取南郑。

公元前386年，周安王十六年

秦出公元年　赵敬侯元年　齐田和元年　田和始列为诸侯，迁齐康公于海上。战国七雄局势正式形成。

公元前 385 年，周安王十七年

秦出公二年 秦庶长迎立献公，杀出公。魏修安邑、王垣城。韩伐郑，取阳城；伐宋，执宋君。

公元前 384 年，周安王十八年

秦献公元年 田齐太公和卒，子剡即位。秦废除人殉制度。吴起自魏逃奔楚。

公元前 383 年，周安王十九年

秦献公二年 **齐侯剡元年** 秦城栎阳，以为国都。吴起为楚宛守。赵侵卫，卫求魏援，魏败赵于兔台。

公元前 382 年，周安王二十年

秦献公三年 吴起为楚令尹，推行改革，楚强。魏、齐助卫攻赵，取赵刚平。

公元前 381 年，周安王二十一年

秦献公四年 楚救赵伐魏。赵伐魏，取棘蒲。楚悼王卒，子肃王臧即位；楚贵族射杀吴起（约公元前 440 年生）。吴起为军事学家，著有《吴起》四十八篇。

公元前 380 年，周安王二十二年

秦献公五年 **楚肃王元年** 齐伐燕，取桑丘。魏、赵、韩救燕。郑伐韩。中山约于此年复国。

公元前 379 年，周安王二十三年

秦献公六年 齐康公卒，无子，姜齐绝。秦在蒲、蓝田、善、明氏设县。

公元前378年，周安王二十四年

秦献公七年 魏、赵、韩伐齐，至灵丘。秦准许设立市场经商。

公元前377年，周安王二十五年

秦献公八年 蜀伐楚，取兹方，楚为扞关以拒蜀。赵与中山战于房子。韩文侯卒，子哀侯即位。

公元前376年，周安王二十六年

秦献公九年 **韩哀侯元年** 周安王卒，子烈王喜即位。

公元前375年，周烈王元年

秦献公十年 秦为户籍相伍。韩灭郑，迁都新郑，是后韩亦称郑。赵敬侯卒，子成侯即位。

公元前374年，周烈王二年

秦献公十一年 **赵成侯元年** **韩懿侯元年** **田齐桓公元年** 田午杀其君剡自立，是为田齐桓公，始设"稷下学宫"，至威、宣王时，学者达万人。韩哀侯被杀，韩懿侯即位。

公元前373年，周烈王三年

秦献公十二年 燕、鲁、魏相继伐齐。

公元前372年，周烈王四年

秦献公十三年 魏败赵于北蔺。卫伐齐，取薛陵。赵伐卫，取七十三邑。

公元前371年，周烈王五年

秦献公十四年 魏伐楚，取鲁阳。赵败秦于高安。

公元前370年，周烈王六年

秦献公十五年 魏武侯卒，子惠王罃即位。赵伐齐，至鄄。魏败赵于怀。楚肃王卒，弟宣王即位。燕简公卒，桓公即位。

公元前369年，周烈王七年

秦献公十六年 魏惠王元年 楚宣王元年 燕简公元年 周烈王卒，弟显王扁即位。韩、赵迁晋桓公于屯留，晋绝祀。魏败韩于马陵，败赵于同。赵围魏安邑。赵、中山各筑长城。

公元前368年，周显王元年

秦献公十七年 齐伐魏，取观。赵侵齐至长城。

公元前367年，周显王二年

秦献公十八年 韩修邢丘城。西周君威公（桓公子）卒，子惠公即位，公子根在东部争位，得到赵、韩支持。周分为东周、西周。周显王居成周，依东周公。周益微弱。

公元前366年，周显王三年

秦献公十九年 韩、魏之君会于宅阳。魏筑城于武都，为秦所败。

公元前365年，周显王四年

秦献公二十年 魏伐宋，取仪台。赵攻卫，取鄄。魏攻韩战于阳，魏师败。

公元前364年，周显王五年

秦献公二十一年 秦败魏、赵之师于石门。周王贺秦之胜。魏从安邑迁都大梁。魏惠王发逢忌之薮以赐民。

公元前363年，周显王六年

秦献公二十二年 韩懿侯卒，昭侯即位。

公元前362年，周显王七年

秦献公二十三年 韩昭侯元年 秦献公卒，子孝公渠即位。秦败魏于少梁，虏魏将公孙痤。魏败韩于浍。

公元前361年，周显王八年

秦孝公元年 燕文侯元年 卫成侯元年 秦孝公下令求贤，卫鞅从魏入秦，说孝公变法图强。魏自安邑迁都大梁，亦称梁。

公元前360年，周显王九年

秦孝公二年 周王致送祭肉与秦。魏修建鸿沟水道。

公元前359年，周显王十年

秦孝公三年 魏修建鸿沟水道。

公元前358年，周显王十一年

秦孝公四年 秦太子犯令，卫鞅罚其师、傅。秦败韩军于西山。魏龙贾帅师筑长城于西边防秦。

公元前357年，周显王十二年

秦孝公五年 魏、赵会于鄗。楚迎妇于秦，结秦好。田齐桓公午卒，名医扁鹊曾为桓公诊病，桓公不采纳，医书《黄帝内经》约成于此时。

公元前356年，周显王十三年

秦孝公六年　田齐威王元年　以邹忌为相，封成侯。邹忌在齐推行改革。鲁、卫、宋、韩之君朝魏。秦用卫鞅为左庶长，开始变法。

公元前355年，周显王十四年

秦孝公七年　秦、魏之君会于杜平。齐、魏君相会游猎于郊。魏龙贾修筑阳池城以备秦。韩筑长城。申不害相韩，推行改革。

公元前354年，周显王十五年

秦孝公八年　秦战魏于元里，败魏，取魏少梁。魏围赵邯郸。齐、燕战于泃成，齐师遁逃。

公元前353年，周显王十六年

秦孝公九年　魏攻入赵邯郸。齐伐魏救赵，败魏帅于桂陵。齐、宋、卫围魏襄陵。韩君朝魏。

公元前352年，周显王十七年

秦孝公十年　魏得韩助败诸侯之师于襄陵。卫鞅为秦大良造，夺取魏安邑。魏筑长城。

公元前351年，周显王十八年

秦孝公十一年　卫鞅取魏固阳。魏归赵邯郸，与赵结盟于漳水上；魏取韩、赵泫氏、濩泽。

公元前350年，周显王十九年

秦孝公十二年　秦迁都咸阳，卫鞅颁布第二次变法令，开阡陌封疆，并在境内广行郡县制。齐修筑防地以为长城。

公元前349年，周显王二十年

秦孝公十三年 **赵肃侯元年** 秦始置掌管官吏等级的秩吏，推行卫鞅二十等爵制。

公元前348年，周显王二十一年

秦孝公十四年 秦开始实行赋制，计亩定军赋。韩侯朝秦。魏惠王遇赵肃侯于阴晋。

公元前347年，周显王二十二年

秦孝公十五年 赵公子苑袭邯郸，败死。

公元前346年，周显王二十三年

秦孝公十六年

公元前345年，周显王二十四年

秦孝公十七年

公元前344年，周显王二十五年

秦孝公十八年 魏国君与诸侯会于逢泽，率领十二诸侯赴王都朝见周王。

公元前343年，周显王二十六年

秦孝公十九年 秦修建武城。周王给予秦孝公以伯（霸主）名号。

公元前342年，周显王二十七年

秦孝公二十年 魏败韩于梁、赫。

公元前341年，周显王二十八年

秦孝公二十一年 齐国用孙膑计，败魏军于马陵，虏太子申，杀将军庞涓，魏由是转弱而齐强。

公元前340年，周显王二十九年

秦孝公二十二年 秦、齐、宋三国军围魏平阳。秦卫鞅大破魏军，虏公子卬。秦封卫鞅于商，号商君。

公元前339年，周显王三十年

秦孝公二十三年 楚威王元年 魏再次修建鸿沟水系。

公元前338年，周显王三十一年

秦孝公二十四年 秦孝公卒，惠文君即位，车裂商鞅。有商鞅后学所编辑《商君书》传世。秦与魏战于岸门。

公元前337年，周显王三十二年

秦惠文君元年 楚、韩、赵、蜀朝秦。韩相申不害卒（约公元前400年生），他提倡以术治国。

公元前336年，周显王三十三年

秦惠文君二年 秦始铸钱币。齐、魏两国国君会于平阿南。

公元前335年，周显王三十四年

秦惠文君三年 秦攻韩宜阳。齐、魏国君会于郪。义渠败秦师于洛。主张“为我”的学者杨朱约卒于此年（约公元前395年生）。

公元前334年，周显王三十五年

秦惠文君四年 魏用惠施（主张“合同异”的名学家）计，与齐君会于徐州，互相承认为王。此为中原诸侯称王之始。魏国君称王，改元，是为魏惠王。

公元前333年，周显王三十六年

秦惠文君五年 魏人犀首（公孙衍）为秦大良造。公孙衍败魏师于雕阴。楚围齐徐州。

公元前332年，周显王三十七年

秦惠文君六年　韩宣惠王元年　燕易王元年 魏献阴晋于秦，秦更名宁秦。齐、魏攻赵，赵决黄河水淹齐、魏军。

公元前331年，周显王三十八年

秦惠文君七年 义渠内乱，秦庶长操将兵平定。

公元前330年，周显王三十九年

秦惠文君八年 魏献河西地于秦。秦伐魏，围攻焦、曲沃。

公元前329年，周显王四十年

秦惠文君九年 楚威王卒，子怀王即位。秦渡河夺取魏汾阴、皮、焦。秦、魏会于应地。魏败楚于陉山。

公元前328年，周显王四十一年

秦惠文君十年　楚怀王元年 秦始设相国，以张仪为相，公孙衍返回魏国。魏献上郡与秦。

公元前327年，周显王四十二年

秦惠文君十一年 秦将夺取的义渠地为县。秦归还魏国焦、曲沃两地以修好。

公元前326年，周显王四十三年

秦惠文君十二年 秦国初行腊祭。赵肃侯卒，子武灵王雍即位。

公元前325年，周显王四十四年

秦惠文君十三年 秦惠文君称王。赵武灵王元年。魏惠王与韩宣王会于巫沙，尊韩君为王。齐败赵师于平邑。

公元前324年，周显王四十五年

秦惠文王元年 秦相张仪夺取魏国陕地。魏惠王与齐威王会于平阿。

公元前323年，周显王四十六年

秦惠文王二年 魏公孙衍约三晋与燕、中山五国君同时称王。楚败魏军于襄陵。秦张仪与齐、楚大臣会于啮桑。

公元前322年，周显王四十七年

秦惠文王三年 秦免张仪相。张仪入魏为相，欲使魏服秦。

公元前321年，周显王四十八年

秦惠文王四年 周显王卒，子慎靓王定即位。齐封田婴于薛，以防备楚国。

公元前320年，周慎靓王元年

秦惠文王五年 秦惠文王北游戎地，至河上，观察戎情。秦伐义渠，攻取郁郅。齐迎妇于秦，

结好。军事学家孙膑约卒于此年（约公元前380年生），有《孙膑兵法》传世。

公元前319年，周慎靓王二年

秦惠文王六年　齐宣王元年　秦伐韩取鄢。楚修广陵城。

公元前318年，周慎靓王三年

秦惠文王七年　魏襄王元年　宋国君称王。魏相公孙衍合三晋及燕、楚五国联军合纵攻秦，不胜而还。秦任命乐池为相。燕王哙让位与相国子之。

公元前317年，周慎靓王四年

秦惠文王八年　张仪返秦为相。三晋联军攻秦，秦樗里疾御之于修鱼。齐败魏、赵于观泽。

公元前316年，周慎靓王五年

秦惠文王九年　秦灭蜀。秦夺取赵西都、中阳。

公元前315年，周慎靓王六年

秦惠文王十年　周慎靓王卒，子赧王延即位。秦攻取韩石章，败赵将英。燕太子攻子之，燕内乱。主张君民并耕之说学者许行约卒于此年（约公元前390年生）。

公元前314年，周赧王元年

秦惠文王十一年　鲁平公元年　秦伐义渠夺取二十五城。燕子之杀太子等。齐、中山乘燕内乱攻燕，燕王哙、子之皆死。公子职即位，是为昭王。秦封公子通为蜀侯 。

公元前313年，周赧王二年

秦惠文王十二年　秦王与魏王会于临晋。秦遣樗里疾攻赵，俘赵将赵庄。张仪使楚，离间楚、齐联盟。

公元前312年，周赧王三年

秦惠文王十三年 秦败楚将屈匄，俘楚将七十余人，设汉中郡。

公元前311年，周赧王四年

秦惠文王十四年 韩襄王元年 燕昭王元年 秦惠文王卒，子武王荡即位。燕昭王招致天下贤才，如乐毅、剧辛、苏秦等，以乐毅为亚卿，任以国政。蜀相杀蜀侯。

公元前310年，周赧王五年

秦武王元年 蜀相壮反，秦将甘茂诛之。秦伐义渠、丹犁。张仪卒于魏。

公元前309年，周赧王六年

秦武王二年 秦初置丞相，分左、右 。

公元前308年，周赧王七年

秦武王三年 秦王与魏王会于应，与韩王会于临晋。秦攻韩宜阳。

公元前307年，周赧王八年

秦武王四年 秦武王与武士举鼎，因受伤而卒，弟昭王（一作昭襄王）稷即位。秦将甘茂攻取韩宜阳。秦始置将军，以魏冉为将军。赵武灵王改革，实行胡服骑射。

公元前306年，周赧王九年

秦昭王元年 秦攻魏皮氏，不胜。秦归还韩武遂。赵武灵王攻中山。

楚灭越，设江东郡。

公元前305年，周赧王十年

秦昭王二年 魏冉平定秦内乱，专国政。赵攻中山夺地，中山献四邑求和。孟轲约卒于此年（约公元前390年生），有《孟子》一书传世。

公元前304年，周赧王十一年

秦昭王三年 秦、楚两国于黄棘结盟，秦归还楚上庸，以示亲楚。

公元前303年，周赧王十二年

秦昭王四年 秦夺取魏蒲阪、晋阳、封陵，夺取韩武遂。齐、韩、魏攻楚，楚以太子为质，求救于秦。秦救楚。

公元前302年，周赧王十三年

秦昭王五年 魏王、韩太子婴朝秦，会秦王于临晋。秦归还魏蒲阪。

公元前301年，周赧王十四年

秦昭王六年 蜀反，司马错定蜀。秦、韩、魏、齐攻楚。赵再攻中山。

公元前300年，周赧王十五年

秦昭王七年 **齐湣王元年** 秦攻楚，取新城。秦泾阳君为质于齐。

公元前299年，周赧王十六年

秦昭王八年 楚怀王受骗入秦，被拘于秦，子顷襄王横即位。赵武灵王传国于幼子何，是为惠文王。武灵王自号主父。齐、魏王会于韩。齐孟尝君田文入相秦。

公元前298年，周赧王十七年

秦昭王九年　赵惠文王元年　楚顷襄王元年　孟尝君自秦逃归齐国，为齐相。齐、魏、韩攻秦函谷关。秦攻楚，取十六城。赵人楼缓入秦为相。

公元前297年，周赧王十八年

秦昭王十年　齐、魏、韩三国继续攻秦。楚怀王从秦出逃，入赵；赵国畏秦不予接纳，怀王被秦执归。

公元前296年，周赧王十九年

秦昭王十一年　楚怀王客死于秦。齐、韩、魏联军攻入秦函谷关，秦归还所侵魏、韩的部分土地。齐、韩、魏与秦和。赵与燕、齐共灭中山。赵封公子章为安阳君，以田不礼为相。

公元前295年，周赧王二十年

秦昭王十二年　魏昭王元年　韩厘王元年　魏冉取代楼缓为秦相。赵公子章、田不礼作乱，旋被平定。赵武灵王被公子成、李兑围于沙丘宫，饥饿而卒。

公元前294年，周赧王二十一年

秦昭王十三年　齐田甲劫持国王，孟尝君出走。秦败魏于解，攻韩取武始、新城。

公元前293年，周赧王二十二年

秦昭王十四年　秦将白起败韩、魏联军于伊阙，夺取五座城，秦封白起为国尉。楚与秦讲和。

公元前292年，周赧王二十三年

秦昭王十五年　楚襄王迎妇于秦，与秦修好。秦魏冉免相。白起攻魏。

公元前 291 年，周赧王二十四年

秦昭王十六年 魏冉恢复秦相。秦攻韩取宛，封公子市于宛、公子悝于邓、魏冉于陶，皆为诸侯。

公元前 290 年，周赧王二十五年

秦昭王十七年 魏送河东地四百里、韩送武遂地二百里给秦。赵、齐攻韩，至鲁关下。庄周约卒于此年（公元前 365 年生），有《庄子》一书传世。

公元前 289 年，周赧王二十六年

秦昭王十八年 秦攻取魏六十一城。

公元前 288 年，周赧王二十七年

秦昭王十九年 齐、秦并称东、西帝，齐旋即用苏秦计去帝号，合纵抗秦。齐攻宋，取淮北地。

公元前 287 年，周赧王二十八年

秦昭王二十年 齐再攻宋。赵相李兑约韩、赵、魏、燕、齐五国攻秦。秦被迫取消帝号。秦攻魏，夺取新垣、曲阳。赵攻齐。

公元前 286 年，周赧王二十九年

秦昭王二十一年 魏献安邑于秦。秦攻韩军于夏山。齐灭宋。

公元前 285 年，周赧王三十年

秦昭王二十二年 秦王会楚王于宛，会赵王于中阳，秦连横伐齐。秦将蒙骜攻齐。秦诛杀蜀侯绾，设置蜀郡。尹文约卒于此年（约公元前 305 年生），有《尹文子》传世。

公元前284年，周赧王三十一年

秦昭王二十三年 燕以乐毅为将，率韩、赵、魏、秦五国兵攻齐，取七十余城，仅存莒、即墨二邑，齐湣王被杀，襄王法章立。苏秦在齐车裂而死。齐由是弱。

公元前283年，周赧王三十二年

秦昭王二十四年 田齐襄王元年 秦王与楚王会于鄢，再会于穰。秦夺取魏安城，兵至大梁。秦魏冉免相。赵蔺相如完璧归赵，封为上大夫。

公元前282年，周赧王三十三年

秦昭王二十五年 秦攻赵，夺取新城。秦王与韩王会新城，与魏王会新明邑。

公元前281年，周赧王三十四年

秦昭王二十六年 秦攻赵，夺取石城。魏冉复为秦相。赵决黄河水攻魏。

公元前280年，周赧王三十五年

秦昭王二十七年 秦司马错由蜀攻取楚黔中，楚献汉北及上庸地于秦。

公元前279年，周赧王三十六年

秦昭王二十八年 燕昭王卒，子惠王即位，使骑劫代乐毅为将。田单用火牛阵破燕军，复国。燕由是弱。秦攻取楚鄢、西陵。秦王与赵王会于渑池，蔺相如从赵王。

公元前278年，周赧王三十七年

秦昭王二十九年 燕惠王元年 秦白起攻占楚都郢，置南郡，楚迁都于陈。楚由是弱。爱国诗人屈原卒（约公元前343年生），有《屈原赋》二十五篇传世。

公元前277年，周赧王三十八年

秦昭王三十年　秦将白起、蜀守张若攻取楚黔中，设郡，封白起为武安君。

公元前276年，周赧王三十九年

秦昭王三十一年　魏安厘王元年　魏安厘王封弟公子无忌为信陵君。秦将白起攻魏，夺取两城，赵攻取魏几邑。楚征集东地兵十余万，向西夺回江南地。

公元前275年，周赧王四十年

秦昭王三十二年　秦魏冉攻魏，大破韩救魏之军，魏献温以求和。赵廉颇攻取魏房陵、安阳。慎到约卒于此年（约公元前350年生），有《慎子》传世。

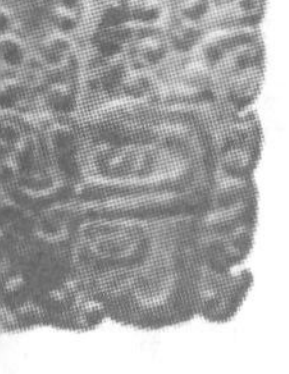

公元前274年，周赧王四十一年

秦昭王三十三年　魏、齐合纵，秦魏冉攻魏，夺取四城。赵将燕周攻取齐昌城、高唐。

公元前273年，周赧王四十二年

秦昭王三十四年　赵、魏攻韩，秦白起救韩，大破联军于华阳，芒卯弃军而逃。赵取东胡欧代地。

公元前272年，周赧王四十三年

秦昭王三十五年　韩桓惠王元年　鲁顷公元年　秦置南阳郡。秦、魏、楚联军攻燕。秦灭义渠，设置陇西、北地、上郡等郡。楚太子为质于秦。

公元前271年，周赧王四十四年

秦昭王三十六年　赵蔺相如率军攻齐至平邑。赵使赵奢治理全国军赋。

公元前270年，周赧王四十五年

秦昭王三十七年　秦攻赵险地阏与。秦攻齐刚、寿。魏人范雎入秦为客卿，献“远交近攻”策略。

公元前269年，周赧王四十六年

秦昭王三十八年　赵奢大破伐阏与的秦军。

公元前268年，周赧王四十七年

秦昭王三十九年　秦军攻取魏怀邑。

公元前267年，周赧王四十八年

秦昭王四十年

公元前266年，周赧王四十九年

秦昭王四十一年　赵惠文王卒，子孝成王丹即位，任命平原君为相。秦任用范雎为相。

公元前265年，周赧王五十年

秦昭王四十二年　赵孝成王元年　秦昭王以安国君为太子。齐襄王卒，子建即位，国事取决于其母君王后。秦伐赵取三城，伐韩取少曲、高平。

公元前264年，周赧王五十一年

秦昭王四十三年　田齐王建元年　秦白起伐韩，夺取泾城。田单为赵国相。

公元前263年，周赧王五十二年

秦昭王四十四年　秦白起攻韩，夺取南阳，攻太行道，使韩断绝北上通路。楚太子自秦归，春

申君黄歇为相。

公元前 262 年，周赧王五十三年

秦昭王四十五年 楚献州邑于秦以和。白起攻韩，取野王等十城，断绝上党通韩都新郑的道路。

公元前 261 年，周赧王五十四年

秦昭王四十六年 秦攻取韩缑氏、纶。赵使廉颇拒秦军于长平。

公元前 260 年，周赧王五十五年

秦昭王四十七年 赵中秦反间计以赵括代廉颇为将，秦白起攻破长平。赵由是弱。

公元前 259 年，周赧王五十六年

秦昭王四十八年 秦攻取赵武安、皮牢，北出夺取太原，并全部占领韩上党地区。韩由是不振。秦围攻赵都邯郸。

公元前 258 年，周赧王五十七年

秦昭王四十九年 秦继续围赵都邯郸，久攻不下。

公元前 257 年，周赧王五十八年

秦昭王五十年 **燕孝王元年** 秦夺取魏新中。秦质子异人在吕不韦的帮助下自赵归秦。魏、楚谋救赵，又畏秦，大军观望不前，魏公子信陵君无忌窃符救赵，大败秦军，邯郸围解。

公元前 256 年，周赧王五十九年

秦昭王五十一年 楚考烈王灭鲁，迁鲁君举于莒。周赧王卒，周统绝。秦攻取韩国阳城、负黍。赵收复新中。燕夺取赵昌城。

公元前255年，秦昭王五十二年

秦夺取西周地　秦以蔡泽接替范睢为相。秦王稽、范睢卒。

公元前254年，秦昭王五十三年

燕王喜元年　韩王朝秦，秦攻魏，夺吴城。魏听命于秦。

公元前253年，秦昭王五十四年

赵迁都于钜阳。

公元前252年，秦昭王五十五年

魏杀卫怀君，立其弟元君。

公元前251年，秦昭王五十六年

秦昭王卒，子孝文王柱即位。燕国乘赵长平失败，派栗腹率大军攻赵，赵将廉颇大败燕师，杀栗腹，进围燕都。

公元前250年，秦孝文王元年

秦孝文王即位三日卒，子庄襄王异人子楚即位。公孙龙约卒于此年（约公元前320年生），有《公孙龙子》传世。

公元前249年，秦庄襄王元年

秦以吕不韦为相国。秦灭东周。秦以洛阳十万户封吕不韦为文信侯。秦蒙骜取韩成皋、荥阳，设置三川郡。赵乐乘围攻燕都。

公元前248年，秦庄襄王二年

秦蒙骜进攻赵，夺取太原、榆次及狼孟等三十七城。赵相国廉颇、延陵钧助魏攻燕。楚封春申君于吴。

公元前247年，秦庄襄王三年

秦庄襄王卒，子政即位。秦设太原郡，晋阳叛秦。魏信陵君率五国之师击秦，败秦师于河外。

公元前246年，秦王政元年

秦蒙骜平定晋阳叛乱，重建太原郡。秦修建郑国渠，灌田四万庙。

公元前245年，秦王政二年

赵廉颇攻取魏繁阳。赵孝成王卒，子悼襄王偃即位，使乐乘取代廉颇为将，廉颇奔魏。秦攻魏卷地。荀况约卒于此年（约公元前340年生），有《荀子》一书传世。

公元前244年，秦王政三年

赵悼襄王以李牧为将。李牧攻破匈奴。蒙骜攻韩，夺取十三城。

公元前243年，秦王政四年

魏公子信陵君卒。赵李牧攻燕，夺取武遂、方城。秦蒙骜攻魏，取畼、有诡。秦蝗灾、大疫，百姓纳粟千石者，获爵一级。

公元前242年，秦王政五年

秦蒙骜攻魏，取燕、虚、长平、雍丘、山阳等二十城，置东郡。燕剧辛伐赵，败死。

公元前241年，秦王政六年

楚春申君率楚、赵、韩、魏、卫五国之师攻秦，取寿陵 。秦出兵，五国兵罢。楚再迁都寿春。秦取魏朝歌、卫濮阳。卫君被迁置于野王。

公元前240年，秦王政七年

秦攻魏，取汲。慧星见。吕不韦使宾客著《吕氏春秋》成。邹衍卒（约公元前305年生），提出终始五德循环、大小九州之说。

公元前239年，秦王政八年

秦长安君成蟜谋反，随即自杀。秦封缪毐为长信侯。

公元前238年，秦王政九年

韩王安元年。秦王政行加冕礼亲掌大权。缪毐作乱诛三族。

公元前237年，秦王政十年

秦吕不韦因缪毐案免相。齐王、赵王入秦，朝见秦王政。秦下令逐客，因李斯上《谏逐客书》而止。秦王以尉缭为国尉。

公元前236年，秦王政十一年

赵悼襄王卒，废太子嘉，以子幽谬王迁为王，赵攻燕，取貍、阳城。秦攻赵阏与、邺、安阳，取九城。吕不韦失势，出居河南。

公元前235年，秦王政十二年

吕不韦自杀（约公元前290年生）。秦发四郡兵助魏攻楚。赵修筑柏人城。秦大旱，六月至八月不雨。

公元前234年，秦王政十三年

秦桓齮攻赵平阳，杀赵将扈辄，因东击赵。

公元前233年，秦王政十四年

赵以李牧为大将，大败秦师于宜安、肥下，桓齮出奔。赵封李牧为武安君。韩非出使秦国，旋因李斯谗言而自杀（约公元前280年生），有《韩非子》一书传世。

公元前232年，秦王政十五年

秦攻取赵邺、番吾。燕太子丹质于秦，逃归燕。秦地震。

公元前231年，秦王政十六年

韩献南阳地于秦，魏亦献地于秦。赵代地地震。秦令男子登记年龄。

公元前230年，秦王政十七年

秦内史腾灭韩，俘虏韩王安，以其地设置颍川郡，韩灭。赵国发生大饥荒。卫元君卒，子角即位。

公元前229年，秦王政十八年

秦将王翦攻赵。秦收买赵王迁宠臣郭开诬陷李牧谋反，李牧被害。

公元前228年，秦王政十九年

楚哀王元年。秦将王翦攻赵，俘虏赵王迁。赵公子嘉自立为代王。燕太子丹求勇士谋刺秦王，得荆轲。

公元前227年，秦王政二十年

燕太子丹派荆轲入秦行刺秦王政，未遂，秦杀荆轲。

公元前226年，秦王政二十一年

秦攻取燕都蓟，燕王喜走辽东，杀太子丹献秦以求和。秦将王贲攻击楚，取十城。

公元前225年，秦王政二十二年

秦将王贲攻魏，引河水灌大梁，城破，虏魏王假，魏亡。楚大破秦将李信军二十万。

公元前224年，秦王政二十三年

秦王翦、蒙武以六十万军伐楚，击破楚军。杀楚将项燕。

公元前223年，秦王政二十四年

秦将王翦、蒙武击败楚军，虏楚王负刍，楚亡。

公元前222年，秦王政二十五年

秦将王贲击燕，虏燕王喜，燕亡。击赵，虏代王嘉，赵亡。王翦平定江南，降百越之君，置会稽郡。

秦汉

公元前221年，庚辰 秦始皇二十六年

齐亡。六国至此皆亡。秦王嬴政定称号为“皇帝”，自为始皇帝。废分封诸侯之制。分天下为三十六郡，郡置守、尉、监。统一度量衡，定币制，车同轨，书同文。

公元前220年，辛巳 秦始皇二十七年

始筑驰道，东至燕、齐，南至吴、楚。大规模种植中央行道树。

公元前219年，壬午 秦始皇二十八年

秦始皇封禅泰山，立石颂德。命方士徐市（即徐福）与童男女入海求仙药。

公元前218年，癸未 秦始皇二十九年

秦始皇东游，至之罘，刻石。

公元前217年，甲申 秦始皇三十年

湖北云梦睡虎地十一号墓墓主葬于本年。墓内有大量秦简（1975年出土），内容以秦代法律、文书为主，价值极高。西北地区畜牧业大发展，出现大畜牧主。

公元前216年，乙酉 秦始皇三十一年

令民自实田（自行申报土地）。

公元前215年，丙戌 秦始皇三十二年

堕坏关东诸侯旧城郭，决通堤防，平夷险阻。秦始皇东巡至碣石。命蒙恬发兵三十万御匈奴。

公元前214年，丁亥 秦始皇三十三年

开凿灵渠，联接湘江和漓江。进兵取岭南地，置桂林、南海、象郡。筑长城，起临洮，傍阴

山，东至辽东，世称万里长城。

公元前213年，戊子　秦始皇三十四年

禁私学，下令焚列国史籍及民间《诗》、《书》。医药卜筮种树之书不烧。

公元前212年，己丑　秦始皇三十五年

筑直道。造阿房宫和骊山墓。命御史按问诸生为妖言惑乱黔首状，坑杀四百六十余人于咸阳。

公元前211年，庚寅　秦始皇三十六年

东郡陨石。有人在石上刻“始皇帝死而地分”。

公元前210年，辛卯　秦始皇三十七年

秦始皇南巡，还至沙丘，病卒。胡亥即位，是为二世。

公元前209年，壬辰　秦二世元年

复作阿房宫。戍卒陈胜、吴广起义反秦。秦陶兵马俑坑的修建约始于统一六国之后，至本年停工。出土部分兵马俑等（1974年开始发掘），对研究秦代军事、雕塑，具有重要价值。

公元前208年，癸巳　秦二世二年

陈胜遇害。反秦义军拥立楚怀王孙心为王，号楚怀王。怀王与诸将约：“先入定关中者王之”。

公元前207年，甲午　秦子婴元年

项羽率义军破釜沉舟，在巨鹿大破秦军，世称巨鹿之战。秦中丞相赵高杀二世皇帝，立公子婴为秦王。子婴杀赵高。

公元前206年，乙未　汉高祖元年

刘邦入关，秦王子婴降。刘邦与秦人约法三章，安定关中。项羽入关，阳尊楚怀王为义帝，自立为西楚霸王，分封诸王，号令天下，封刘邦为汉王。

公元前205年，丙申　汉高祖二年

项羽杀义帝。汉王刘邦乘项羽用兵齐地，率诸侯兵五十六万攻楚，入据西楚都城彭城，项羽以三万人自齐南下，大破汉军。

公元前204年，丁酉　汉高祖三年

汉大将韩信出井陉口，背水为阵，出奇兵，大破赵军。

公元前203年，戊戌　汉高祖四年

项羽粮尽，与汉议和，以鸿沟为界，西属汉，东属楚。

公元前202年，己亥　汉高祖五年

汉王刘邦率兵追项羽至垓下。羽夜闻四面皆楚歌，突围至乌江，被汉军追及，自杀。刘邦即皇帝位，是为汉高祖。

公元前201年，庚子　汉高祖六年

封同姓五王。叔孙通为汉朝制定朝仪。

公元前200年，辛丑　汉高祖七年

筑未央宫。从栎阳迁都长安。高祖亲率大军击匈奴，被匈奴冒顿单于围于白登山七日，用陈平计，始得出围。

公元前 199 年，壬寅　汉高祖八年

刘敬向汉高祖建议，与匈奴和亲，以安定北方边郡。

公元前 198 年，癸卯　汉高祖九年

汉高祖派刘敬赴匈奴结和亲约，以“家人子”冒充长公主，嫁单于。迁齐、楚大族及豪杰至关中。

公元前 197 年，甲辰　汉高祖十年

赵相国陈豨反，勾结匈奴，自立为代王。汉高祖亲自率兵讨败之。

公元前 196 年，乙巳　汉高祖十一年

遣陆贾出使南越，封赵佗为南越王。陆贾著《新语》，论秦亡汉兴之故。

公元前 195 年，丙午　汉高祖十二年

汉高祖出兵还过故乡沛，作《大风歌》，唱道“安得猛士兮守四方”。高祖卒，太子盈即位，是为惠帝。

公元前 194 年，丁未　汉惠帝元年

吕后毒杀赵王如意，残害其母戚夫人为“人彘”。惠帝见之大哭，得病，不理政事。

公元前 193 年，戊申　汉惠帝二年

相国萧何卒，曾根据秦法作《九章律》。曹参继为相国，于事无所变更，后称“萧规曹随”。

公元前 192 年，己酉　汉惠帝三年

立越王句践后人闽越君摇为东海王，都东瓯，世称东瓯王。

公元前191年，庚戌　汉惠帝四年

凡由郡国“举孝、弟、力田者，复其身（免除本人徭役）”。废除秦朝所定“挟书者族”之律。

公元前190年，辛亥　汉惠帝五年

相国曹参卒。惠帝元年始建长安城，至本年完成。城内总面积约为36平方公里（遗址于1956年起发掘）。是汉代政治、经济和文化中心。

公元前189年，壬子　汉惠帝六年

以王陵为右丞相，陈平为左丞相。以周勃为太尉。

公元前188年，癸丑　汉惠帝七年

惠帝卒，高后吕雉（吕后）临朝称制。弛商贾之律，然市井子孙仍不得为官。

公元前187年，甲寅　汉高后元年

废秦朝所定夷灭三族罪及“妖言”令。

公元前186年，乙卯　汉高后二年

长沙国相轪侯利仓卒。长沙马王堆汉墓即利仓及其家属墓地。随葬有地图、帛画、天文、医药等书籍及绚丽多彩的丝织物等（1972—1974年出土）。

公元前185年，丙辰　汉高后三年

留侯张良卒。张良为汉高祖刘邦主要谋士，在刘邦建立汉朝过程中立有大功。

公元前184年，丁巳　汉高后四年

禁与南越关市，不准运铁器入岭南。

公元前 183 年，戊午　汉高后五年

初令戍卒服役一年后轮换。

公元前 182 年，己未　汉高后六年

吕后扶植外戚吕氏，封吕产为吕王。

公元前 181 年，庚申　汉高后七年

丞相陈平用陆贾计，与太尉周勃深相结，谋制吕氏。

公元前 180 年，辛酉　汉高后八年

吕后卒，诸吕谋为变乱。太尉周勃与陈平、朱虚侯刘章等尽诛诸吕。大臣定议迎立代王刘恒，是为文帝。

公元前 179 年，壬戌　汉文帝元年

秦法，一人有罪，父母、妻子、同产相坐。汉初沿用，文帝下诏废除之。

公元前 178 年，癸亥　汉文帝二年

贾谊因“公私蓄积”困乏，建议“驱民而归之农”。文帝耕藉田劝农，赐民当年田租之半。

公元前 177 年，甲子　汉文帝三年

张释之为廷尉，以执法公平著称。

公元前 176 年，乙丑　汉文帝四年

匈奴破月氏，定楼兰、乌孙诸国，号称“诸引弓之民，并为一家”。

公元前175年，丙寅　汉文帝五年

除盗铸钱令，令民得自铸。“吴（吴王刘濞）邓（幸臣邓通）钱布天下。”

公元前174年，丁卯　汉文帝六年

匈奴冒顿单于卒，子稽粥立，号老上单于。老上单于杀月氏君长。月氏西迁今新疆伊犁河流域及其以西一带，称大月氏。

公元前173年，戊辰　汉文帝七年

贾谊《治安策》称欲天下之治安，“莫若众建诸侯而少其力”。

公元前172年，己巳　汉文帝八年

封淮南王刘长之子四人为列侯。贾谊谏，不听。

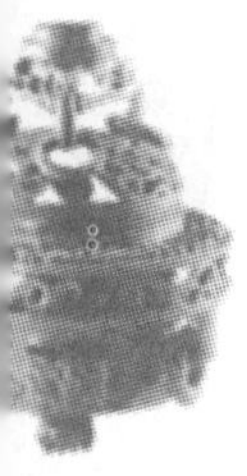

公元前171年，庚午　汉文帝九年

齐地有原秦博士伏生治《尚书》，所传二十九篇，以汉时隶书写成，后称《今文尚书》。

公元前170年，辛未　汉文帝十年

将军薄昭（太后之弟）杀汉使者，文帝迫令自杀。

公元前169年，壬申　汉文帝十一年

太子家令晁错上书，建议募民以实边塞，且耕且战，以御匈奴。文帝从之，塞下渐见充实安定。

公元前168年，癸酉　汉文帝十二年

晁错上《贵粟疏》，言募民入粟于边拜爵。文帝采纳之，并赐民当年田租之半。贾谊卒（公元

前200年生)，有《新书》传世。

公元前167年，甲戌　汉文帝十三年

齐太仓令淳于意有罪，其女缇萦上书愿代父受刑。文帝以此下诏废除肉刑。

公元前166年，乙亥　汉文帝十四年

匈奴老上单于率十四万骑入塞。文帝欲亲征，群臣谏阻。

公元前165年，丙子　汉文帝十五年

诏举贤良直言极谏之士，文帝亲自策问。

公元前164年，丁丑　汉文帝十六年

用贾谊策，分齐为六国，以原淮南地封刘安等三人淮南、衡山、庐江王。

公元前163年，戊寅　汉文帝后元元年

新垣平使人献玉杯，以行骗术，是年败露，被杀。

公元前162年，己卯　汉文帝后元二年

文帝遣使致书匈奴单于，重定和亲之约。

公元前161年，庚辰　汉文帝后元三年

大月氏约于本年被乌孙攻击，西迁大夏（在今中亚)。

公元前160年，辛巳　汉文帝后元四年

免官奴婢为庶人。

公元前159年，壬午　汉文帝后元五年

公元前158年，癸未　汉文帝后元六年

文帝因将军周亚夫治军严整，拜为中尉。

公元前157年，甲申　汉文帝后元七年

六月，文帝卒，遗诏服丧三十六日，与儒家三年丧制不同。太子启即位，是为景帝。

公元前156年，乙酉　汉景帝元年

复收民田半租，三十税一。文帝以笞刑代肉刑，笞者多死，景帝诏减笞数。

公元前155年，丙戌　汉景帝二年

令天下男子二十（旧制二十三）始傅，给公家役。晁错为御史大夫，屡言削吴王封地，谓削之反，不削亦反，早削祸小。

公元前154年，丁亥　汉景帝三年

吴王刘濞、楚王刘戊与赵、胶东、胶西、菑川、济南诸王，以“清君侧”杀晁错为名，举兵叛乱。史称“吴楚七国之乱”。三月乱平。

公元前153年，戊子　汉景帝四年

继续徙封同姓诸王，以削弱其势力。

公元前152年，己丑　汉景帝五年

遣公主嫁匈奴单于。

公元前151年，庚寅　汉景帝六年

公元前150年，辛卯　汉景帝七年

废太子荣，立胶东王刘彻为皇太子。

公元前149年，壬辰　汉景帝中元元年

衡山、原都雨雹，大者一尺八寸。

公元前148年，癸巳　汉景帝中元二年

公元前147年，甲午　汉景帝中元三年

周亚夫曾因反对废黜前太子刘荣，为景帝所疏，是年免相。

公元前146年，乙未　汉景帝中元四年

禁止高五尺九寸以上、齿未平的马匹出关。下令允许以宫刑代死刑。

公元前145年，丙申　汉景帝中元五年

下诏诸疑案“虽文致于法，而于人心不厌者”，应呈有司评议。

公元前144年，丁酉　汉景帝中元六年

再减笞法，并规定当笞者改笞背为笞臀。

公元前143年，戊戌　汉景帝后元元年

文翁为蜀郡守，兴办学校。

公元前142年，己亥　汉景帝后元二年

原制，限赀十算（需家产达十万钱）方得为官，是年减为四算。

公元前141年，庚子　汉景帝后元三年

正月，景帝卒，太子彻即位，年十六岁，是为武帝。文、景二帝“清静恭俭，安养天下”，号称“文景之治”。

公元前140年，辛丑　汉武帝建元元年

诏举贤良方正直言极谏之士。董仲舒对策，建议罢黜百家，独尊儒术。丞相卫绾请罢所举贤良中治申不害、韩非、苏秦，张仪言者，从之。

公元前139年，壬寅　汉武帝建元二年

太皇太后窦氏喜黄、老，恶儒者。丞相窦婴、太尉田蚡均免。

公元前138年，癸卯　汉武帝建元三年

招选天下文学材智之士，待以不次之位，严助等被简拔在左右。张骞应募出使西域，欲招大月氏重返敦煌、祁连间，共御匈奴。

公元前137年，甲辰　汉武帝建元四年

南越王赵佗卒，孙赵胡立。

公元前136年，乙巳　汉武帝建元五年

置五经博士。

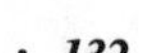

公元前135年，丙午　汉武帝建元六年

约在本年使用土和炭测湿度的天平装置，是我国最早的测湿仪器。

公元前134年，丁未　汉武帝元光元年

初令郡国举孝、廉各一人。临沂银雀山汉墓随葬大量竹简，内容有《孙子兵法》、《孙膑兵法》和汉武帝《元光元年历谱》等（1972年出土）。

公元前133年，戊申　汉武帝元光二年

武帝命韩安国、李广等五将军率三十万人匿马邑旁谷中，拟诱击匈奴，谋泄，单于退兵。

公元前132年，己酉　汉武帝元光三年

春，河决顿丘；夏，又决濮阳瓠子，注巨野，通淮、泗，泛滥十六郡，塞之又坏。

公元前131年，庚戌　汉武帝元光四年

公元前130年，辛亥　汉武帝元光五年

河间献王刘德卒。德，景帝子，修学好古，实事求是。以金帛招求书籍，所得先秦古文旧书，有《周官》、《尚书》等。

公元前129年，壬子　汉武帝元光六年

开凿漕渠，全长三百余里，使潼关到长安水路运输的路程和时间大大缩短，并溉田万余顷。

公元前128年，癸丑　汉武帝元朔元年

诏令二千石（郡、国长官）不举孝，以不敬论，不察廉，免官。

公元前127年，甲寅　汉武帝元朔二年

用主父偃策，下推恩令，令诸侯得分地给子弟为侯。于是藩国始分，势力日益削弱。

公元前126年，乙卯　汉武帝元朔三年

张骞归。骞西去时，被匈奴扣留十余年，逃脱至大宛，经康居，到大月氏，回时，又被匈奴俘获，乘匈奴内乱逃归。

公元前125年，丙辰　汉武帝元朔四年

公元前124年，丁巳　汉武帝元朔五年

为博士官置弟子五十人，复其身。时孔安国为博士，传授孔氏所藏《古文尚书》。

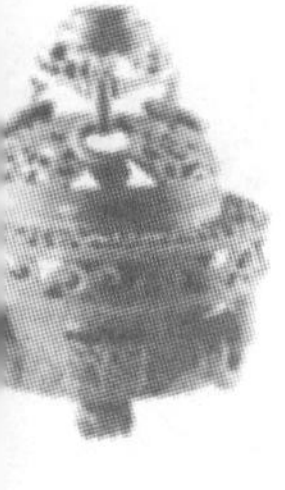

公元前123年，戊午　汉武帝元朔六年

大将军卫青两出定襄击匈奴。霍去病以功封冠军侯。置武功爵，使民得买爵及赎罪。第二代南越王约卒于此年，葬地当今广州。墓内有玉衣、玉饰、金印和大量青铜器（1983年出土）。

公元前122年，己未　汉武帝元狩元年

淮南王刘安谋反案发，自杀。安曾招致宾客诸儒方士，集众说成《淮南子》一书。

公元前121年，庚申　汉武帝元狩二年

匈奴浑邪王杀休屠王，率众四万余人降汉。汉尽有从金城、河西直至盐泽之地。

公元前120年，辛酉　汉武帝元狩三年

山东大水，迁贫民于关以西及充朔方以南七十余万口。立乐府官。

公元前119年，壬戌　汉武帝元狩四年

实行盐铁专卖，禁止私营。大将军卫青、骠骑将军霍去病大举击匈奴。霍去病封狼居胥山，从此漠南无匈奴王庭。

公元前118年，癸亥　汉武帝元狩五年

铸行五铢钱，币制始定。

公元前117年，甲子　汉武帝元狩六年

文学家司马相如卒，著有《子虚》、《上林》等赋。大农令颜异以“腹诽”论死。

公元前116年，乙丑　汉武帝元鼎元年

公元前115年，丙寅　汉武帝元鼎二年

张骞出使，从乌孙还汉。骞在乌孙时，分遣副使到于阗、大宛、康居、大月氏、安息、身毒等国，“丝绸之路”从此开通。

公元前114年，丁卯　汉武帝元鼎三年

年号起始于本年，追定建元以来年号。

公元前113年，戊辰　汉武帝元鼎四年

中山靖王刘胜卒，葬地当今河北满城，墓中随葬金缕玉衣、长信宫铜灯等（1968年出土）。

公元前112年，己巳　汉武帝元鼎五年

列侯奉命献金祭宗庙，以分量、成色不足被劾夺爵者一百零六人。

公元前111年，庚午　汉武帝元鼎六年

平南越，以其地为南海等九郡。西南夷居地置为郡县。我国最早的词典《尔雅》约最后编成于汉武帝时期。

公元前110年，辛未　汉武帝元封元年

武帝始封泰山。东巡海上，北至碣石。平东越。实行均输、平准之法。太史令司马谈卒，著有《论六家之要旨》。

公元前109年，壬申　汉武帝元封二年

置益州郡，赐滇王印。塞瓠子黄河决口；河决二十三年，至此始复故道。

公元前108年，癸酉　汉武帝元封三年

司马迁为太史令。汉亭障列至玉门。设乐浪、临屯、玄菟、真番四郡。

公元前107年，甲戌　汉武帝元封四年

匈奴数使奇兵侵犯汉朝边郡，汉乃拜郭昌为拔胡将军，及浞野侯屯朔方以东备胡。

公元前106年，乙亥　汉武帝元封五年

设十三部刺史。刺史，秩六百石，巡察郡县。

公元前105年，丙子　汉武帝元封六年

以江都王之女刘细君嫁乌孙“昆莫”（王）。安息使者以大鸟卵与黎轩（即大秦，大秦即罗马）善眩人（魔术师）来汉。

公元前104年，丁丑　汉武帝太初元年

造《太初历》，用夏正，始以正月（建寅月）为岁首。思想家董仲舒卒（公元前179年生），有《春秋繁露》传世。

公元前103年，戊寅　汉武帝太初二年

李广利率汉军攻大宛，大败。

公元前102年，己卯　汉武帝太初三年

大宛降汉。从汉人学会凿井。炼钢术传至大宛及其以西地区。居延地区边塞约始建于本年。遗址出土（二十世纪发现）汉简，数量庞大，内容丰富，为汉代历史研究开辟了一个新领域。

公元前101年，庚辰　汉武帝太初四年

敦煌西至盐泽往往起亭，轮台、渠犁都有田卒，置使者、校尉。

公元前100年，辛巳　汉武帝天汉元年

中郎将苏武送匈奴使者北还，被扣，拒降，匈奴令居北海牧羊。

公元前99年，壬午　汉武帝天汉二年

关东农民起义纷起，武帝遣直指使者暴胜之等赴各地镇压。

公元前98年，癸未　汉武帝天汉三年

初榷酒酤（禁民酿酒，由官府专卖）。

公元前97年，甲申　汉武帝天汉四年

发七科谪与勇敢士，遣李广利、韩说、公孙敖分道出击匈奴。

公元前96年，乙酉　汉武帝太始元年

徙郡国豪杰至茂陵。

公元前95年，丙戌　汉武帝太始二年

赵中大夫白公奏穿渠引泾水，溉田四千五百顷，名白渠。

公元前94年，丁亥　汉武帝太始三年

江充拜直指绣衣使者，督责近臣贵戚，举劾无所避。

公元前93年，戊子　汉武帝太始四年

武帝东巡泰山；又西巡至安定，北地。

公元前92年，己丑　汉武帝征和元年

巫蛊案起。

公元前91年，庚寅　汉武帝征和二年

丞相公孙贺父子被杀。太子因巫蛊事杀江充及巫，发卫卒。武帝命丞相刘屈氂发兵讨太子。太子兵败逃亡，自杀。

公元前90年，辛卯　汉武帝征和三年

史学家、文学家司马迁约卒于此时，所著《史记》为我国第一部纪传体通史，亦为文学名著。

公元前89年，壬辰　汉武帝征和四年

武帝下诏罪已，悔征伐之事。以赵过为搜粟都尉。赵过倡导“代田法”，又改良农具，并加以推广。

公元前88年，癸巳　汉武帝后元元年

武帝将立幼子弗陵为嗣，以吕后临朝专权为鉴，杀其母钩弋夫人。

公元前87年，甲午　汉武帝后元二年

武帝卒，子弗陵立，年八岁，是为昭帝。大司马、大将军霍光与车骑将军金日磾等受遗诏辅政。我国第一部天文历算著作《周髀算经》，约最后成于武帝或更晚时期。

公元前86年，乙未　汉昭帝始元元年

燕王刘旦（武帝子）以不得继嗣为帝，谋反，事泄，党羽尽诛。

公元前85年，丙申　汉昭帝始元二年

匈奴始衰。

公元前84年，丁酉　汉昭帝始元三年

公元前83年，戊戌　汉昭帝始元四年

西南夷姑缯、叶榆复反，遣水衡都尉吕辟胡将兵击之。

公元前82年，己亥　汉昭帝始元五年

令天下举贤良文学。谏大夫杜延年劝霍光“修孝文时政，示以俭约、宽和”。

公元前81年，庚子　汉昭帝始元六年

诏有司问郡国所举贤良文学民间疾苦。御史大夫桑弘羊与之辩，后桓宽集为《盐铁论》。苏武自匈奴释归，被扣凡十九年。

公元前80年，辛丑　汉昭帝元凤元年

上官桀父子、桑弘羊与盖长公主、燕王旦谋杀霍光，废昭帝，立燕王为帝，谋泄，上官桀父子、桑弘羊等族诛，盖长公主、燕王自杀。

公元前79年，壬寅　汉昭帝元凤二年

匈奴畏汉，在余吾水上造桥，以备逃走。

公元前78年，癸卯　汉昭帝元凤三年

以百姓遭水灾，缺粮，停明年漕粮。

公元前77年，甲辰　汉昭帝元凤四年

丞相田千秋卒。时政事皆决于大将军霍光，丞相备位而已。傅介子立功西域。楼兰更名鄯善。

公元前76年，乙巳　汉昭帝元凤五年

罢象郡，辖区分属郁林、牂柯两郡。

公元前75年，丙午　汉昭帝元凤六年

三辅、太常谷贱伤农，命百姓缴纳菽、粟，以当赋税。

公元前74年，丁未　汉昭帝元平元年

昭帝卒，迎立昌邑王贺。贺旋被霍光废黜。霍光等定议立戾太子孙病已（刘询），是为宣帝。

公元前73年，戊申　汉宣帝本始元年

论定策功，增封霍光一万七千户，连前二万户。光请还政，宣帝谦让不受。

公元前72年，己酉　汉宣帝本始二年

下诏议武帝庙乐。长信少府夏侯胜以武帝“奢泰无度，天下虚耗”，反对立庙乐，被劾奏下狱。

公元前71年，庚戌　汉宣帝本始三年

丁令、乌桓、乌孙攻匈奴。匈奴从此大虚弱。

公元前70年，辛亥　汉宣帝本始四年

四月，郡国四十九同日地震，或山崩，坏城郭室屋。

公元前69年，壬子　汉宣帝地节元年

以于定国为廷尉，定国治狱宽平，与文帝时的张释之齐名。

公元前68年，癸丑　汉宣帝地节二年

霍光卒。宣帝始亲政事。

公元前67年，甲寅　汉宣帝地节三年

命吏民奏封事不经尚书，以削霍氏之权。霍氏亲族领兵者皆罢。

公元前66年，乙卯　汉宣帝地节四年

霍氏阴谋废宣帝，事泄，诛灭。

公元前65年，丙辰　汉宣帝元康元年

莎车呼屠征杀其王自立，攻击南道，鄯善以西皆不通，汉使者发诸国兵破之。

公元前 64 年，丁巳　汉宣帝元康二年

以郑吉为卫司马，护鄯善以西南道。

公元前 63 年，戊午　汉宣帝元康三年

太傅疏广，少傅疏受以官成名立，辞官回乡。后世传为美谈。

公元前 62 年，己未　汉宣帝元康四年

连年丰收，谷石五钱。

公元前 61 年，庚申　汉宣帝神爵元年

诸羌反汉，命赵充国领兵击之。

公元前 60 年，辛酉　汉宣帝神爵二年

匈奴日逐王先贤掸率众降汉。郑吉为西域都护，治乌垒城。匈奴更弱，不敢争西域，罢僮仆都尉。

公元前 59 年，壬戌　汉宣帝神爵三年

丙吉为丞相。吉不亲小事，谓三公以“调和阴阳”为职责，属下服吉“知大体”。

公元前 58 年，癸亥　汉宣帝神爵四年

颍川太守黄霸以治郡有成绩，赐爵关内侯，旋召为太子太傅，后升丞相。

公元前 57 年，甲子　汉宣帝五凤元年

匈奴五单于并立，互相争夺。

公元前56年，乙丑　汉宣帝五凤二年

匈奴五单于相互残杀，贵族多人率部降汉。

公元前55年，丙寅　汉宣帝五凤三年

置西河、北地属国，以处匈奴降人。

公元前54年，丁卯　汉宣帝五凤四年

大司农耿寿昌以谷贱伤农，请减关东漕粮，又建议在边郡置常平仓。耿为天文学家，以铜铸仪器测天象。

公元前53年，戊辰　汉宣帝甘露元年

宣帝强调汉家制度“本以霸王道杂之”。乌孙内乱，冯夫人（名嫽。汉公主侍女，乌孙右大将妻）秉汉命，立元贵靡为大昆弥，乌就屠为小昆弥。

公元前52年，己巳　汉宣帝甘露二年

减算钱，每算减三十（原为一百二十钱）。

公元前51年，庚午　汉宣帝甘露三年

匈奴呼韩邪单于朝汉。令诸儒于石渠阁讲论《五经》异同，宣帝亲自临决，乃立梁丘《易》、大小夏侯《尚书》、谷梁《春秋》博士。

公元前50年，辛未　汉宣帝甘露四年

匈奴呼韩邪、郅支两单于皆遣使朝汉。

公元前 49 年，壬申　汉宣帝黄龙元年

匈奴呼韩邪单于朝汉。郅支以汉助呼韩邪，率部西迁，都坚昆。宣帝卒，太子奭即位，是为元帝。

公元前 48 年，癸酉　汉元帝初元元年

关东十一郡国大水，渤海水大溢。大臣贡禹劝元帝改变武帝以来的奢侈之习。

公元前 47 年，甲戌　汉元帝初元二年

珠崖人民苦于官吏压迫，屡起反抗。待诏贾捐之以关东久困，民众流离，反对用兵，请弃珠崖。

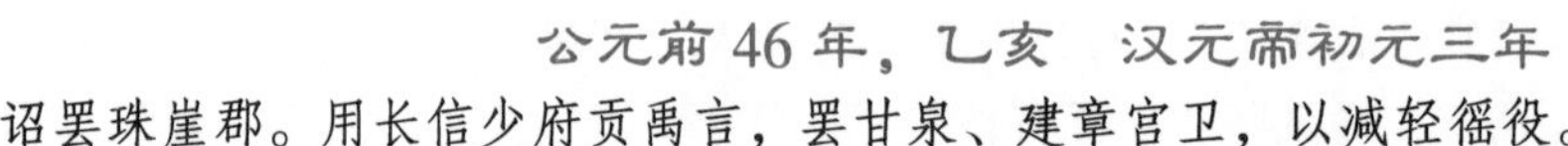

公元前 46 年，乙亥　汉元帝初元三年

诏罢珠崖郡。用长信少府贡禹言，罢甘泉、建章宫卫，以减轻徭役。

公元前 45 年，丙子　汉元帝初元四年

公元前 44 年，丁丑　汉元帝初元五年

罢盐铁官、常平仓等。博士弟子不限员数，以广学者。贡禹上书，以为“斩伐林木，亡有时禁，水旱之灾，未必不由此也。”

公元前 43 年，戊寅　汉元帝永光元年

公元前 42 年，己卯　汉元帝永光二年

给事中匡衡借天变上疏，言慎赦。

公元前41年，庚辰　汉元帝永光三年

因用度不足，复置盐铁官，限博士弟子员额一千人。

公元前40年，辛巳　汉元帝永光四年

起初陵，下诏勿置县邑及徙郡国民。

公元前39年，壬午　汉元帝永光五年

河决于清河郡灵县鸣犊口，屯氏河断流。

公元前38年，癸未　汉元帝建昭元年

公元前37年，甲申　汉元帝建昭二年

京房奏考功课吏法。

公元前36年，乙酉　汉元帝建昭三年

西域都护、骑都尉甘延寿，副校尉陈汤发城郭诸国兵及屯田吏士，攻郅支城，杀郅支单于。

公元前35年，丙戌　汉元帝建昭四年

蓝田地震，山崩，壅霸水；安陵岸崩，壅泾水，泾水逆流。

公元前34年，丁亥　汉元帝建昭五年

匈奴呼韩邪单于闻郅支单于被诛，且喜且惧，上书请朝汉。召信臣任南阳太守，修筑堤闸，开渠溉田三万余顷。

公元前33年，戊子　汉元帝竟宁元年

呼韩邪单于朝汉，元帝以后宫王嫱（字昭君）赐单于。元帝卒，太子骜即位，是为成帝。以舅王凤为大将军领尚书事。太官园中盖屋，“昼夜燃蕴火”种菜，为中国温室栽培开端。

公元前32年，己丑　汉成帝建始元年

封舅王崇为安成侯，赐舅王谭、王商、王立、王根、王逢时爵关内侯。

公元前31年，庚寅　汉成帝建始二年

减赋钱，每算减四十。

公元前30年，辛卯　汉成帝建始三年

是秋，关内大雨四十余日，京师谣传大水将至，秩序大乱。

公元前29年，壬辰　汉成帝建始四年

秋，河决东郡金堤。御史大夫尹忠因所言方略疏阔被责，自杀。

公元前28年，癸巳　汉成帝河平元年

使王延世塞决河。延世用长四丈、大九围的竹落，满装小石，两舟夹载而下之，河堤成。三月，“日出黄，有黑气大如钱，居日中央”，是为世界公认最早的日斑（太阳黑子）记事。

公元前27年，甲午　汉成帝河平二年

封外戚王谭、王商、王立、王根、王逢时为侯，时称“五侯”。

公元前26年，乙未　汉成帝河平三年

命谒者陈农求遗书于天下。由光禄大夫刘向校经传、诸子、诗赋，步兵校尉任宏校兵书，太史

令尹咸校数术，侍医李柱国校方技。

公元前25年，丙申　汉成帝河平四年

罽宾与汉时绝时通，时有使者来汉。约于此时九江太守戴圣因罪自免。相传圣编撰《小戴礼记》（今本《礼记》），从叔戴德编撰《大戴礼记》。

公元前24年，丁酉　汉成帝阳朔元年

外戚王凤专制朝政。

公元前23年，戊戌　汉成帝阳朔二年

外戚王氏专权，守、相、刺史均出其门下。

公元前22年，己亥　汉成帝阳朔三年

颍川铁官徒申屠圣等百八十人，杀官吏，夺库兵，称将军，经历九郡而败。

公元前21年，庚子　汉成帝阳朔四年

西域各国上书请再用段会宗为都护，从之；城郭诸国闻之皆亲附。

公元前20年，辛丑　汉成帝鸿嘉元年

公元前19年，壬寅　汉成帝鸿嘉二年

初，元帝起渭陵，不移民起邑。成帝起昌陵邑，迁郡国豪杰五千户于昌陵。

公元前18年，癸卯　汉成帝鸿嘉三年

许皇后被赵飞燕姊妹所谮，废黜。赵飞燕本阳阿主家歌舞者。

公元前17年，甲辰　汉成帝鸿嘉四年

秋，勃海、清河、信都河水泛滥。朝廷以李寻建议遂止不塞。

公元前16年，乙巳　汉成帝永始元年

立赵飞燕为皇后。昌陵制度奢泰，久而不成。刘向奏上所著《列女传》、《说苑》、《新序》。

公元前15年，丙午　汉成帝永始二年

凉州刺史谷永言时政，指出："王者以民为基，民以财为本，财竭则下畔，下畔则上亡。"

公元前14年，丁未　汉成帝永始三年

山阳铁官徒苏令等起义，称将军，经郡国十九，杀太守，旋败。

公元前13年，戊申　汉成帝永始四年

公元前12年，己酉　汉成帝元延元年

吏民多上书言灾异之应，讥切王氏专政所致。

公元前11年，庚戌　汉成帝元延二年

乌孙内乱，贵族卑爰疐率众附康居。康居以贸易为利，遣子侍汉。

公元前10年，辛亥　汉成帝元延三年

蜀郡岷山崩，壅江水三日，江水竭。

公元前9年，壬子　汉成帝元延四年

定陶王刘欣祖母傅太后随王来朝，私下赂遗赵皇后，皇后劝成帝以欣为嗣。

公元前8年，癸丑　汉成帝绥和元年

建三公官。增博士弟子员为三千人。岁余，仍减为千人。成帝时氾胜之著农书，后名《氾胜之书》，是我国古代一部重要农书。

公元前7年，甲寅　汉成帝绥和二年

孔光、何武请限民名田及奴婢。刘歆总群书而奏《七略》，约于此时上所校古书《山海经》；贾让上《治河策》。成帝卒，太子欣即位，是为哀帝。

公元前6年，乙卯　汉哀帝建平元年

刘歆请立古文经《左氏春秋》、《毛诗》、《逸礼》、《古文尚书》于学官，被习今文经诸儒拒绝。马王堆汉墓出土文物已有《相马经》，约成于此时前后，又有《相六畜》，后被著录。

公元前5年，丙辰　汉哀帝建平二年

因夏贺良等陈说汉家历运中衰，诏改元“太初元年”，称“陈圣刘太平皇帝”。月余而废。

公元前4年，丁巳　汉哀帝建平三年

丞相王嘉以时政苛急，上疏谏之。

公元前3年，戊午　汉哀帝建平四年

谏大夫鲍宣上书谏揭露，民有七亡、七死，群臣惟营私利，外臣幸臣独多赏赐。

公元前2年，己未　汉哀帝元寿元年

大月氏王使者伊存将《浮屠经》口授给博士弟子景卢。

公元前1年，庚申　汉哀帝元寿二年

正月，匈奴单于、乌孙大昆弥朝汉。时西域译长至将、相、侯、王佩汉印绶三百七十六人。哀帝卒，刘啧即位，是为平帝。外戚王莽秉政。

公元1年，辛酉　汉平帝元始元年

封孔子后孔均为褒成侯，追谥孔子为褒成宣尼公。

公元2年，壬戌　汉平帝元始二年

黄支国（在今印度马德拉斯西南）献犀牛。是年，有郡国103，垦田8270536顷，民户12233062，口59594978。

公元3年，癸亥　汉平帝元始三年

定车服制度，吏民养生送终、嫁娶，奴婢、田宅、器械之品，立官稷，郡国、县邑、乡聚都置学官。

公元4年，甲子　汉平帝元始四年

王莽奏为学者筑舍万区；立《乐经》；增加博士员额，每经五人。改官名及州界。

公元5年，乙丑　汉平帝元始五年

王莽奏为市无二价、官无狱讼、邑无盗贼、野无饥民、道不拾遗、男女异路之制。平帝卒。我国现存最早的一部医书《黄帝内经》，约于西汉时期最后写成。

公元6年，丙寅　汉孺子婴居摄元年

立宣帝玄孙婴为皇太子，号孺子，年二岁。

公元7年，丁卯　汉孺子婴居摄二年

改货币。禁列侯以下不得持有黄金。东郡太守翟义起兵反莽，失败。

公元8年，戊辰　汉孺子婴居摄三年

王莽宣布即天子位，国号新。

公元9年，己巳　新王莽始建国元年

大改官名、爵名、地名，再改货币。改天下田曰“王田”，奴婢为“私属”，不准买卖。

公元10年，庚午　新王莽始建国二年

汉诸侯王悉缴上玺绶为民。开赊贷，立五均，设诸筦，第三次改货币。

公元11年，辛未　新王莽始建国三年

沿边自宣帝以来数世无事，百姓富庶，至是为之虚耗。内地各郡苦于征发，人民流亡，渐起反抗。

公元12年，壬申　新王莽始建国四年

依《禹贡》分九州，依周制定五等爵。王莽“动欲慕古，不度时宜”。

公元13年，癸酉　新王莽始建国五年

焉耆反，杀都护，“西域遂瓦解”。

公元14年，甲戌　新王莽天凤元年

依《周礼》、《王制》，置卒正、连率、大尹，职如太守；又纷改官名、地名等；第四次改货币。

公元15年，乙亥　新王莽天凤二年

王莽改匈奴单于为“恭奴善于”。匈奴攻扰不止。

公元16年，丙子　新王莽天凤三年

捕获翟义党王孙庆，使太医、尚方与巧屠共剖割之，量度五脏，用竹筳导其脉，知血脉之走向，“云可以治病”。

公元17年，丁丑　新王莽天凤四年

下诏申明六筦，设科条防禁。荆州饥荒，王匡、王凤等率饥民起义，聚于绿林山。

公元18年，戊寅　新王莽天凤五年

文学家扬雄卒，所撰除赋外，有《太玄》、《法言》、《方言》等。樊崇起义于莒。匈奴攻打北边。

公元19年，己卯　新王莽天凤六年

公元20年，庚辰　新王莽地皇元年

巨鹿人马适求等谋举燕、赵兵推翻王莽，事泄，株连死者数千人。

公元21年，辛巳　新王莽地皇二年

犯私铸钱罪及连坐者，没入为官奴婢者以十万数，到者易其夫妇，愁苦死者十分之六七。

公元22年，壬午　新王莽地皇三年

樊崇等使其众用红色涂眉以为识别，始有赤眉军之号。绿林军分为下江兵、新市兵和平林兵。

公元23年，癸未　刘玄更始元年

新市、平林诸将立汉宗室刘玄为帝，恢复汉朝，年号更始。刘秀等于昆阳大破莽军。更始兵入长安，王莽被杀。

公元24年，甲申　刘玄更始二年

更始自洛阳迁都长安，封诸将十余人为王。

公元25年，乙酉　汉光武帝建武元年

刘秀在鄗即位，改元建武，是为汉世祖光武帝，史称后汉或东汉。

公元26年，丙戌　汉光武帝建武二年

赤眉军发掘汉诸帝陵。

公元27年，丁亥　汉光武帝建武三年

汉将冯异破赤眉军于渑池，赤眉军刘盆子与诸将被迫投降。

公元28年，戊子　汉光武帝建武四年

蜀王公孙述聚兵汉中，欲争关中，为汉将冯异所败。

公元29年，己丑　汉光武帝建武五年

交趾诸郡在新莽末闭境自守，至是，诸郡太守皆遣使贡献。建太学。

公元30年，庚寅　汉光武帝建武六年

光武帝下诏并省四百余县，减少吏员，十置其一。恢复西汉田租旧制，三十税一。

公元31年，辛卯　汉光武帝建武七年

罢郡国轻车、骑士、材官、楼船士及军假吏，使还民伍。杜诗任南阳太守，曾创水排，以水力鼓风，送入冶铁炉，“用力少，见功多”。

公元32年，壬辰　汉光武帝建武八年

高句丽遣使朝贡，汉复其王号。

公元33年，癸巳　汉光武帝建武九年

阳成侯祭遵卒于军中，临终，遗戒薄葬；问以家事，终无所言。

公元34年，甲午　汉光武帝建武十年

陇右平定。冯异卒。刘秀初起时，诸将争功，冯常退避树下不语，人称“大树将军”。

公元35年，乙未　汉光武帝建武十一年

马援修缮金城郡破羌县以西城郭，劝耕牧，招塞外氐羌。

公元36年，丙申　汉光武帝建武十二年

汉兵进逼成都，公孙述受伤死，部下出降；汉将吴汉尽灭公孙氏。

公元37年，丁酉　汉光武帝建武十三年

功臣邓禹、贾复去甲兵，敦儒学。光武赐功臣爵土，不令以吏职为过。

公元38年，戊戌　汉光武帝建武十四年

莎车王贤、鄯善王安遣使贡献。西域苦匈奴重敛，请复置都护。

公元39年，己亥　汉光武帝建武十五年

因天下垦田多不以实自占，户口、年龄互有增减，令州郡检核。

公元40年，庚子　汉光武帝建武十六年

河南尹张伋及郡守十余人，因度田不实，下狱死。交趾女子徵侧、徵贰起兵。

公元41年，辛丑　汉光武帝建武十七年

光武帝刘秀还故乡，与故人置酒作乐，笑曰：“吾治天下，亦欲以柔道行之。”

公元42年，壬寅　汉光武帝建武十八年

罢州牧，置刺史。伏波将军马援破徵侧、徵贰。

公元43年，癸卯　汉光武帝建武十九年

洛阳令董宣处死犯杀人罪的湖阳公主家奴，不肯谢罪，汉光武称之为“强项令”。

公元44年，甲辰　汉光武帝建武二十年

广平忠侯吴汉卒。吴汉曾出征，妻子在后买田业，汉还，责之，尽以分与昆弟、外家。

公元45年，乙巳　汉光武帝建武二十一年

代郡至辽西一带，因匈奴等连兵攻扰，郡县损坏，百姓流亡，马援等分筑堡塞，兴立郡县，使太守、令长招还人民。

公元46年，丙午　汉光武帝建武二十二年

乌桓击败匈奴，匈奴北迁，漠南地空。

公元47年，丁未　汉光武帝建武二十三年

匈奴右薁鞬日逐王与单于冲突，请求内附。

公元48年，戊申　汉光武帝建武二十四年

匈奴日逐王自立为南单于，遣使称臣。南北匈奴之分始此。

公元49年，己酉　汉光武帝建武二十五年

辽西乌桓内属，封侯、王、君长者八十一人。置乌桓校尉于上谷宁城。

公元50年，庚戌　汉光武帝建武二十六年

使南匈奴入居云中，始置使匈奴中郎将，率兵卫护南单于。

公元51年，辛亥　汉光武帝建武二十七年

臧宫、马武等大臣请求乘机消灭北匈奴，光武帝以国无善政，灾变不息，百姓惊惧为由，不许。

公元52年，壬子　汉光武帝建武二十八年

令郡县收捕诸侯王宾客，牵连死者以千数。

公元53年，癸丑　汉光武帝建武二十九年

赐天下男子爵，每人二级。鳏、寡、孤、独、疾、贫不能自存者，每人给粟五斛。

公元54年，甲寅　汉光武帝建武三十年

史学家班彪卒。彪曾续《史记》，作《后传》六十余篇，子班固等续成《汉书》。

公元55年，乙卯　汉光武帝建武三十一年

京兆掾第五伦，领长安市，公平廉介，市无奸枉。

公元56年，丙辰　汉光武帝建武中元元年

宣布图谶于天下。给事中桓谭不信谶，被汉光武视为“非圣无法”，几乎被杀。

公元57年，丁巳　汉光武帝建武中元二年

倭奴国遣使来汉，光武赠以“汉委奴国王”印，是为中、日国家间往来之始（原印于1784年在日本福冈县出土）。二月，光武帝卒，太子庄即位，是为明帝。

公元58年，戊午　汉明帝永平元年

罢缘边屯兵。

公元59年，己未　汉明帝永平二年

行养老礼。引桓荣与弟子升堂，明帝亲自讲说，诸儒执经问难。

公元60年，庚申　汉明帝永平三年

在南宫云台图画功臣二十八将。

公元61年，辛酉　汉明帝永平四年

公元62年，壬戌　汉明帝永平五年

安丰戴侯窦融子孙多不法，后其长子窦穆被控免官，诸窦为郎吏者皆将家属归故郡。

公元63年，癸亥　汉明帝永平六年

下诏禁章奏浮词，过称虚誉。

公元64年，甲子　汉明帝永平七年

北匈奴求合市，许之。

公元65年，乙丑　汉明帝永平八年

置度辽将军屯五原曼柏，阻断南北匈奴交通。楚王刘英"尚浮屠之仁慈"，系我国早期的佛教信徒。

公元66年，丙寅　汉明帝永平九年

为外戚樊、郭、阴、马四姓小侯立学，置《五经》师。期门、羽林之士悉令通《孝经》章句。

公元67年，丁卯　汉明帝永平十年

郎中蔡愔与沙门摄摩腾、竺法兰（传为天竺人）回洛阳。

公元68年，戊辰　汉明帝永平十一年

建白马寺，供摄摩腾、竺法兰居住。后有编译的《四十二章经》流传。

公元69年，己巳　汉明帝永平十二年

连年丰收，粟每斛三十钱，牛羊满野。

公元70年，庚午　汉明帝永平十三年

明帝用王景治黄河，成汴渠，使河、汴分流，河东北入海，汴东南入泗。

公元71年，辛未　汉明帝永平十四年

楚王刘英自杀。穷治楚狱，受株连而死、徙者以千数，系狱者数千人。

公元72年，壬申　汉明帝永平十五年

三月，明帝东巡至鲁，幸孔子宅，亲御讲堂，命皇太子、诸王说经。

公元73年，癸酉　汉明帝永平十六年

祭肜、窦固、耿秉、来苗四路出兵击北匈奴。西域复通。

公元74年，甲戌　汉明帝永平十七年

重置西域都护及戊已校尉。

公元75年，乙亥　汉明帝永平十八年

明帝卒，太子炟即位，是为章帝。

公元76年，丙子　汉章帝建初元年

罢戊已校尉及都护官，召还班超。疏勒、于阗固留，超乃不还。

公元77年，丁丑　汉章帝建初二年

司空第五伦上疏劝行宽厚之政。

公元78年，戊寅　汉章帝建初三年

公元79年，己卯　汉章帝建初四年

召集儒者在白虎观议《五经》同异，帝亲称制论决，班固奉命将讨论结果编成《白虎通义》。

公元 80 年，庚辰　汉章帝建初五年

班超上疏请兵，谓西域诸国多愿附汉，欲并力平定龟兹，开通汉道。

公元 81 年，辛巳　汉章帝建初六年

廉范任蜀郡太守，听民夜作，使储水防火，民皆便之。

公元 82 年，壬午　汉章帝建初七年

章帝出巡，行秋稼，观收获；下诏禁遣吏逢迎，以为烦扰。

公元 83 年，癸未　汉章帝建初八年

王景任庐江太守，修复芍陂，溉田万顷。大司农郑弘奏开零陵、桂阳峤道，以利中原与岭南交通。

公元 84 年，甲申　汉章帝元和元年

申明法律，规定掠者唯得榜、笞、立，禁用钻凿之属酷刑。

公元 85 年，乙酉　汉章帝元和二年

施行编䜣、李梵所作《四分历》。章帝至鲁，祀孔子及七十二弟子。

公元 86 年，丙戌　汉章帝元和三年

班超击杀疏勒前王忠，西域南道乃通。

公元 87 年，丁亥　汉章帝章和元年

北匈奴大乱，五十八部、二十八万口降汉。班超发于阗等国兵，击降莎车。

公元88年，戊子　汉章帝章和二年

章帝卒，太子肇即位，是为和帝。窦太后临朝，侍中外戚窦宪执政。

公元89年，己丑　汉和帝永元元年

窦宪、耿秉率兵大破北匈奴，降者二十余万人；出塞三千余里，登燕然山，刻石纪功而还。

公元90年，庚寅　汉和帝永元二年

汉击北匈奴之守伊吾者，复取其地。车师震慴，前后王各遣子入侍。

公元91年，辛卯　汉和帝永元三年

复置西域都护，以班超任之。

公元92年，壬辰　汉和帝永元四年

窦宪自杀。史学家班固牵连下狱死。固撰《汉书》未完成，诏固妹昭（曹寿妻，称曹大家）续成之。郑众为大长秋，宦官用权自此始。

公元93年，癸巳　汉和帝永元五年

鲜卑徙居匈奴之地，匈奴余众皆归之。

公元94年，甲午　汉和帝永元六年

班超发龟兹、鄯善等国兵，攻杀焉耆、尉犁二王。西域诸国全部附汉。

公元95年，乙未　汉和帝永元七年

易阳地裂。京师地震。

公元96年，丙申 汉和帝永元八年

击破南匈奴右温禺犊王乌居战，徙其余众及诸降匈奴二万余人于安定，北地。

公元97年，丁酉 汉和帝永元九年

西域都尉定远侯班超遣甘英使大秦（罗马）、条支，至安息（当今伊朗一带）西界，临大海。掸国使臣来贡。

公元98年，戊戌 汉和帝永元十年

烧当羌迷唐以诸羌多内附，惧而附汉，帅种人至京师贡献。

公元99年，己亥 汉和帝永元十一年

河南信阳擂鼓台遗存本年烧制的早期青瓷（1924年出土），是为东汉已有瓷器之确证。公元1世纪，水碓和畜力碓始用于农业生产。

公元100年，庚子 汉和帝永元十二年

文字学家许慎撰《说文解字》于本年完成。《九章算术》传本约在本年前后形成。

公元101年，辛丑 汉和帝永元十三年

安息遣使赠狮子及条支大爵（鸵鸟）。

公元102年，壬寅 汉和帝永元十四年

班超征还，至洛阳，数月卒。

公元103年，癸卯 汉和帝永元十五年

岭南旧贡生龙眼、荔枝，临武长唐羌进谏，和帝遂下诏禁太官受献。

公元 104 年，甲辰　汉和帝永元十六年

思想家王充约于此时去世（27 年生），著有《论衡》，反对虚妄之说。

公元 105 年，乙巳　汉和帝元兴元年

蔡伦改进造纸术，时有“蔡侯纸”之称，后世传为造纸术的发明人。和帝卒，少子隆立，是为殇帝，邓太后临朝。

公元 106 年，丙午　汉殇帝延平元年

诏令司隶校尉等对外戚邓骘等宗门、姻戚及宾客干犯禁宪者明加检敕。殇帝卒，清河王子刘祜即位，是为安帝。

公元 107 年，丁未　汉安帝永初元年

罢西域都护。郡国十八地震，四十一大水，二十八大风，雨雹。

公元 108 年，戊申　汉安帝永初二年

羌众大盛，朝廷不能制。湟中诸县粟石万钱，百姓死亡不可胜数。

公元 109 年，己酉　汉安帝永初三年

三公以国用不足，奏令吏民入钱谷得为关内侯，下至营士，各有差。

公元 110 年，庚戌　汉安帝永初四年

谒者刘珍与五经博士校定东观五经、诸子、传记、百家艺术，整齐脱误，是正文字。

公元 111 年，辛亥　汉安帝永初五年

西北缘边郡县内徙。居民内迁，又连年旱蝗饥荒，随路死亡，丧其大半。

公元112年，壬子　汉安帝永初六年

据山东苍山县发现本年制造的钢刀，此时已有“百炼钢”。

公元113年，癸丑　汉安帝永初七年

郡国十八地震。

公元114年，甲寅　汉安帝元初元年

羌族首领号多等攻武都、汉中、巴郡，被击破；号多退走，与零昌合。

公元115年，乙卯　汉安帝元初二年

河南及郡国十九蝗。时蝗灾已连续七年。

公元116年，丙辰　汉安帝元初三年

武陵“蛮”连年起事。初听大臣行三年丧。

公元117年，丁巳　汉安帝元初四年

护羌校尉任尚召募效功种羌号封刺杀零昌；封号封为羌王。

公元118年，戊午　汉安帝元初五年

羌人起义逾十年，汉用军费二百四十余亿。

公元119年，己未　汉安帝元初六年

北匈奴复以兵威役属西域。敦煌太守曹宗得朝廷许可，遣行长史索班率千人屯伊吾。车师前王与鄯善复附汉。

公元120年，庚申　汉安帝永宁元年

军司马班勇建议复置护西域副校尉，遣西域长史屯楼兰。遂置西域副校尉，而未出屯楼兰。

公元121年，辛酉　汉安帝建光元年

皇太后邓氏崩，安帝始亲政事。外戚邓氏败，邓骘、邓遵自杀。

公元122年，壬戌　汉安帝延光元年

高句丽王遂成还所掠生口，至玄菟降。

公元123年，癸亥　汉安帝延光二年

敦煌太守张珰上书，谓弃西域则河西不能自存，乃以班勇为西域长史，出屯柳中。

公元124年，甲子　汉安帝延光三年

宦官樊丰等调发钱谷、徒士，大兴土木；杨震力谏，被谮免官，自杀。

公元125年，乙丑　汉安帝延光四年

安帝卒，宦官孙程等立济阴王保，是为顺帝。杀阎显等，封孙程等十九人为侯。

公元126年，丙寅　汉顺帝永建元年

班勇改立车师后王，发诸国兵击走匈奴兵，车师乃安。

公元127年，丁卯　汉顺帝永建二年

许敬为司徒，当外戚窦、邓、阎氏之盛，无所屈挠，当世以此贵之。

公元128年，戊辰　汉顺帝永建三年

京师地震，汉阳地陷裂，伤亡颇重。

公元129年，己巳　汉顺帝永建四年

复安定、北地、上郡还旧土。

公元130年，庚午　汉顺帝永建五年

命死罪系囚皆减罪一等，赴安定、北地、上郡戍。

公元131年，辛未　汉顺帝永建六年

复置伊吾司马，开设屯田。兴建太学，共二百四十房，千八百五十室。

公元132年，壬申　汉顺帝阳嘉元年

太史令张衡曾作浑天仪，复于是年造候风地动仪。察举孝廉初行考试之制，“诸生通章句，文吏能笺奏”。

公元133年，癸酉　汉顺帝阳嘉二年

废除对九卿用捶扑之罚。

公元134年，甲戌　汉顺帝阳嘉三年

太史令张衡言“图谶”虚假不可信，应予禁绝。

公元135年，乙亥　汉顺帝阳嘉四年

初许宦官以养子袭爵。

公元136年，丙子　汉顺帝永和元年

外戚梁冀，居职多纵暴非法。

公元137年，丁丑　汉顺帝永和二年

象林蛮区怜等起兵攻城邑，交趾刺史发交趾、九真二郡兵往救。兵士惮远役，反攻其府。

公元138年，戊寅　汉顺帝永和三年

京师两次地震。金城、陇西地震、山崩。地动仪测到陇西地震。

公元139年，己卯　汉顺帝永和四年

文学家、科学家张衡卒，著有《灵宪》、《浑天仪注》等。大约同一时期或稍晚，郄萌提出“宣夜说”，以为天“高远无极”，日月众星悬浮空中，凭气而运动，描绘出一个无限的宇宙空间。

公元140年，庚辰　汉顺帝永和五年

永和中，户1078万，口53869588人。

公元141年，辛巳　汉顺帝永和六年

李固任泰山太守。时江湖之人，群为盗贼，固用招抚之法，屯聚之众或降或散。

公元142年，壬午　汉顺帝汉安元年

命杜乔、张纲等分行州郡，查究吏治，张纲不行，谓“豺狼当路，安问狐狸”，上疏劾梁冀等纵恣不法。

公元143年，癸未　汉顺帝汉安二年

凉州自九月以后，地震一百八十次。

公元 144 年，甲申　汉顺帝建康元年

八月，顺帝卒，太子炳即位，年二岁，是为冲帝。约于顺帝年间，宫崇奏上道教《太平经》。

公元 145 年，乙酉　汉冲帝永憙元年

冲帝卒。太尉李固建议立长君，外戚梁冀不从，立宗室刘缵，年八岁，是为质帝。

公元 146 年，丙戌　汉质帝本初元年

令郡、国举明经至太学，自大将军以下皆遣子就学，岁满课试，拜官有差。自此太学诸生增至三万余人。

公元 147 年，丁亥　汉桓帝建和元年

刘文等谋立清河王刘蒜，事败被杀。外戚梁冀诬李固、杜乔与文交通，均死狱中。梁冀立蠡吾侯刘志为帝，是为桓帝。约于此时魏伯阳著《周易参同契》。

公元 148 年，戊子　汉桓帝建和二年

安息僧安世高到洛阳，此后二十余年间，译小乘佛经九十五部。

公元 149 年，己丑　汉桓帝建和三年

陈寔为太丘长，修德清静，百姓以安。

公元 150 年，庚寅　汉桓帝和平元年

梁太后归政，桓帝亲政，增封大将军梁冀至三万户，封冀妻孙寿为襄城君。冀夫妇对街起宅，备极侈靡。

公元151年，辛卯　汉桓帝元嘉元年

举独行之士。涿郡举崔寔，寔称病不对策，退作《政论》，又作《四民月令》。

公元152年，壬辰　汉桓帝元嘉二年

西域长史王敬冤杀于阗王，于阗人愤而杀敬。

公元153年，癸巳　汉桓帝永兴元年

郡国三十二发生蝗灾，黄河泛滥，百姓饥穷流散者数十万户，冀州更甚。

公元154年，甲午　汉桓帝永兴二年

公元155年，乙未　汉桓帝永寿元年

太学生刘陶等上书，请勿委任宦官，而用朱穆、李膺。

公元156年，丙申　汉桓帝永寿二年

鲜卑檀石槐建庭于弹汗山，尽有匈奴故地。五斗米道创立者张道陵卒。后世道教徒奉张为道教创始人。

公元157年，丁酉　汉桓帝永寿三年

有人以货轻钱薄，致民贫困，宜改铸大钱。太学生刘陶以为“要在止役禁夺”。

公元158年，戊戌　汉桓帝延熹元年

太史令陈授陈“日食之变咎在大将军（梁）冀”，冀唆使洛阳令杀授。

公元159年，己亥　汉桓帝延熹二年

桓帝与宦官唐衡等发兵围梁冀宅第，收印绶。冀与妻自杀。变卖梁氏家产，凡值三十余万万。权势遂专归宦官。

公元160年，庚子　汉桓帝延熹三年

宦官唐衡、左悺、徐璜、具瑗等四侯专权、横行不法。

公元161年，辛丑　汉桓帝延熹四年

羌势大盛，以皇甫规为中郎将击之。规以为力求猛敌，不如清平，乃击败零吾，招降先零等羌十余万。

公元162年，壬寅　汉桓帝延熹五年

皇甫规为宦官所诬，下狱，诸公及太学生张凤等三百余人诣阙讼规冤，遇赦，规得释放回家，在家屣履迎王符。符著《潜夫论》。

公元163年，癸卯　汉桓帝延熹六年

太尉杨秉条奏牧、守五十余人，或死或免，天下莫不肃然。

公元164年，甲辰　汉桓帝延熹七年

邟乡忠侯黄琼卒。琼少时号“天下无双江夏黄童”，将葬，四方远近名士会者六七千人。

公元165年，乙巳　汉桓帝延熹八年

初令郡国有田者亩敛税钱。计亩敛钱始于此。

公元166年，丙午　汉桓帝延熹九年

司隶校尉李膺被诬与太学生等“共为部党，诽讪朝廷”，下狱，牵连及太仆杜密等二百余人。大秦王（罗马皇帝）安敦遣使至汉。

公元167年，丁未　汉桓帝永康元年

“党人”得释，仍书名三府，禁锢终身，是为第一次党锢。月氏僧支谶约于此时来洛阳，首译大乘佛经。

公元168年，戊申　汉灵帝建宁元年

桓帝卒，国嗣未立，诸尚书畏惧，多托病不朝。宗室刘宏立，是为灵帝。太傅陈蕃，外戚窦武欲诛废宦官，反被宦官矫诏杀害。

公元169年，己酉　汉灵帝建宁二年

李膺、杜密、范滂等百余人被杀。天下豪杰及儒学有行义者均被指为党人，死、徙、废、禁又六七百人，是为第二次党锢。

公元170年，庚戌　汉灵帝建宁三年

据本年及延熹三年的曹氏宗族墓葬字砖（1977年安徽亳县出土），行书已流行，真书也已出现。

公元171年，辛亥　汉灵帝建宁四年

是年大赦，唯“党人”不赦。

公元172年，壬子　汉灵帝熹平元年

段颎为司隶，捕太学生等千余人。

公元173年，癸丑　汉灵帝熹平二年

时鲜卑连年扰并州境。护乌桓校尉某，约卒于桓、灵之世，葬地当今内蒙古和林格尔，墓内壁画面积达百余平方米（1972－1973年发掘），是目前发现最重要的汉壁画墓。

公元174年，甲寅　汉灵帝熹平三年

吴郡司马孙坚募兵千余人，助州郡破杀许生。

公元175年，乙卯　汉灵帝熹平四年

诏诸儒正《五经》文字，命书法家蔡邕书写，刻石立于太学，是为“熹平石经”。

公元176年，丙辰　汉灵帝熹平五年

诏州郡更考党人门生、故吏、父子兄弟在官者，悉免职禁锢。

公元177年，丁巳　汉灵帝熹平六年

鲜卑强盛，汉东、北、西三边皆被攻扰。

公元178年，戊午　汉灵帝光和元年

置鸿都门学，其诸生皆用为官，士君子耻与为列。初开西邸卖官。

公元179年，己未　汉灵帝光和二年

党锢自从祖以下皆得解释。

公元180年，庚申　汉灵帝光和三年

作罼圭、灵昆苑，司徒杨赐进谏。

公元181年，辛酉　汉灵帝光和四年

灵帝作列肆于后宫，使诸采女贩卖，帝著商贾服，从之饮宴为乐；又驾四驴亲自操辔，京师仿效，驴价遂一与马齐。

公元182年，壬戌　汉灵帝光和五年

今文经学家何休卒，著有《春秋公羊解诂》。

公元183年，癸亥　汉灵帝光和六年

张角等传言“苍天已死，黄天当立，岁在甲子，天下大吉”，约定次年三月五日起义。刘洪约于此时成《乾象历》。

公元184年，甲子　汉灵帝中平元年

二月，张角率众起义，皆以黄巾为标志，天下响应。十一月，黄巾主力失败。

公元185年，乙丑　汉灵帝中平二年

各地起义军蜂起，大者二、三万，小者六七千人。张燕黑山军“殆至百万”。

公元186年，丙寅　汉灵帝中平三年

毕岚作翻车（水车）、渴乌，汲水洒路。

公元187年，丁卯　汉灵帝中平四年

卖关内侯，价五百万。

公元188年，戊辰　汉灵帝中平五年

置西园八校尉，以小黄门蹇硕为上军校尉，大将军何进和袁绍、曹操等诸校尉皆受蹇统辖。古

文经学家服虔约卒于本年或稍晚时期，作《春秋左氏传解》。

公元189年，己巳　汉少帝光熹元年

灵帝卒，何太后临朝。外戚何进为宦官所杀，司隶校尉袁绍杀诸宦官。昭雪陈蕃、窦武及诸党人，悉复其爵位。董卓应何进召诣京，立刘协，是为献帝。

公元190年，庚午　汉献帝初平元年

董卓逼献帝迁都长安，驱民数百万口入关，沿路死亡无数；又悉烧宫庙、官府、居家，二百里内无复鸡犬。

公元191年，辛未　汉献帝初平二年

以董卓为太师，位在诸侯王上。青州黄巾三十万人入渤海郡，为公孙瓒所破。

公元192年，壬申　汉献帝初平三年

曹操进兵破黄巾，领兖州刺史。黄巾三十余万降，操选其精锐者，号“青州兵”。司徒王允等杀董卓，董卓部将李傕、郭汜构乱长安。

公元193年，癸酉　汉献帝初平四年

陶谦为徐州牧，时流民多归徐州，而谦刑政不修。曹操引兵击谦，坑杀数十万口于泗水，屠三县，鸡犬皆尽。书法家张芝约卒于初平年间，善章草，有“草圣”之称。

公元194年，甲戌　汉献帝兴平元年

大旱，数月不雨，长安谷一斛值五十万，人相食。

公元195年，乙亥 汉献帝兴平二年

孙氏自此始有江东。沮授劝袁绍迎献帝，挟天子以令诸侯，绍不听。

公元196年，丙子 汉献帝建安元年

献帝回洛阳，曹操出兵迎帝至许昌。曹操被封武平侯，为司空、行车骑将军事。曹操屯田许下，州郡亦置田官，所在积谷。

公元197年，丁丑 汉献帝建安二年

袁术在寿春称帝，自称“仲家”。

公元198年，戊寅 汉献帝建安三年

名士祢衡被刘表所统江夏太守黄祖所杀。

公元199年，己卯 汉献帝建安四年

袁绍将攻许。曹操进军黎阳，旋还许，分兵守官渡。

公元200年，庚辰 汉献帝建安五年

曹操与袁绍官渡之战，袁军大败。经学大师郑玄卒，玄在古文经学家贾逵、马融基础上，兼采今古文说，遍注群经，立言百万，集汉学的大成。

公元201年，辛巳 汉献帝建安六年

公元202年，壬午 汉献帝建安七年

曹操令孙权送质子，权用周瑜计拒绝。

公元203年，癸未　汉献帝建安八年

孙权分遣诸将击败丹阳、豫章与庐陵各郡山越。

公元204年，甲申　汉献帝建安九年

曹操领冀州牧。重豪强兼并之法。

公元205年，乙酉　汉献帝建安十年

曹操辟用青、冀、幽、并名士。

公元206年，丙戌　汉献帝建安十一年

袁尚兄弟投乌桓，辽西乌桓蹋顿欲助袁尚兄弟恢复故地。

公元207年，丁亥　汉献帝建安十二年

刘备三访诸葛亮。亮陈取荆、益，结孙权之计。曹操征乌桓，斩蹋顿，胡、汉降者二十余万口。曹操赎蔡琰回中原。琰著有《悲愤诗》。古乐府《胡笳十八拍》相传为琰所作。

公元208年，戊子　汉献帝建安十三年

曹操杀孔融。融为“建安七子”之一，有《孔北海集》传世。曹操南征，孙权联刘备拒曹，破曹军于赤壁，史称赤壁之战。

公元209年，己丑　汉献帝建安十四年

学者荀悦卒，著有《申鉴》、《汉纪》。

公元210年，庚寅　汉献帝建安十五年

曹操下“唯才是举”令。岭南始属孙氏。

公元211年，辛卯　汉献帝建安十六年

刘璋迎刘备入蜀，欲使取汉中以拒曹操。

公元212年，壬辰　汉献帝建安十七年

孙权作石头城（故址在今南京清凉山），由吴移治秣陵，改名建业。

公元213年，癸巳　汉献帝建安十八年

封曹操魏公，加九锡，以冀州十郡为魏。

公元214年，甲午　汉献帝建安十九年

刘备领益州牧，以诸葛亮为军师将军。亮治蜀颇严峻，法正谏之，亮谓刘璋暗弱，威刑不肃，故不得不威之以法。

公元215年，乙未　汉献帝建安二十年

曹操取汉中，张鲁降。刘备以曹操兵攻汉中，求和于孙权，定议以湘水为界，以东属权，以西属备。

公元216年，丙申　汉献帝建安二十一年

进曹操爵为魏王。《牟子理惑论》约成于东汉末，为我国较早阐述佛教原理的书。

公元217年，丁酉　汉献帝建安二十二年

张仲景、华陀并名医。张著有《伤寒杂病论》，确立辨证施治原则，后世称为“医圣”；华陀传能用麻沸散进行手术。大疫。文学家王粲卒（177年生），为建安七子之一，有《王仲宣集》传世。

公元 218 年，戊戌　汉献帝建安二十三年

金祎、耿纪等在许昌起事反曹操，败死。现存第一部完整的药物学著作《神农本草经》，撰成于东汉时期。我国最早一部音训词典《释名》，约成于东汉末，作者刘熙。

公元 219 年，己亥　汉献帝建安二十四年

孙权遣吕蒙袭破江陵。关羽退保麦城，突围，被擒杀。

著名乐府诗《孔雀东南飞》约成于建安时期。《古诗十九首》最后约成于东汉。

三国 两晋
南北朝

公元220年，庚子　魏文帝黄初元年

曹操卒，曹操子曹丕代汉，是为魏文帝。尚书陈群立九品官人法。王象、刘劭受诏著《皇览》，数岁成，八百余万字，今佚。

公元221年，辛丑　魏文帝黄初二年

蜀昭烈帝章武元年　刘备即帝位，以诸葛亮为丞相。孙权向魏称臣，魏遣使封权为吴王。旧制，发生灾异，归过股肱。魏文帝诏曰："后有天地之眚，勿复劾三公。"

公元222年，壬寅　魏文帝黄初三年

蜀昭烈帝章武二年　吴大帝黄武元年　鄯善、龟兹、于阗遣使至魏，西域复通。吴陆逊大败刘备于猇亭。

公元223年，癸卯　魏文帝黄初四年　蜀后主建兴元年

吴大帝黄武二年　刘备卒，太子禅即位，改元建兴。

公元224年，甲辰　魏文帝黄初五年

蜀后主建兴二年　吴大帝黄武三年　魏立太学，置博士。

公元225年，乙巳　魏文帝黄初六年

蜀后主建兴三年　吴大帝黄武四年　蜀诸葛亮至南中，击斩雍闿、高定，孟获收余众拒之。亮与获战，凡七擒七纵，获乃服。

公元226年，丙午　魏文帝黄初七年

蜀后主建兴四年　吴大帝黄武五年　魏文帝卒，子睿继位，是为明帝。

公元227年，丁未　魏明帝太和元年

蜀后主建兴五年　吴大帝黄武六年　魏复行五铢钱。

公元228年，戊申　魏明帝太和二年

蜀后主建兴六年　吴大帝黄武七年　诸葛亮首次攻魏，兵出祁山。

公元229年，己酉　魏明帝太和三年

蜀后主建兴七年　吴大帝黄龙元年　吴王孙权即皇帝位，改元，是为吴大帝。吴由武昌迁都建业（当今南京）。

公元230年，庚戌　魏明帝太和四年

蜀后主建兴八年　吴大帝黄龙二年　魏太傅钟繇卒。繇擅书法，与晋王羲之并称“钟王”。

公元231年，辛亥　魏明帝太和五年

蜀后主建兴九年　吴大帝黄龙三年　吴卫温、诸葛直率军至夷州，得数千人，夷州即台湾。诸葛亮出祁山攻魏，用木牛（独轮车）运粮。

公元232年，壬子　魏明帝太和六年

蜀后主建兴十年　吴大帝嘉禾元年　文学家、魏陈思王曹植卒（192年生），有《曹子建集》传世。魏张揖约于太和年间撰成《广雅》。

公元233年，癸丑　魏明帝青龙元年

蜀后主建兴十一年　吴大帝嘉禾二年　蜀诸葛亮劝农讲武，作木牛流马，运米集斜谷，准备攻魏。

公元234年，甲寅　魏明帝青龙二年

蜀后主建兴十二年　吴大帝嘉禾三年　诸葛亮卒。

公元235年，乙卯　魏明帝青龙三年

蜀后主建兴十三年　吴大帝嘉禾四年　魏博士马钧作指南车，又改良翻车，用以灌园地。

公元236年，丙辰　魏明帝青龙四年

蜀后主建兴十四年　吴大帝嘉禾五年　吴铸大钱，一当五百。

公元237年，丁巳　魏明帝景初元年

蜀后主建兴十五年　吴大帝嘉禾六年　魏改以十二月为岁首，以是年三月为四月，改元景初；改太和历为景初历。

公元238年，戊午　魏明帝景初二年

蜀后主延熙元年　吴大帝赤乌元年倭女王卑弥呼所遣使者难升米等至魏，魏封卑弥呼为“亲魏倭王”。

公元239年，己未　魏明帝景初三年

蜀后主延熙二年　吴大帝赤乌二年　魏明帝卒，太子齐王芳即位。曹爽、司马懿掌文武大权，曹爽旋转懿为太傅，削其实权。

公元240年，庚申　魏齐王芳正始元年

蜀后主延熙三年　吴大帝赤乌三年　蜀以张嶷为越巂太守，嶷以招降与镇压并用，越巂始定。

公元241年，辛酉　魏齐王芳正始二年

蜀后主延熙四年　吴大帝赤乌四年　魏邓艾兴淮南屯田，开渠三百余里，溉田二万顷。魏约于此时刻经于石，立于太学，是为《正始石经》，用古文、小篆和隶书三种文字书写，传为书法家邯郸淳作品，后世亦称《三体石经》。

公元242年，壬戌　魏齐王芳正始三年

蜀后主延熙五年　吴大帝赤乌五年

公元243年，癸亥　魏齐王芳正始四年

蜀后主延熙六年　吴大帝赤乌六年　倭女王再遣使者至魏。

公元244年，甲子　魏齐王芳正始五年

蜀后主延熙七年　吴大帝赤乌七年　魏曹爽大举攻蜀，蜀兵据兴势拒之，魏兵被迫撤走，失亡甚众。

公元245年，乙丑　魏齐王芳正始六年

蜀后主延熙八年　吴大帝赤乌八年　吴开破岗渎，凿通从句容以南向东至云阳河道，航路从建业直通吴、会。

公元246年，丙寅　魏齐王芳正始七年

蜀后主延熙九年　吴大帝赤乌九年　魏幽州刺史毌丘俭攻高句丽，破丸都。

公元247年，丁卯　魏齐王芳正始八年

蜀后主延熙十年　吴大帝赤乌十年　唐僧会（康居国人）至建业，孙权为建塔，号建初寺。江南有佛寺始此。

公元248年，戊辰　魏齐王芳正始九年

蜀后主延熙十一年　吴大帝赤乌十一年

公元249年，己巳　魏齐王芳嘉平元年

蜀后主延熙十二年　吴大帝赤乌十二年　司马懿发动政变，杀曹爽、何晏等，遂专魏政。何晏与王弼倡贵无论，开清谈之风，世称“正始之音”。王弼著有《老子注》。何晏另著有《论语集解》，今存。

公元250年，庚午　魏齐王芳嘉平二年

蜀后主延熙十三年　吴大帝赤乌十三年　吴主孙权幽太子和，群司坐谏诛放者以十数，遂废和为庶人。

公元251年，辛未　魏齐王芳嘉平三年

蜀后主延熙十四年　吴大帝太元元年　司马懿卒，晋朝追尊为宣帝。子师为抚军大将军，录尚书事，专魏政。

公元252年，壬申　魏齐王芳嘉平四年

蜀后主延熙十五年　吴会稽王建兴元年　吴大帝孙权卒，子亮立。

公元253年，癸酉　魏齐王芳嘉平五年

蜀后主延熙十六年　吴会稽王建兴二年　孙峻利用民怨，杀诸葛恪，遂任丞相、大将军，专吴国朝政。

公元254年，甲戌　魏高贵乡公正元元年

蜀后主延熙十七年　吴会稽王五凤元年　魏司马师废帝，使仍为齐王，立文帝孙高贵乡公髦为帝。

公元255年，乙亥　魏高贵乡公正元二年

蜀后主延熙十八年　吴会稽王五凤二年　魏权臣司马师卒，晋朝追尊为景帝。弟昭为大将军，录尚书事，专魏政。

公元256年，丙子　魏高贵乡公甘露元年

蜀后主延熙十九年　吴会稽王太平元年　经学家王肃卒。肃遍注群经，与郑玄说不同，今存清人辑本；又曾撰伪《孔子家语》

公元257年，丁丑　魏高贵乡公甘露二年

蜀后主延熙二十年　吴会稽王太平二年　魏司马昭召征东大将军诸葛诞入朝，诞拒命起兵，称臣于吴，旋失败。

公元258年，戊寅　魏高贵乡公甘露三年

蜀后主景耀元年　吴景帝永安元年　宦官黄皓始专蜀政。吴主欲杀孙綝，綝废帝为会稽王，立琅邪王休，是为景帝。

公元259年，己卯　魏高贵乡公甘露四年

蜀后主景耀二年　吴景帝永安二年　吴以田租太重，州郡吏民营兵多浮船长江，弃农经商，乃下诏议兴农桑。

公元260年，庚辰　魏陈留王景元元年

蜀后主景耀三年　吴景帝永安三年　魏朱士行赴于阗求经，为内地最早求法西域之僧人。

公元261年，辛巳　魏陈留王景元二年

蜀后主景耀四年　吴景帝永安四年　吴薛珝使蜀，还言蜀汉朝无直言之臣，其野民有菜色，不知祸之将及。

公元262年，壬午　魏陈留王景元三年

蜀后主景耀五年　吴景帝永安五年　司马昭杀名士嵇康（223年生），康有《嵇中散集》传世，与阮籍等七人号“竹林七贤”。

公元263年，癸未　魏陈留王景元四年

蜀后主炎兴元年　吴景帝永安六年　蜀汉亡。魏文学家、思想家阮籍卒（210年生），有《阮步兵集》传世。刘徽注《九章算术》成书，创割圆术，开创我国圆周率研究的新纪元。

公元264年，甲申　魏陈留王咸熙元年

吴末帝元兴元年　魏大将钟会谋据蜀，与姜维欲尽杀北来诸将，反为诸将所杀。

公元265年，乙酉　晋武帝泰始元年

吴末帝甘露元年　司马炎逼魏主禅位，废为陈留王，自立，是为晋武帝。

公元266年，丙戌　晋武帝泰始二年

吴末帝宝鼎元年　有月支血统、最早西行求法者之一的中国僧人竺法护自敦煌到长安、洛阳等地，译经一百五十四部。

公元267年，丁亥　晋武帝泰始三年

吴末帝宝鼎二年　晋禁星气、谶纬之学。

公元268年，戊子　晋武帝泰始四年

吴末帝宝鼎三年　晋贾充等上所修律令。

公元269年，己丑　晋武帝泰始五年

吴末帝建衡元年　武帝有灭吴之志，命羊祜都督荆州诸军事。祜绥怀远近，甚得江、汉民心。

公元270年，庚寅　晋武帝泰始六年

吴末帝建衡二年　吴主以陆抗都督上游诸军事，以备晋。

公元271年，辛卯　晋武帝泰始七年

吴末帝建衡三年　地理学家裴秀卒，绘有《禹贡地域图》。

公元272年，壬辰　晋武帝泰始八年

吴末帝凤凰元年　武帝与右将军皇甫陶论事，陶与帝争言，散骑常侍郑徽上表请罪之，帝曰："忠谠之言，唯患不闻。"遂免徽官。

公元273年，癸巳　晋武帝泰始九年

吴末帝凤凰二年　吴主杀侍中韦昭，昭著有《吴书》，又注《国语》。约于此时晋荀勗因魏《中经》，更撰新簿，变《七略》之体为四部。

公元274年，甲午　晋武帝泰始十年

吴末帝凤凰三年　山涛为吏部尚书，甄拔人物，各为题目，然后上奏，时称"山公启事"。杜预建造富平津黄河桥。

公元275年，乙未　晋武帝咸宁元年

吴末帝天册元年　中原大疫，洛阳死者以万数。

公元276年，丙申　晋武帝咸宁二年

吴末帝天玺元年　羊祜上疏请伐吴。

公元277年，丁酉　晋武帝咸宁三年

吴末帝天纪元年　徙封羊祜为南城郡侯，祜固辞不受。祜每拜官爵，常多避让。

公元278年，戊戌　晋武帝咸宁四年

吴末帝天纪二年　傅玄卒，有《傅子》传世，曾批评清谈虚无的风气。

公元279年，己亥　晋武帝咸宁五年

公元280年，庚子　晋武帝太康元年

吴末帝天纪四年　孙皓降，吴亡。晋平吴后，颁布户调式。

公元281年，辛丑　晋武帝太康二年

帝既平吴，颇事游宴，怠于政事，掖庭殆将万人。

公元282年，壬寅　晋武帝太康三年

皇甫谧卒，著有《帝王世纪》及我国最早的针灸专著《针灸甲乙经》。

公元283年，癸卯　晋武帝太康四年

山涛卒。涛为“竹林七贤”之一。

公元284年，甲辰　晋武帝太康五年

杜预卒，著有《春秋左氏经传集解》。尚书左仆射刘毅请废九品中正制。

公元285年，乙巳　晋武帝太康六年

鲜卑慕容廆攻扰辽西，幽州出兵败之。

公元286年，丙午　晋武帝太康七年

匈奴胡都大博及萎莎胡各帅种落十万余口诣雍州降。

公元287年，丁未　晋武帝太康八年

匈奴都督大豆得一育鞠等复帅种落一万一千五百口来降。

公元288年，戊申　晋武帝太康九年

令内外官司员推举清正贤能之士，选拔出身寒素的人才。

公元289年，己酉　晋武帝太康十年

慕容廆降，封为鲜卑都督。

公元290年，庚戌　晋惠帝永熙元年

晋武帝卒，子衷立，是为惠帝。以刘渊为匈奴五部大都督。西晋时期太医令王叔和整理张仲景的《伤寒论》，并著《脉经》。

公元291年，辛亥　晋惠帝元康元年

贾后专国政。“八王之乱”始发。书法家卫瓘与子恒同时被杀。恒著《四体书势》。大约同时有索靖，书法与卫瓘齐名。

公元292年，壬子　晋惠帝元康二年

公元293年，癸丑　晋惠帝元康三年

六月，弘农雨雹，深三尺。

公元294年，甲寅　晋惠帝元康四年

公元295年，乙卯　晋惠帝元康五年

武库火灾，焚累代之宝及二百万人器械。

公元296年，丙辰　晋惠帝元康六年

匈奴郝度元与冯翊、北地马兰羌及卢水胡起兵反晋。

公元297年，丁巳　晋惠帝元康七年

史学家陈寿卒，著有《三国志》。雍、秦大旱，饥疫，米斛万钱。司徒王戎问阮瞻“圣人贵名教，老庄明自然，其旨同异?”对曰“将无同!”戎乃辟瞻，时人谓之“三语掾”。

公元298年，戊午　晋惠帝元康八年

关中连年饥荒，巴氐首领李特率流民入蜀。

公元299年，己未　晋惠帝元康九年

时惠帝痴呆，贾后淫虐，外戚专权，贿赂公行，鲁褒作《钱神论》以讥之。

公元300年，庚申　晋惠帝永康元年

赵王伦等杀贾后，并杀大臣张华、裴頠。张以博学著名，著《博物志》；頠著《崇有论》反对贵无论。

公元301年，辛酉　晋惠帝永宁元年

“八王之乱”酿成大混战。十月，流民推李特、李流为首，起兵于绵竹，进攻成都。特与蜀民约法三章，军政严肃。

公元302年，壬戌　晋惠帝太安元年

齐王冏骄奢擅权，大起府第，中外失望。

公元303年，癸亥　晋惠帝太安二年

成建初元年　文学家陆机被杀。有《陆士衡集》传世。

公元304年，甲子　晋惠帝永兴元年

汉元熙元年　张方逼惠帝西迁长安，兵士分争府藏，魏晋以来蓄积，扫地无遗。

公元305年，乙丑　晋惠帝永兴二年

文学家左思卒，有《左太冲集》传世。

公元306年，丙寅　晋惠帝光熙元年

“八王之乱”结束，前后凡十六年。流民首领李雄称帝，改元晏平，国号大成。

公元307年，丁卯　晋怀帝永嘉元年

慕容廆称鲜卑大都督。

公元308年，戊辰　晋怀帝永嘉二年

匈奴刘渊称汉帝，改元永凤。

公元309年，己巳　晋怀帝永嘉三年

刘渊发兵攻晋。羯人石勒攻巨鹿、常山，集衣冠人物为“君子营”，用张宾为谋主。

公元310年，庚午　晋怀帝永嘉四年

幽、并、司、冀、秦、雍六州大蝗，食草木、牛马毛皆尽。

公元311年，辛未　晋怀帝永嘉五年

汉刘曜入洛阳，杀官吏士民三万余人，焚洛阳，迁怀帝至平阳。中原士族大批南迁。

公元312年，壬申　晋怀帝永嘉六年

道教创始人张道陵四世孙张盛，永嘉年间移居龙虎山（在今江西贵溪），子孙世居此山，号为“张天师”。思想家郭象约卒于此时，著《庄子注》。

公元313年，癸酉　晋愍帝建兴元年

汉主刘聪杀晋怀帝，司马邺即位，是为愍帝。时长安户不满百，公私仅有车四乘。

公元314年，甲戌　晋愍帝建兴二年

蜀李雄刑政宽简，事少役稀，民多富实，是时天下大乱，而蜀独无事。

公元315年，乙亥　晋愍帝建兴三年

陶侃任广州刺史，辄朝运百甓于斋外，暮运于斋内，人问其故，答曰：“吾方致力于中原，过尔优逸，恐不堪事，故自劳耳。”

公元316年，丙子　晋愍帝建兴四年

刘曜进攻关中，长安无粮，斗米值金二两。晋愍帝出降，西晋亡。

公元317年，丁丑　晋元帝建武元年

琅邪王司马睿在建康即晋王位，改元，史称东晋。命州郡长官以入谷多少为考绩标准。

公元318年，戊寅　晋元帝大兴元年

愍帝凶讯传至建康，晋王司马睿称帝，是为元帝。

公元319年，己卯　晋元帝大兴二年

后赵元年　石勒称赵王（后赵）以胡人为国人，令胡人不得凌侮衣冠华族。

公元320年，庚辰　晋元帝大兴三年

石勒命大执法张宾定选举制，命公卿、州郡每年推举人才。

公元321年，辛巳　晋元帝大兴四年

晋封慕容廆为辽东公，廆作“东横”（学舍），命世子皝与诸生同学经籍，廆有时也亲往听之。

公元322年，壬午　晋元帝永昌元年

晋元帝卒，太子绍即位，是为明帝，司空王导辅政。相传元帝时梅赜献伪《古文尚书》及伪孔安国传，其书至今尚存，在后代经学中占有重要地位。

公元323年，癸未　晋明帝太宁元年

前赵主刘曜西击凉州，自将戎卒二十八万于河上，列营百余里，张茂遣使称藩。

公元324年，甲申　晋明帝太宁二年

前凉太元元年　郭璞劝阻王敦叛乱，被杀。璞擅诗，长于训诂，著有《尔雅注》。

公元325年，乙酉　晋明帝太宁三年

后赵兵屡次南攻，晋淮北诸将或败或叛。司、豫、徐、兖几全为后赵所有，与晋以淮为界。

公元326年，丙戌　晋成帝咸和元年

石勒建立秀才、孝廉试经制度。

公元327年，丁亥　晋成帝咸和二年

庾亮征苏峻入朝，峻与祖约起兵反。温峤拟东下守卫建康；亮疑陶侃，令峤“无过雷池一步”，以备侃。

公元328年，戊子　晋成帝咸和三年

苏峻攻占建康，纵兵大掠，迁帝于石头城。庾亮、温峤、陶侃讨之。相持数月，峻阵亡。

公元329年，己丑　晋成帝咸和四年

后赵石生取关中，前赵太子刘熙等被俘，前赵亡。

公元330年，庚寅　晋成帝咸和五年

石勒称帝。约在是年，晋虞喜发现天文学上的岁差。

公元 331 年，辛卯　晋成帝咸和六年

赵主石勒至邺，将营新宫，廷尉续咸等谏，乃敕停作。

公元 332 年，壬辰　晋成帝咸和七年

石勒始命太子省可尚书奏事，且以中常侍严震参综可否。

公元 333 年，癸巳　晋成帝咸和八年

后赵主石勒卒，勒虽不学，而喜听人读书，能议论古今得失。

公元 334 年，甲午　晋成帝咸和九年

陶侃卒，侃在军四十一年如一日，厌清淡浮华，勉人惜分阴。

公元 335 年，乙未　晋成帝咸康元年

凉州渐平，张骏勤修庶政，民富兵强，时称为贤君。西域诸国遣使朝贡。

公元 336 年，丙申　晋成帝咸康二年

发布“壬辰诏书”，禁止封山占水，违者以“强盗律论”。

公元 337 年，丁酉　晋成帝咸康三年

晋立太学，征生徒，欲振兴儒术，而士大夫爱好老、庄之习不改。

公元 338 年，戊戌　晋成帝咸康四年

什翼犍用燕凤、许谦等，制法律，始用年号，称建国元年。

公元 339 年，己亥　晋成帝咸康五年

王导卒。导辅相三世，功业显著，然家仓无储谷，衣不重帛。

公元 340 年，庚子　晋成帝咸康六年

庾亮卒，南郡太守庾翼代亮镇武昌，悉心为治，戎政严明，数年之间公私充实，人皆称其才。

公元 341 年，辛丑　晋成帝咸康七年

晋诏王公以下至庶人都正土断、白籍。

公元 342 年，壬寅　晋成帝咸康八年

后赵石虎在邺、洛阳、长安，大建宫室；又征兵、造船，准备攻燕。百姓愁怨，自杀者多。

公元 343 年，癸卯　晋康帝建元元年

庾翼以灭胡取蜀为己任，刻期大举。

公元 344 年，甲辰　晋康帝建元二年

晋康帝卒，子聃立，是为晋穆帝，褚太后临朝。

公元 345 年，乙巳　晋穆帝永和元年

前燕元年　后赵石虎发兵修洛阳宫，徭役更重，荆、楚、扬、徐之民绝大部分流亡逃散。

公元 346 年，丙午　晋穆帝永和二年

后赵石虎立私论朝政之法，听吏告其君，奴告其主；公卿以下，朝觐以目相顾，不敢复相过从谈语。

公元347年，丁未　晋穆帝永和三年

晋桓温破成汉军，成汉亡。成汉常璩入晋，后撰《华阳国志》。

公元348年，戊申　晋穆帝永和四年

后赵太子石宣恐石虎废己立韬，遂杀韬；虎杀宣；谪东宫卫士十余万人戍凉州。西域僧佛图澄卒，曾争取后赵君主石勒、石虎信任，使佛教得到迅速传播。

公元349年，己酉　晋穆帝永和五年

桓温闻赵乱，遣诸将经营北方。褚裒帅众，径赴彭城，北方士民降附者日以千计。

公元350年，庚戌　晋穆帝永和六年

晋闻中原大乱，命扬州刺史殷浩都督扬、豫、徐、兖、青五州诸军事，复谋进取。

公元351年，辛亥　晋穆帝永和七年

前秦皇始元年　苻健立，国号大秦（史称前秦）。后赵所迁青、雍、幽、荆之民及氐、羌、胡、蛮数百万人，各还本土，途中互相杀掠，死亡大半。

公元352年，壬子　晋穆帝永和八年

秦王苻健称帝。

公元353年，癸丑　晋穆帝永和九年

殷浩以姚襄为前锋，谋取洛阳。姚襄反，袭浩，浩大败而归。是年王羲之写下名篇《兰亭集序》，书法精妙。

公元354年，甲寅　晋穆帝永和十年

前凉和平元年　桓温攻秦连胜，逼近长安。关中郡县皆来降，民持牛酒慰劳，因缺粮，再战不利退兵。王猛往见桓温，扪虱而谈当世之务。

公元355年，乙卯　晋穆帝永和十一年

苻生继位，为前秦主。性粗暴，虐杀大臣。

公元356年，丙辰　晋穆帝永和十二年

潼关之西，至于长安，虎狼为暴，凡杀七百余人，民废耕桑，相聚邑居，而害不息。

公元357年，丁巳　晋穆帝升平元年

秦东海王苻坚起兵，杀前秦主苻生，去帝号，称大秦天王。

公元358年，戊午　晋穆帝升平二年

秦大旱，秦王苻坚减膳撤乐，命后妃以下悉去罗纨；开山泽之利，公私共之，息兵养民，旱不为灾。

公元359年，己未　晋穆帝升平三年

前秦苻坚任邓羌为御史中丞，以王猛领京兆尹，二人执法皆无所顾忌，猛一年迁官五次，至中书令。

公元360年，庚申　晋穆帝升平四年

谢安少有重名，虽为布衣，时人皆以公辅期之；征西大将军桓温请为司马，安乃赴召，温大喜，深礼重之。

公元361年，辛酉　晋穆帝升平五年

前秦苻坚命举孝廉、文学、政事；宗室外戚无才能者弃之不用。

公元362年，壬戌　晋哀帝隆和元年

桓温请迁都洛阳，命永嘉以来南迁者全部北迁，朝廷忧惧，以空言许之，事遂不行。

公元363年，癸亥　晋哀帝兴宁元年

代王什翼犍击高车，大破之，俘获万余口，马、牛、羊百余万头。

公元364年，甲子　晋哀帝兴宁二年

晋大阅户口，令所在土断，称“庚戌制”。

学者葛洪卒，洪自号抱朴子，信神仙炼丹之术，通医学，著《抱朴子》。

公元365年，乙丑　晋哀帝兴宁三年

桓温移镇姑孰，以弟豁领江州刺史，弟江州刺史冲监江州及荆豫八州诸军事。

公元366年，丙寅　晋废帝太和元年

敦煌莫高窟始辟于本年（前秦建元二年）。由北魏至元代相继凿建，成为石窟群，规模宏大，内容丰富，窟内壁画、彩塑及所藏文书、文物，价值极高，是世界著名石窟。

公元367年，丁卯　晋废帝太和二年

前秦宗室苻柳、苻庾、苻武等各据地起兵反。

公元368年，戊辰　晋废帝太和三年

前燕王公贵族多占民为荫户，国家户口少于私家；燕主慕容暐使悦绾清还郡县，满朝怨怒。

公元369年，己巳　晋废帝太和四年

晋大司马桓温率步骑五万人攻燕，连胜之。燕求救于秦，晋兵退走。

公元370年，庚午　晋废帝太和五年

前秦灭前燕，迁慕容暐等及鲜卑四万余户到长安。

公元371年，辛未　晋简文帝咸安元年

晋桓温废帝为东海王，立会稽王司马昱，是为简文帝。温以殷、庾为强族，杀殷浩之子殷涓等。

公元372年，壬申　晋简文帝咸安二年

前秦诏关东郡县送学通一经，才成一艺之人；凡吏百石以上而不通一经，才不成一艺者，罢官为民。

公元373年，癸酉　晋孝武帝宁康元年

桓温卒。晋王彪之、谢安共掌朝政。

公元374年，甲戌　晋孝武帝宁康二年

诏谢安总中书。安好声律，期功之惨不废丝竹，士大夫效之，遂以成俗。

公元375年，乙亥　晋孝武帝宁康三年

秦王猛卒，临终劝秦主苻坚勿图东晋。苻坚禁老、庄、图谶之学，犯者处死；令太子、公侯百官之子以至宿卫之士，都从师读书。

公元376年，丙子　晋孝武帝太元元年

前秦攻凉，张天锡降，前凉亡。前秦攻代，代王什翼犍被其庶子所杀，代亡。

公元377年，丁丑　晋孝武帝太元二年

晋谢玄任兖州刺史，领广陵相，监江北诸军事；以刘牢之，领精锐，号“北府兵”。

公元378年，戊寅　晋孝武帝太元三年

秦凉州刺史梁熙遣使入西域，扬秦威德。大宛献汗血马，秦王苻坚曰：“吾慕汉文帝之为人，用千里马何为！”

公元379年，己卯　晋孝武帝太元四年

书法家王羲之卒（321年生）。羲之曾任右军将军，称王右军，号“书圣”；子献之书法亦被后人推为“神品”。

公元380年，庚辰　晋孝武帝太元五年

秦王苻坚以诸氐人众，分三原、武都等诸地十五万户于关东，命宗亲率领，散居方镇。

公元381年，辛巳　晋孝武帝太元六年

晋帝始奉佛法，在殿内立精舍，命沙门（和尚）居住。名僧慧远入庐山，建莲社。

公元382年，壬午　晋孝武帝太元七年

苻坚议攻晋，阳平公苻融等力言不可，坚不听。

公元383年，癸未　晋孝武帝太元八年

淝水之战，晋大破秦军。

公元384年，甲申　晋孝武帝太元九年

后燕燕元元年　后秦白雀元年　西燕燕兴元年　晋闻前秦乱，分道攻秦。前秦吕光大破西域龟兹诸国兵，入龟兹，改立其王，降者三十余国。

公元385年，乙酉　晋孝武帝太元十年

西秦建义元年　苻坚被杀。名僧道安卒，最早系统地编纂我国已有的佛经目录成《综理众经目录》。

公元386年，丙戌　晋孝武帝太元十一年

北魏道武帝登国元年　后凉大安元年　拓跋珪称代王，改元登国，都盛乐，改称魏。北魏始此。

公元387年，丁亥　晋孝武帝太元十二年

北魏道武帝登国二年　凉州大饥，米斗值钱五百，人相食，死者大半。

公元388年，戊子　晋孝武帝太元十三年

北魏道武帝登国三年

公元389年，己丑　晋孝武帝太元十四年

北魏道武帝登国四年　晋孝武帝溺于酒色，委事于琅邪王司马道子。贿赂公行，官赏滥杂，刑狱谬乱。

公元390年，庚寅　晋孝武帝太元十五年

北魏道武帝登国五年　孝武帝以琅邪王司马道子恃宠骄恣，乃选王恭为兖、青二州刺史以潜制道子。

公元 391 年，辛卯　晋孝武帝太元十六年

北魏道武帝登国六年　刘卫辰攻魏，战败，为部下所杀。自河以南悉降魏，魏获马三十余万匹，牛羊四百余万头，国用由是富饶。

公元 392 年，壬辰　晋孝武帝太元十七年

北魏道武帝登国七年　晋以殷仲堪都督荆、益、宁三州诸军事，荆州刺史，镇江陵；至官，好行小惠，纲目不举。

公元 393 年，癸巳　晋孝武帝太元十八年

北魏道武帝登国八年　后燕慕容垂大举攻西燕。

公元 394 年，甲午　晋孝武帝太元十九年

北魏道武帝登国九年　西燕亡。

公元 395 年，乙未　晋孝武帝太元二十年

北魏道武帝登国十年　后燕太子慕容宝攻魏，相持数月而还。魏兵尾追，燕兵无备，在参合陂大败。

公元 396 年，丙申　晋孝武帝太元二十一年

北魏道武帝皇始元年　魏主拓跋珪建天子旌旗，设立台、省；置刺史等官，均用士人充当。雕塑家、画家戴逵卒。

公元 397 年，丁酉　晋安帝隆安元年

北魏道武帝皇始二年　**南凉太初元年**　**北凉神玺元年**　魏克中山，燕公卿、尚书、将吏、士卒降者二万余人，得燕图书、府库珍宝以万数。

公元 398 年，戊戌　晋安帝隆安二年

北魏道武帝天兴元年　南燕元年　拓跋珪徙山东六州吏民杂夷十余万口赴代，迁都平城，即帝位。

公元 399 年，己亥　晋安帝隆安三年

北魏道武帝天兴二年　孙恩在海上起兵，随即占有会稽等八郡，众数十万，谢琰、刘牢之破恩，恩逃入海岛。僧法显从长安出发，西行赴印度求经。

公元 400 年，庚子　晋安帝隆安四年

北魏道武帝天兴三年　西凉元年　段业以李暠为敦煌太守。暠旋称凉公，西凉始此。新疆拜城克孜尔石窟约始建于四世纪，为古龟兹境内现存规模最大的佛教石窟群。

公元 401 年，辛丑　晋安帝隆安五年

北魏道武帝天兴四年　范宁卒，注《春秋谷梁传》。名僧鸠摩罗什被后秦迎至长安，姚兴敬之如神，鸠摩罗什居长安译经七十四部。

公元 402 年，壬寅　晋安帝元兴元年

北魏道武帝天兴五年　晋画家顾恺之卒。恺之创作丰富，画艺精妙，名作《女史箴图》等有摹本传世；《画云台山记》等画论，亦有名。

公元 403 年，癸卯　晋安帝元兴二年

北魏道武帝天兴六年　桓玄废晋安帝，自立，国号楚。

公元 404 年，甲辰　晋安帝元兴三年

北魏道武帝天赐元年　刘裕等在京口起兵讨桓玄，至京师，桓玄挟安帝还江陵，被益州兵所杀。

公元405年，乙巳　晋安帝义熙元年

北魏道武帝天赐二年　以刘裕都督荆、司等十六州诸军事，领青、徐、兖三州刺史。

公元406年，丙午　晋安帝义熙二年

北魏道武帝天赐三年　魏置刺史、太守、令长等州县长吏。

公元407年，丁未　晋安帝义熙三年

北魏道武帝天赐四年　夏龙升元年　后燕苻后卒，燕群臣哭而无泪者罪之；将军冯跋等拥慕容云为主，杀慕容熙。后燕亡。

公元408年，戊申　晋安帝义熙四年

北魏道武帝天赐五年　晋以刘裕为侍中，录尚书事，扬州刺史。

公元409年，己酉　晋安帝义熙五年

北魏明元帝永兴元年　魏道武帝残忍好杀，左右人人自危，被子绍所杀。绍兄嗣杀绍，即位，是为明元帝。

公元410年，庚戌　晋安帝义熙六年

北魏明元帝永兴二年　卢循、徐道覆进逼建康，为刘裕所败，卢、徐南走。

公元411年，辛亥　晋安帝义熙七年

北魏明元帝永兴三年　晋军破始兴，杀徐道覆，卢循屡败，自杀。

公元412年，壬子　晋安帝义熙八年

北魏明元帝永兴四年　法显航海回国，遭风飘流，至青州牢山，次年至建康，著有《佛国记》。

北凉历法家赵敺制订《玄始历》。

公元413年，癸丑　晋安帝义熙九年

北魏明元帝永兴五年　晋山湖川泽皆被豪强占有，小民渔樵，则责令纳税，刘裕下令禁止。

公元414年，甲寅　晋安帝义熙十年

北魏明元帝神瑞元年　魏检查诸州守宰资财，凡非从家乡带来者，都以赃物论。

公元415年，乙卯　晋安帝义熙十一年

北魏明元帝神瑞二年　魏著名道士寇谦之改革天师道，使道教大盛，后人称北天师道。

公元416年，丙辰　晋安帝义熙十二年

北魏明元帝泰常元年　三世纪以来平田、碎土工具耙、耱在北方出现，抗旱保墒耕作技术已形成。

公元417年，丁巳　晋安帝义熙十三年

北魏明元帝泰常二年　晋将王镇恶等破后秦军。后秦亡。东晋名僧慧远卒，后世净土宗僧人推为初祖。

公元418年，戊午　晋安帝义熙十四年

北魏明元帝泰常三年　刘裕杀晋安帝，立琅邪王司马德文，是为恭帝。

公元419年，己未　晋恭帝元熙元年

北魏明元帝泰常四年　宋公刘裕进爵为宋王。

公元420年，庚申　宋武帝永初元年

北魏明元帝泰常五年　刘裕代晋，是为宋武帝。

公元421年，辛酉　宋武帝永初二年

北魏明元帝泰常六年　宋武帝亲自策试诸州郡秀才、孝廉。

公元422年，壬戌　宋武帝永初三年

北魏明元帝泰常七年　宋武帝卒，太子刘义符立，是为少帝。

公元423年，癸亥　宋少帝景平元年

北魏明元帝泰常八年　北魏明元帝卒，太子焘立，是为太武帝。魏筑长城，从赤城至五原长二千余里，以防柔然。

公元424年，甲子　宋文帝元嘉元年

北魏太武帝始光元年　执政徐羡之等废杀宋少帝，迎刘义隆为帝，是为宋文帝。

公元425年，乙丑　宋文帝元嘉二年

北魏太武帝始光二年　魏大举攻柔然，度大漠北进，柔然远遁。

公元426年，丙寅　宋文帝元嘉三年

北魏太武帝始光三年

公元427年，丁卯　宋文帝元嘉四年

北魏太武帝始光四年　晋诗人陶潜卒（365年生）。潜字渊明，弃官隐居，多为田园诗，有《陶渊明集》传世。

公元428年，戊辰　宋文帝元嘉五年

北魏太武帝神䴥元年　师子国和天竺国遣使至宋。

公元429年，己巳　宋文帝元嘉六年

北魏太武帝神䴥二年　魏崔浩撰《国书》三十卷成。

公元430年，庚午　宋文帝元嘉七年

北魏太武帝神䴥三年　魏破夏平凉，关中悉为魏有。

公元431年，辛未　宋文帝元嘉八年

北魏太武帝神䴥四年　宋秘书监谢灵运造四部目录。魏以崔浩为司徒，崔浩大整流品，明辨姓族。

公元432年，壬申　宋文帝元嘉九年

北魏太武帝延和元年　宋益州刺史刘道济禁民鼓铸，高价出售铁器，商贾失业，怨声载道。赵广聚众起事。

公元433年，癸酉　宋文帝元嘉十年

北魏太武帝延和二年　诗人谢灵运以谋反罪被杀。灵运多为山水诗，有《谢康乐集》传世。

公元434年，甲戌　宋文帝元嘉十一年

北魏太武帝延和三年　龟兹、疏勒、乌孙等西域诸国遣使至魏。

公元435年，乙亥　宋文帝元嘉十二年

北魏太武帝太延元年　宋丹阳尹萧摹之言佛寺浪费物资，请铸铜像，造塔寺须经批准，诏从之。

公元436年，丙子　宋文帝元嘉十三年

北魏太武帝太延二年　宋太史令钱乐之铸浑仪，径六尺八分，用水力运转。

公元437年，丁丑　宋文帝元嘉十四年

北魏太武帝太延三年　魏使者到西域，西域十六国遣使通魏。

公元438年，戊寅　宋文帝元嘉十五年

北魏太武帝太延四年　宋征处士雷次宗至建康，在鸡笼山开馆授徒。时立玄学、史学、文学、儒学，共四学。

公元439年，己卯　宋文帝元嘉十六年

北魏太武帝太延五年　魏军克姑臧，北凉亡。西晋以来的十六国时期结束。

公元440年，庚辰　宋文帝元嘉十七年

北魏太武帝太平真君元年　宋司徒刘义康失败贬官，沙门慧琳奉命视之，曰："恨公不读数百卷书"。

公元441年，辛巳　宋文帝元嘉十八年

北魏太武帝太平真君二年　魏以沮渠无讳终为边患，派兵攻克酒泉，无讳西走。

公元442年，壬午　宋文帝元嘉十九年

北魏太武帝太平真君三年　魏主听信寇谦之，至道坛受符箓。自此皇帝即位即受符箓。

公元443年，癸未　宋文帝元嘉二十年

北魏太武帝太平真君四年　宋隐士宗炳卒，擅画，撰有《画山水序》传世，为最早的山水画论。

公元444年，甲申　宋文帝元嘉二十一年

北魏太武帝太平真君五年　宋何承天修成《元嘉历》，自次年起施行。文学家刘义庆卒，著有《世说新语》。

公元445年，乙酉　宋文帝元嘉二十二年

北魏太武帝太平真君六年　宋太子詹事范晔被杀，著有《后汉书》纪传八十卷。

公元446年，丙戌　宋文帝元嘉二十三年

魏太武帝太平真君七年　魏太武帝纳崔浩言，禁佛教，毁经像塔寺，坑杀僧人。

公元447年，丁亥　宋文帝元嘉二十四年

北魏太武帝太平真君八年　何承天卒。何为天文历算家、思想家，所撰《报应问》、《达性论》等，反对佛教轮回报应之说。

公元448年，戊子　宋文帝元嘉二十五年

北魏太武帝太平真君九年　魏万度归西讨龟兹，留唐和镇焉耆者，诸胡咸服，西域复平。

公元449年，己丑　宋文帝元嘉二十六年

北魏太武帝太平真君十年　魏主攻柔然，处罗可汗败走。魏得民、畜百余万，柔然从此衰弱。

公元450年，庚寅　宋文帝元嘉二十七年

北魏太武帝太平真君十一年　魏以“暴扬国恶”罪杀司徒崔浩，清河崔氏及亲戚范阳卢氏等被灭族。宋兴兵北伐魏，失败。魏主进军至瓜步，声言渡江，未成北归。

公元451年，辛卯　宋文帝元嘉二十八年

北魏太武帝正平元年　宋史学家裴松之卒。裴以注《三国志》闻名。

公元452年，壬辰　宋文帝元嘉二十九年

北魏文成帝兴安元年　魏中常侍宗爱杀太武帝。魏行《玄始历》。

公元453年，癸巳　宋文帝元嘉三十年

北魏文成帝兴安二年　宋太子劭杀文帝自立，弟刘骏攻杀劭，是为孝武帝。

公元454年，甲午　宋孝武帝孝建元年

北魏文成帝兴光元年　宋南郡王刘义宣起兵争位，败死。

公元455年，乙未　宋孝武帝孝建二年

北魏文成帝太安元年　孝武帝下令裁减王侯所用车服、器用，以弱其势。

公元456年，丙申　宋孝武帝孝建三年

北魏文成帝太安二年　宋以宗悫为豫州刺史；时典签权重，宗独不肯受其挟制。

公元457年，丁酉　宋孝武帝大明元年

北魏文成帝太安三年　宋行土断，流寓之人都编入户籍。扶余、于阗等五十余国遣使朝魏。

公元458年，戊戌　宋孝武帝大明二年

北魏文成帝太安四年　魏设酒禁，酿、沽、饮者皆斩。

公元459年，己亥　宋孝武帝大明三年

北魏文成帝太安五年　宋竟陵王刘诞在广陵举兵抗命，沈庆之破城杀诞，孝武帝命屠城。

公元460年，庚子　宋孝武帝大明四年

北魏文成帝和平元年　倭国遣使至宋。高昌称王。云岗石窟约从本年起开建，至太和十八年完成。

公元461年，辛丑　宋孝武帝大明五年

北魏文成帝和平二年　魏每有发调，刺史常逼民借贷，富商借此营利，旬日之间，增益十倍，官商分润，是年特下诏禁止。宋诏“士族杂婚者皆补将吏”。

公元462年，壬寅　宋孝武帝大明六年

北魏文成帝和平三年　祖冲之奏新历，即《大明历》，纠正《元嘉历》错误，定一回归年为365.2428日；推算圆周率在3.1415926与3.1415927之间，并定两个分数形式的圆周率：约率为22/7，密率为355/113。

公元463年，癸卯　宋孝武帝大明七年

北魏文成帝和平四年　宋严纠私人占有山川。

公元464年，甲辰　宋孝武帝大明八年

北魏文成帝和平五年　是时，宋有州22，郡274，县1299，户94万有奇。

公元465年，乙巳　宋明帝泰始元年

北魏文成帝和平六年　魏文成帝卒，太子弘即位，是为献文帝；丞相乙浑专权，杀大臣、贵族。

公元466年，丙午　宋明帝泰始二年

北魏献文帝天安元年　诗人鲍照被乱军所杀，有《鲍参军集》传世。戴凯之约于此时前后撰成我国最早的竹类专著《竹谱》。

公元467年，丁未　宋明帝泰始三年

北魏献文帝皇兴元年　魏作大佛像，高四十三尺，用铜十万斤，黄金六百斤。冯太后还政，魏吏治始有起色。

公元468年，戊申　宋明帝泰始四年

北魏献文帝皇兴二年　宋以萧道成为南兖州刺史。

公元469年，己酉　宋明帝泰始五年

北魏献文帝皇兴三年　魏定贫富三等输租之法。

公元470年，庚戌　宋明帝泰始六年

北魏献文帝皇兴四年　魏主新令：吏受贿羊一口，酒一斛者处死。当时百官不给俸禄，张白泽谏，乃取消新令。

公元471年，辛亥　宋明帝泰始七年

北魏孝文帝延兴元年　魏献文帝喜佛道，传位于太子宏，是为孝文帝。宋画家陆探微侍从明帝，擅长人物画。

公元472年，壬子　宋明帝泰豫元年

北魏孝文帝延兴二年　宋明帝卒，太子昱即位。

公元473年，癸丑　宋后废帝元徽元年

北魏孝文帝延兴三年　魏命守令劝课农事，同部之内，贫富相通，有二牛者，借给无牛之户。

公元474年，甲寅　宋后废帝元徽二年

北魏孝文帝延兴四年　魏令除谋反、大逆、外叛外，罪止本人，废门、房之诛。

公元475年，乙卯　宋后废帝元徽三年

北魏孝文帝延兴五年　魏禁杀牛马。

公元476年，丙辰　宋后废帝元徽四年

北魏孝文帝承明元年　魏冯太后毒死献文帝，称太皇太后，再临朝称制。

公元477年，丁巳　宋顺帝升明元年

北魏孝文帝太和元年　萧道成废宋帝，立刘准为帝，是为顺帝。萧兼统军国。宋著名道士陆修静卒，曾对南朝地区的天师道进行改革，提高了道教的影响力，后人称南天师道。

公元478年，戊午　宋顺帝升明二年

北魏孝文帝太和二年　倭国王武遣使到宋，宋拜倭王为安东大将军。

公元479年，己未　齐高帝建元元年

北魏孝文帝太和三年　宋顺帝被迫禅位于齐，宋亡。萧道成即帝位，是为齐高帝。

公元480年，庚申　齐高帝建元二年

北魏孝文帝太和四年　齐高帝命检定黄籍，以元嘉二十七年籍为准。

公元 481 年，辛酉　齐高帝建元三年

北魏孝文帝太和五年　魏中书令高闾制定新律。

公元 482 年，壬戌　齐高帝建元四年

北魏孝文帝太和六年　齐高帝卒，太子赜即位，是为武帝。

公元 483 年，癸亥　齐武帝永明元年

北魏孝文帝太和七年　齐定地方官任期为三年。旧制为六年，宋末改三年，至是定为制度。

公元 484 年，甲子　齐武帝永明二年

北魏孝文帝太和八年　魏始“班禄”。给禄之后，赃满一匹者死；守宰因赃处死者 40 余人。

公元 485 年，乙丑　齐武帝永明三年

北魏孝文帝太和九年　齐再立国学，以王俭领国子祭酒。魏行均田。

公元 486 年，丙寅　齐武帝永明四年

北魏孝文帝太和十年　魏改“宗主督护”制为“三长法”。

公元 487 年，丁卯　齐武帝永明五年

北魏孝文帝太和十一年　齐竟陵王萧子良开西邸，集文学之士，抄五经、百家，成《四部要略》千卷。

公元 488 年，戊辰　齐武帝永明六年

北魏孝文帝太和十二年　齐因谷帛价贱，出上库钱与诸州钱收购。沈约撰成《宋书》。

公元489年，己巳　齐武帝永明七年

北魏孝文帝太和十三年　范缜不信佛，与竟陵王萧子良辩论因果报应问题，著《神灭论》，是我国中古最重要的无神论者。

公元490年，庚午　齐武帝永明八年

北魏孝文帝太和十四年　魏太皇太后冯氏卒，谥文明，孝文帝始亲政。

公元491年，辛未　齐武帝永明九年

北魏孝文帝太和十五年　齐修订律注成书。

公元492年，壬申　齐武帝永明十年

北魏孝文帝太和十六年　豫章王萧嶷疾笃，遗令诸子曰："才有优劣，位有通塞，运有富贫，此自然理，无足以相陵侮。"

公元493年，癸酉　齐武帝永明十一年

北魏孝文帝太和十七年　魏议迁都洛阳。

公元494年，甲戌　齐武帝建武元年

北魏孝文帝太和十八年　魏诏禁士民胡服，鲜卑人多不悦。洛阳龙门石窟约在本年前后开凿。

公元495年，乙亥　齐武帝建武二年

北魏孝文帝太和十九年　魏孝文帝经鲁城，祀孔子，命修孔子墓。魏禁三十岁以下在朝廷之人讲鲜卑语，禁迁洛代人还葬北方。

公元 496 年，丙子　齐武帝建武三年

北魏孝文帝太和二十年　魏改拓跋氏为元氏，其余鲜卑诸姓都改汉姓。太子恂常私穿胡服，又谋逃往平城，被废。

公元 497 年，丁丑　齐武帝建武四年

北魏孝文帝太和二十一年　魏杀穆泰等，赐废太子恂死。高昌麹氏政权始。

公元 498 年，戊寅　齐明帝永泰元年

北魏孝文帝太和二十二年　齐明帝杀高、武子孙十王。

公元 499 年，己卯　齐东昏侯永元元年

北魏孝文帝太和二十三年　魏孝文帝病卒，太子恪即位，是为宣武帝。魏尚书令王肃依江南制度定官名。诗人谢朓被杀，有《谢宣城集》传世。

公元 500 年，庚辰　齐东昏侯永元二年

北魏宣武帝景明元年　天文历算学家祖冲之卒（429 年生）。巩县石窟约始凿于魏景明年间。

公元 501 年，辛巳　齐和帝中兴元年

北魏宣武帝景明二年　萧衍围建康城，城中内变，东昏侯被杀。

公元 502 年，壬午　梁武帝天监元年

北魏宣武帝景明三年　萧衍杀齐明帝诸子，即帝位，是为梁武帝。齐亡。甘肃天水麦积山石窟题记年份，以本年为最早。

公元503年，癸未　梁武帝天监二年

北魏宣武帝景明四年　蔡法度等修成梁律、令、科，诏令施行。

公元504年，甲申　梁武帝天监三年

北魏宣武帝正始元年　魏学业大盛，燕、齐、赵、魏之间教授者不可胜数，弟子多者千余人，少亦数百。梁武帝表示舍道归佛。

公元505年，乙酉　梁武帝天监四年

北魏宣武帝正始二年　梁武帝兴学，置五经博士各一人，广招生徒；又派博士祭酒巡州郡立学。

公元506年，丙戌　梁武帝天监五年

北魏宣武帝正始三年　魏骠骑大将军源怀卒。怀性宽简，常曰："为贵人当举纲维，何必事事详细！"魏崔鸿撰《十六国春秋》。

公元507年，丁亥　梁武帝天监六年

北魏宣武帝正始四年　范缜发表《神灭论》。梁武帝、僧法云等六十六人撰文七十五篇攻击其说。

公元508年，戊子　梁武帝天监七年

北魏宣武帝永平元年　梁定百官九品为十八班，以班多者为贵。

公元509年，己丑　梁武帝天监八年

北魏宣武帝永平二年　魏都洛阳佛教大盛，寺庙日多，至延昌年间，州郡共有一万三千余寺。

公元510年，庚寅　梁武帝天监九年

北魏宣武帝永平三年　魏诏在京师设馆，命医署收治病人，并令整理方书，分发郡县缮写，发给各地。

公元511年，辛卯　梁武帝天监十年

北魏宣武帝永平四年

公元512年，壬辰　梁武帝天监十一年

北魏宣武帝延昌元年　梁修《五礼》成，共八千一十九条。

公元513年，癸巳　梁武帝天监十二年

北魏宣武帝延昌二年　梁文史学家沈约卒，提出诗歌应“善用四声”，忌“八病”之说，著有《宋书》。

公元514年，甲午　梁武帝天监十三年

北魏宣武帝延昌三年　梁在钟离作浮山堰，役夫达二十二万人。

公元515年，乙未　梁武帝天监十四年

北魏宣武帝延昌四年　梁作浮山堰，成而复溃。

公元516年，丙申　梁武帝天监十五年

北魏孝明帝熙平元年　梁浮山堰成，引淮水灌魏寿阳，城坏，洪水泛滥数百里。魏胡太后在洛阳造永宁寺，又增作伊阙石窟。

公元517年，丁酉　梁武帝天监十六年

北魏孝明帝熙平二年　梁冯道根为豫州刺史，为政清简，吏民怀之。齐末僧祐撰《出三藏记集》，入梁不断增补，至本年而止。

公元518年，戊戌　梁武帝天监十七年

北魏孝明帝神龟元年　文学批评家钟嵘约卒于本年，著有《诗品》。

公元519年，己亥　梁武帝天监十八年

北魏孝明帝神龟二年　梁画家张僧繇卒，绘有大量佛寺壁画。释慧皎撰《高僧传》，始于东汉，终于本年。

公元520年，庚子　梁武帝普通元年

北魏孝明帝正光元年　文学批评家刘勰约卒于本年，著有《文心雕龙》。

公元521年，辛丑　梁武帝普通二年

北魏孝明帝正光二年　梁武帝依据佛经在建康设“孤独园”，收养贫民。

公元522年，壬寅　梁武帝普通三年

北魏孝明帝正光三年　魏宋云与沙门惠生从西域取佛经一百七十部回到洛阳。

公元523年，癸卯　梁武帝普通四年

北魏孝明帝正光四年　六镇起义始于本年。

公元524年，甲辰　梁武帝普通五年

北魏孝明帝正光五年　梁武帝见魏乱，出兵攻魏。

公元525年，乙巳　梁武帝普通六年

北魏孝明帝孝昌元年　南天竺僧人菩提达摩（达摩）于梁普通年间至建康，后北上入嵩山少林寺，传有面壁九年之说。

公元526年，丙午　梁武帝普通七年

北魏孝明帝孝昌二年　梁军攻魏，寿阳降。梁得五十二城。

公元527年，丁未　梁武帝大通元年

北魏孝明帝孝昌三年　魏地理学家郦道元被杀，著有《水经注》，为地理名著。

公元528年，戊申　梁武帝大通二年

北魏孝庄帝永安元年　魏灵太后毒杀孝明帝,立幼主钊。契胡尔朱荣攻入洛阳,杀灵太后及幼主。

公元529年，己酉　梁武帝中大通元年

北魏孝庄帝永安二年　梁武帝舍身同泰寺，群臣以钱一亿万奉赎。魏经学家徐遵明被杀。遵明坚持汉学传统，受业门人达万余人。

公元530年，庚戌　梁武帝中大通二年

北魏长广王建明元年　魏孝庄帝杀尔朱荣于殿上，内外喜噪，声满洛阳城。

公元531年，辛亥　梁武帝中大通三年

北魏安定王中兴元年　梁昭明太子萧统卒，统招致名士甚多，编有《文选》。

公元532年，壬子　梁武帝中大通四年

北魏孝武帝永熙元年　魏高欢废前闵帝与后废帝，立平阳王元脩，是为孝武帝；孝武帝以欢为大丞相。梁画家谢赫约在此后撰《古画品录》，提出绘画理论上著名的“六法”。

公元533年，癸丑　梁武帝中大通五年

北魏孝武帝永熙二年　时北魏僧尼近二百万，寺院三万所。

公元534年，甲寅 梁武帝中大通六年

北魏孝武帝永熙三年 东魏孝静帝天平元年 高欢入魏都洛阳，立清河王亶之子元善见为帝，是为东魏孝静帝。魏从此分为东西。

公元535年，乙卯 梁武帝大同元年

西魏文帝大统元年 东魏孝静帝天平二年 东魏拆毁洛阳宫殿,将材料运至邺城,发民建造新宫。

公元536年，丙辰 梁武帝大同二年

西魏文帝大统二年 东魏孝静帝天平三年 梁著名道士、医药学家陶弘景卒，著《真诰》、《本草经集注》等。

公元537年，丁巳 梁武帝大同三年

西魏文帝大统三年 东魏孝静帝天平四年 梁萧子显卒，著《南齐书》。

公元538年，戊午 梁武帝大同四年

西魏文帝大统四年 东魏孝静帝元象元年 东魏以高澄摄吏部尚书，澄不用停年之制，选拔才能之士。

公元539年，己未 梁武帝大同五年

西魏文帝大统五年 东魏孝静帝兴和元年 西魏丞相宇文泰在行台置学，从佐郎、府佐中选取学生，令白天治公务，晚就学。

公元540年，庚申 梁武帝大同六年

西魏文帝大统六年 东魏孝静帝兴和二年 吐谷浑遣使至东魏，时其地东西三千里，南北千余里，设文武官号。

公元541年，辛酉　梁武帝大同七年

西魏文帝大统七年　东魏孝静帝兴和三年　西魏苏绰为六条诏书，宇文泰令百司诵习，牧守令长照此办事。

公元542年，壬戌　梁武帝大同八年

西魏文帝大统八年　东魏孝静帝兴和四年　东魏以侯景为河南道大行台，以防梁、西魏。

公元543年，癸亥　梁武帝大同九年

西魏文帝大统九年　东魏孝静帝武定元年　西魏河北太守裴侠“清慎奉公，为天下最”，朝野叹服，号为“独立君”。梁顾野王撰上《玉篇》。

公元544年，甲子　梁武帝大同十年

西魏文帝大统十年　东魏孝静帝武定二年　古代农学名著《齐民要术》约成书于533－544年间。著者贾思勰，曾任魏高阳太守。

公元545年，乙丑　梁武帝大同十一年

西魏文帝大统十一年　东魏孝静帝武定三年　宇文泰欲改文章浮华之风，命苏绰作《大诰》，令百官文章皆依此体。梁经学家皇侃卒，作《论语义疏》。当时北朝经学坚持章句训诂之学，南朝则重理解大义，皇侃为其代表之一。

公元546年，丙寅　梁武帝大同十二年

西魏文帝大统十二年　东魏孝静帝武定四年　东魏高欢大举攻西魏玉壁，韦孝宽坚守五十日，东魏丧失兵力七万人。高欢解围而去。

公元547年，丁卯　梁武帝太清元年

西魏文帝大统十三年　东魏孝静帝武定五年　东魏侯景以河南叛，降西魏，又遣使降梁。魏杨衒之撰《洛阳伽蓝记》。

公元548年，戊辰　梁武帝太清二年

西魏文帝大统十四年　东魏孝静帝武定六年　梁侯景以诛中领军朱异为名反于寿阳。

公元549年，己巳　梁武帝太清三年

西魏文帝大统十五年　东魏孝静帝武定七年　侯景陷台城，梁武帝萧衍愤恨而卒。

公元550年，庚午　梁简文帝大宝元年

西魏文帝大统十六年　北齐文宣帝天保元年　时江南旱蝗，死人蔽野，富人穿罗绮、怀珠玉而饿死。高洋废东魏孝静帝，自立，国号齐（北齐），是为文宣帝。

公元551年，辛未　梁豫章王天正元年

西魏文帝大统十七年　北齐文宣帝天保二年　侯景杀梁简文帝，后自立，国号汉。

公元552年，壬申　梁元帝承圣元年

西魏废帝元年　北齐文宣帝天保三年　梁将王僧辩、陈霸先克建康，侯景东逃，为部下所杀。

公元553年，癸酉　梁元帝承圣二年

西魏废帝二年　北齐文宣帝天保四年　齐文宣帝追击突厥，突厥请和，从此往来不绝。

公元554年，甲戌　梁元帝承圣三年

西魏恭帝元年　北齐文宣帝天保五年　魏破江陵。散骑侍郎颜之推被俘，逃奔北齐，后著《颜氏家训》。是年，文学家庾信留居西魏，后作《哀江南赋》，有《庾子山集》传世。北齐魏收撰上《魏书》。

公元555年，乙亥　梁敬帝绍泰元年

西魏恭帝二年　北齐文宣帝天保六年　陈霸先立萧方智为帝，是为梁敬帝；敬帝以陈霸先为尚书令，都督中外诸军事。

公元556年，丙子　梁敬帝太平元年

西魏恭帝三年　北齐文宣帝天保七年　宇文护迫西魏恭帝禅位于周（北周）。西魏亡。

公元557年，丁丑　陈武帝永定元年

北周明帝元年　北齐文宣帝天保八年　陈霸先代梁为帝，是为陈武帝。梁亡。

公元558年，戊寅　陈武帝永定二年

北周明帝二年　北齐文宣帝天保九年　高凉太守冯宝卒，海隅扰乱；宝妻冼氏怀集部落，数州晏然。

公元559年，己卯　陈武帝永定三年

北周明帝武成元年　北齐文宣帝天保十年　陈武帝卒，侄临川王蒨即位，是为文帝。

公元560年，庚辰　陈文帝天嘉元年

北周明帝武成二年　北齐孝昭帝皇建元年　陈令民不分侨、旧，一律著籍。

公元561年，辛巳　陈文帝天嘉二年

北周武帝保定元年　北齐武成帝大宁元年　陈、周相持日久，周军多病死，弃地北撤，陈始全

有江南。

公元562年，壬午　陈文帝天嘉三年

北周武帝保定二年　北齐武成帝河清元年　齐与陈和好通使。

公元563年，癸未　陈文帝天嘉四年

北周武帝保定三年　北齐武成帝河清二年　周造《大律》十五篇。

公元564年，甲申　陈文帝天嘉五年

北周武帝保定四年　北齐武成帝河清三年　齐兰陵王高长恭救洛阳，大破周军。《兰陵王入阵曲》即歌此战之事。齐修律令，至本年成《律》十二篇、《令》四十卷。

公元565年，乙酉　陈文帝天嘉六年

北周武帝保定五年　北齐后主天统元年　齐和士开劝帝禅位于子，太子纬即位，是为后主。

公元566年，丙戌　陈文帝天康元年

北周武帝天和元年　北齐后主天统二年　齐以县令乃治民之本，始用士人。

公元567年，丁亥　陈废帝光大元年

北周武帝天和二年　北齐后主天统三年　齐丞相斛律金卒，善唱鲜卑民歌《敕勒歌》。

公元568年，戊子　陈废帝光大二年

北周武帝天和三年　北齐后主天统四年　周燕文公于谨卒。谨勋高位重，而事上益恭，教训诸子，务存静退。

公元569年，己丑　陈宣帝太建元年

北周武帝天和四年　北齐后主天统五年　周遣御正大夫杜杲聘于陈，请复修旧好，陈遣使如周。

公元570年，庚寅　陈宣帝太建二年

北周武帝天和五年　北齐后主武平元年　齐以和士开为尚书令，封淮阳王，威权更盛。

公元571年，辛卯　陈宣帝太建三年

北周武帝天和六年　北齐后主武平二年　齐琅邪王俨矫诏杀和士开。

公元572年，壬辰　陈宣帝太建四年

北周武帝建德元年　北齐后主武平三年　周晋公宇文护专权，武帝杀护。

公元573年，癸巳　陈宣帝太建五年

北周武帝建德二年　北齐后主武平四年　周武帝集群臣与沙门、道士辨三教先后，以儒为先，道次之，佛为后。

公元574年，甲午　陈宣帝太建六年

北周武帝建德三年　北齐后主武平五年　周武帝禁佛、道二教，毁经、像，命沙门、道士还俗。

公元575年，乙未　陈宣帝太建七年

北周武帝建德四年　北齐后主武平六年　齐后主奢泰，后宫一裙之费至直万匹，民间谓之“无愁天子”。

公元576年，丙申　陈宣帝太建八年

北周武帝建德五年　北齐后主隆化元年　周主遇太子甚严，太子矫情修饰，由是过恶不上闻。

公元577年，丁酉　陈宣帝太建九年

北周武帝建德六年　北齐幼主承光元年　周兵入邺，齐王、公以下皆降。齐亡。周武帝入邺，亲至齐国子博士、经学家熊安生家，赏赐甚厚。

公元578年，戊戌　陈宣帝太建十年

北周宣帝宣政元年　周武帝卒，太子赟即位，是为宣帝。

公元579年，己亥　陈宣帝太建十一年

北周静帝大象元年　周君臣改穿汉魏衣冠，以洛阳为东京。周宣帝传位于太子阐，是为静帝。周将邺城《石经》迁回洛阳。

公元580年，庚子　陈宣帝太建十二年

北周静帝大象二年　周宣帝卒，静帝阐年幼，杨坚执政。杨坚为相国，进爵为随王。是年，周有州211，郡508。

隋唐

公元581年，辛丑　隋文帝开皇元年

陈宣帝太建十三年　杨坚称帝,国号隋,都长安,颁新律,废酷刑,铸五铢钱。文学家庾信卒。

公元582年，壬寅　隋文帝开皇二年

陈宣帝太建十四年　隋建新都大兴城，宇文恺设计督造。陈宣帝卒，太子叔宝即位。

公元583年，癸卯　隋文帝开皇三年

陈后主至德元年　隋迁新都大兴城，购求遗书，地方佐官改由中央任免，废九品中正制。突厥分为东西两部。罢郡，地方改为州、县两级。

公元584年，甲辰　隋文帝开皇四年

陈后主至德二年　隋开凿广通渠，引渭水，自大兴城东至潼关。陈增征关市税。隋令总管、刺史父母及十五岁以上子女不得携往任所。敦煌莫高窟代表窟之一第302窟开凿建造。

公元585年，乙巳　隋文帝开皇五年

陈后主至德三年　隋初置义仓，检查户口，立输籍法。东突厥附隋，南迁入塞。

公元586年，丙午　隋文帝开皇六年

陈后主至德四年　隋在朔方以东筑数十城。

公元587年，丁未　隋文帝开皇七年

陈后主祯明元年　隋令诸州岁贡士三人。隋于扬州开山阳渎以通运。

公元588年，戊申　隋文帝开皇八年

陈后主祯明二年　隋以晋王杨广为统帅攻陈，发兵临江，陈不为备。

公元589年，己酉　隋文帝开皇九年

陈后主祯明三年　隋师入建康，俘陈后主，陈亡，南北统一。废行台，置并、扬、益、荆四大总管府。

公元590年，庚戌　隋文帝开皇十年

府兵编入州县户籍。定民年五十岁，免役收庸。陈旧境反隋武装蜂起。

公元591年，辛亥　隋文帝开皇十一年

平定陈旧境叛乱。吐谷浑遣使入贡。

公元592年，壬子　隋文帝开皇十二年

制死罪诸州不得便决，需报大理寺覆审。全国户口大增。

公元593年，癸丑　隋文帝开皇十三年

建仁寿宫于岐州北。禁私撰国史。诏废像遗经，悉令雕撰。

公元594年，甲寅　隋文帝开皇十四年

诏省、府、州、县皆给公廨田，以供公用。州县佐史三年一换，不能连任。外官九品以上父母及子年十五以上，不得携往任所。诏行牛弘所作新乐。

公元595年，乙卯　隋文帝开皇十五年

禁私造私藏兵器。凿砥柱，通河运。定文武官以四考受代。音乐家万宝常约于此年卒，曾撰《乐谱》六十四卷。

公元596年，丙辰　隋文帝开皇十六年

令工商不得仕进。决死罪须经三奏，然后行刑。

公元597年，丁巳　隋文帝开皇十七年

颁行张胄玄所造新历。佛教天台宗实际创始人智蜡卒。

公元598年，戊午　隋文帝开皇十八年

高丽进攻辽西，隋以汉王杨谅统兵进击，高丽王遣使谢罪，罢兵。

公元599年，己未　隋文帝开皇十九年

突厥内讧，突利可汗内附降隋，封为启民可汗，嫁以宗女。

公元600年，庚申　隋文帝开皇二十年

废太子杨勇，改立杨广为太子。禁止毁坏佛、道神像。

公元601年，辛酉　隋文帝仁寿元年

废太学、四门学及州县学；改国子学为太学。

公元602年，壬戌　隋文帝仁寿二年

修定五礼。

公元603年，癸亥　隋文帝仁寿三年

文中子王通献太平十二策。

公元 604 年，甲子　隋文帝仁寿四年

炀帝即位，汉王杨谅反于并州，为杨素讨平。废除妇人、奴婢、部曲课税。

公元 605 年，乙丑　隋炀帝大业元年

营建东京。开通济渠，疏浚邗沟。置离宫，筑西苑。巡游江都。工匠李春等所造赵州安济桥建成，至今坚固完好。

公元 606 年，丙寅　隋炀帝大业二年

东京建成。并省州县。置洛口仓、回洛仓。诏改修律令。

公元 607 年，丁卯　隋炀帝大业三年

颁行大业律。遣使至流求（台湾）。改州为郡。改官制。炀帝北巡，在榆林境会见启民可汗。裴矩经略西域，撰《西域图记》。日本遣隋使小野妹子至隋；隋遣使回访。

公元 608 年，戊辰　隋炀帝大业四年

开凿永济渠，北通涿郡。营建汾阳宫。日本遣小野妹子第二次使隋。常骏使赤土。

公元 609 年，己巳　隋炀帝大业五年

炀帝西巡，在张掖燕支山会见高昌王及西域二十七国使者，奏九部乐，设鱼龙戏。败吐谷浑。置西海、河源、鄯善、且末四郡。于伊吾置伊吾郡。全国有户 890 万，口 4601 万。

公元 610 年，庚午　隋炀帝大业六年

开通江南河，自京口至余杭。新春东都大戏，终月乃罢，元宵行乐，始盛于此。

公元611年，辛未　隋炀帝大业七年

发水陆大军百万将击高丽。秋，山东、河南大水，漂没三十余郡，民相卖为奴婢。王薄、窦建德、翟让、杜伏威等相继造反，隋末农民起义爆发。

公元612年，壬申　隋炀帝大业八年

隋第一次进攻高丽，战败，撤军。置辽东郡。

公元613年，癸酉　隋炀帝大业九年

隋第二次进攻高丽，围攻辽东城不下。各地农民纷纷起义。

公元614年，甲戌　隋炀帝大业十年

隋第三次进攻高丽，高丽主和，隋撤兵。

公元615年，乙亥　隋炀帝大业十一年

炀帝北巡，至雁门，被突厥围困一月。

公元616年，丙子　隋炀帝大业十二年

炀帝南去江都。李密加入瓦岗军。

公元617年，丁丑　隋恭帝义宁元年

瓦岗军进逼东都。李渊起兵太原，攻下长安。

公元618年，戊寅　唐高祖武德元年

江都兵变，隋炀帝被杀。李渊建立唐朝。李密兵败降唐，不久被杀。窦建德称夏帝。

公元619年，己卯　唐高祖武德二年

初定租庸调法。置十二军，分统关内诸军府。俘李轨，唐得凉州。杜伏威降唐。

公元620年，庚辰　唐高祖武德三年

秦王李世民大败依附突厥的刘武周，收复并州。

公元621年，辛巳　唐高祖武德四年

初行开元通宝钱。窦建德失败。萧铣降唐。刘黑闼在河北复起。

公元622年，壬午　唐高祖武德五年

刘黑闼败于李世民，不久又起。唐定岭南。

公元623年，癸未　唐高祖武德六年

李建成接受魏徵建议，释放囚俘，刘黑闼军瓦解。

公元624年，甲申　唐高祖武德七年

江南平定。颁行新律令。诏州、县、乡立学校。欧阳询撰《艺文类聚》。

公元625年，乙酉　唐高祖武德八年

与突厥、吐谷浑互市，供应内地大批耕牛。下令检校权量。王孝通《缉古算经》约成书于此年。

公元626年，丙戌　唐高祖武德九年

玄武门事变，高祖传位李世民。置弘文馆，选文儒充学士。东突厥兵临渭水，威逼长安。唐太宗与群臣讨论确定了“去奢省费，轻徭薄赋，选用廉吏，使民衣食有余.”的统治方针。

公元627年，丁亥　唐太宗贞观元年

分全国为十道，并省州县及文武官员。

公元628年，戊子　唐太宗贞观二年

诏各地置义仓。魏徵谓唐太宗，兼听则明，偏信则暗。人君兼听广纳，则贵臣不得壅蔽，而下情得以上通也。祖孝孙作唐雅乐。

公元629年，己丑　唐太宗贞观三年

松赞干布即吐蕃赞普位。高僧玄奘赴印度求经。以魏徵为守秘书监，参与朝政。召见马周。诸州置医学。置秘书内省，以修唐前五代史；设史馆于禁中，由宰相监修国史。

公元630年，庚寅　唐太宗贞观四年

李靖等击亡东突厥。西北各族君长尊太宗为天可汗。日本初派遣唐使。名相杜如晦卒。唐太宗谓房玄龄等："以天下之广，岂可独断一人之虑！"令决罪人不得鞭背。

公元631年，辛卯　唐太宗贞观五年

魏徵撰《群书治要》。

公元632年，壬辰　唐太宗贞观六年

党项三十万人内属。铁勒契苾酋长率众附唐。太宗谓侍臣："天子者，有道则人推而为主，无道则人弃而不用，诚可畏也。"

公元633年，癸巳　唐太宗贞观七年

李淳风造浑天黄道仪。太上皇李渊命突厥颉利可汗起舞，南越酋长冯智戴咏诗，笑道："胡越一家，自古未有。"

公元634年，甲午　唐太宗贞观八年

吐蕃遣使请婚。

公元635年，乙未　唐太宗贞观九年

唐军大破吐谷浑。各乡置乡长，天下户分为九等。景教僧侣阿罗本自波斯至长安，传景教入唐。

公元636年，丙申　唐太宗贞观十年

《梁书》、《陈书》、《齐书》、《周书》、《隋书》等五部史书撰成。府兵军府改名折冲府。

公元637年，丁酉　唐太宗贞观十一年

颁新律令。房玄龄等修成《五礼》。

公元638年，戊戌　唐太宗贞观十二年

高士廉等撰《氏族志》。吐蕃再次请婚。长安置波斯寺。书法家虞世南卒，纂辑《北堂书钞》一百七十三卷，书法作品有《孔子庙堂碑》等传世。

公元639年，己亥　唐太宗贞观十三年

魏徵上疏指出太宗渐不克终者十事。沙门静琬卒。自隋大业在幽州白带山刊刻佛经，为云居寺石经之始。高丽、新罗、西突厥、吐火罗、康国、安国、波斯、林邑等相继遣使至唐。

公元640年，庚子　唐太宗贞观十四年

唐置西州、庭州和安西都护府。命孔颖达等撰《五经正义》。增筑国子监学舍，增加学生名额，高丽、百济、新罗、吐蕃相继遣子弟入学。日本留学生高向玄理、南渊请安回国。

公元641年，辛丑　唐太宗贞观十五年

文成公主出嫁吐蕃赞普松赞干布。书法家欧阳询卒（557年生），有《九成宫醴泉铭》等传世。高士廉等撰《文思博要》。

公元642年，壬寅　唐太宗贞观十六年

禁卖婚。李泰等撰《括地志》。敦煌莫高窟代表窟之一第220窟建于此年。

公元643年，癸卯　唐太宗贞观十七年

名相魏徵卒。废太子李承乾，立晋王李治为太子。医学家甄权卒，撰《脉经》、《针方》、《明堂人形图》。

公元644年，甲辰　唐太宗贞观十八年

吐蕃合并大羊同。

公元645年，乙巳　唐太宗贞观十九年

太宗亲征辽东，迁辽东七万人于内地。玄奘从天竺取回佛教经典六百五十七部回到长安。净土宗创始人之一道绰卒。

公元646年，丙午　唐太宗贞观二十年

诏修《晋书》。玄奘撰进《大唐西域记》。唐平薛延陀，铁勒诸部首领请太宗为天可汗。

公元647年，丁未　唐太宗贞观二十一年

于铁勒诸部置羁縻州府，诸酋长请开参天可汗道。王玄策出使天竺。泥波罗使来唐。

公元648年，戊申　唐太宗贞观二十二年

新罗女王金真德遣使来唐。唐太宗作《帝范》十二篇。初置安西四镇。名相房玄龄卒、经学家孔颖达卒（574年生）。奚与契丹内属。

公元649年，己酉　唐太宗贞观二十三年

太宗卒，高宗李治继位。蒙舍诏细奴逻建大蒙国。军事家李靖卒，撰《李卫公兵法》。

公元650年，庚戌　唐高宗永徽元年

吐蕃赞普松赞干布卒，国相禄东赞主持大政。

公元651年，辛亥　唐高宗永徽二年

西突厥沙钵罗略可汗称雄西域。大食哈里发遣使来唐，开始官方往来。颁行新定律令格式。

公元652年，壬子　唐高宗永徽三年

医药学家孙思邈撰《备急千金要方》。

公元653年，癸丑　唐高宗永徽四年

颁孔颖达《五经正义》于天下，每年明经令依此考试。颁行新修《律疏》。睦州妇女陈硕真起兵，称文佳皇帝，旋败。

公元654年，甲寅　唐高宗永徽五年

日本第三次遣唐使到唐，大业中前来留学、贞观中回国的高向玄理任押使。

公元655年，乙卯　唐高宗永徽六年

废王皇后，立武则天为后。

公元656年，丙辰　唐高宗显庆元年

官修《五代史志》三十卷完成。

公元657年，丁巳　唐高宗显庆二年

平西突厥，分其地为崑陵、濛池二都护府。以洛阳为东都。

公元658年，戊午　唐高宗显庆三年

史官撰《西域图志》六十卷；许敬宗修《文馆词林》一千卷；李善完成《文选注》六十卷。书法家褚遂良卒，有碑刻《雁塔圣教序》传世。

公元659年，己未　唐高宗显庆四年

诏改《氏族志》为《姓氏录》。再禁卖婚。颁《新修本草》，为世界上首部官修药典。高宗亲策试举人九百人。

公元660年，庚申　唐高宗显庆五年

新罗请唐出兵助灭百济。

公元661年，辛酉　唐高宗龙朔元年

令诸州举孝义可以励风俗者。王玄策第三次出使天竺回国，著有《中天竺国行记》。

公元662年，壬戌　唐高宗龙朔二年

东都初置国子监。

公元663年，癸亥　唐高宗龙朔三年

吐蕃大破吐谷浑。唐军大败援百济之倭兵于白江口，焚舟四百。于回纥居地置瀚海都护府。复置律、书、算三学。

公元664年，甲子　唐高宗麟德元年

中国佛教法相宗创始人，著名译经家玄奘卒（596年生），生前印普贤像施于大众。

公元665年，乙丑　唐高宗麟德二年

李淳风所撰《麟德历》颁行。连年丰收，粮价低贱。

公元666年，丙寅　唐高宗乾封元年

尊老子为太上玄元皇帝，孔子为太师。

公元667年，丁卯　唐高宗乾封二年

约在此年始置北门学士。佛教律宗南山宗创始人、佛教史学家道宣卒，有《广弘明集》、《续高僧传》等传世。

公元668年，戊辰　唐高宗总章元年

京师及山东、江淮旱，饥。

公元669年，己巳　唐高宗总章二年

改瀚海为安北都护府。

公元670年，庚午　唐高宗咸亨元年

罢安西四镇。数学家、天文学家李淳风卒，曾主持十部算经的注释。令州县孔子庙堂及学馆有破坏及未造者，速事营造。

公元671年，辛未　唐高宗咸亨二年

画家阎立本为中书令。高僧义净自海道去天竺学佛学。

公元672年，壬申　唐高宗咸亨三年

吐蕃占领吐谷浑原有土地。

公元673年，癸酉　唐高宗咸亨四年

名画家阎立本卒，《步辇图》传为其作。

公元674年，甲戌　唐高宗上元元年

高宗称天皇，武则天称天后，时称“二圣”。武后建言十二事，请王公以下习老子。

公元675年，乙亥　唐高宗上元二年

北门学士参决奏议、表疏。文学家王勃卒，所撰《滕王阁序》为其代表作，与杨炯、卢照邻、骆宾王合称初唐四杰。明经、进士加试《老子》。洛阳龙门奉先寺卢舍那佛像雕造完成。

公元676年，丙子　唐高宗仪凤元年

置南选使，简补桂、广、交、黔等州官吏。

公元677年，丁丑　唐高宗仪凤二年

召募关内、河东猛士征讨吐蕃。吐蕃与西突厥进扰安西。

公元678年，戊寅　唐高宗仪凤三年

吐蕃大败唐将李敬玄于青海。

公元679年，己卯　唐高宗调露元年

裴行俭平定西突厥，重建安西四镇，以碎叶替代焉耆。

公元680年，庚辰　唐高宗永隆元年

黑齿常之屯田河源，成绩卓著。文成公主卒，唐遣使吊祭。

公元681年，辛巳　唐高宗开耀元年

明经、进士加试杂文二首。佛教净土宗创始人善导卒。

公元682年，壬午　唐高宗永淳元年

后突厥阿史那骨笃禄崛起。大医药家孙思邈卒（581年生）。

公元683年，癸未　唐高宗弘道元年

高宗卒，中宗李显继位，大事取决于武后。

公元684年，甲申　唐武则天光宅元年

改东都为神都。废中宗，立睿宗李旦，武则天临朝称制。徐敬业等在扬州起兵反对武后，旋败。章怀太子李贤卒，曾召集学者张大安等作《后汉书注》。

公元685年，乙酉　唐武则天垂拱元年

朝堂设登闻鼓，任人投折。令内外品官及百姓自举以求进用。

公元686年，丙戌　唐武则天垂拱二年

铸铜匭受密奏。吐蕃击败唐军，唐撤离安西四镇。武后删定《兆人本业》，是我国最早的官修农书。

公元687年，丁亥　唐武则天垂拱三年

黑齿常之、李多祚大破后突厥于朔州黄花堆，突厥皆散走碛北。孙过庭自书所撰《书谱》。

公元688年，戊子　唐武则天垂拱四年

李唐宗室起兵反武则天失败。洛阳造明堂，称为万象神宫。狄仁杰奏废吴、楚淫祠。

公元689年，己丑　唐武则天永昌元年

武后自以“曌”字为名。宰相魏玄同、大将黑齿常之为酷吏所诬，被杀。

公元690年，庚寅　周武则天天授元年

武后亲策贡士。沙门上《大云经》，谓武后为弥勒佛下生，当代唐为主。武后称帝，改国号为周。武则天是中国历代王朝中唯一的女皇帝。

公元691年，辛卯　周武则天天授二年

升佛教在道教之上。徙关内数十万户充实洛阳。

公元692年，壬辰　周武则天长寿元年

唐大败吐蕃，复取四镇，设碎叶镇守使。开始使用大批试官。禁天下屠杀及捕鱼虾。

公元693年，癸巳　周武则天长寿二年

令宰相撰时政记，月送史馆。令举人停学老子，改学武后所撰《臣轨》。

公元694年，甲午　周武则天延载元年

娄师德为河源等军营田大使。铸天枢，刻百官及四夷首领名。波斯摩尼教拂多诞至长安。

公元 695 年，乙未　周武则天天册万岁元年

高僧义净自天竺回至洛阳，著有《南海寄归内法传》、《大唐西域求法高僧传》。敦煌莫高窟第一大窟第 96 窟及其内高 33 公尺、当时最高塑像弥勒佛像，建于此年。

公元 696 年，丙申　周武则天万岁通天元年

契丹攻陷营州、冀州。唐置武骑团兵于山东近边诸州，以御契丹。

公元 697 年，丁酉　周武则天神功元年

应突厥要求，给予谷种、缯帛、农器、铁。铸九鼎，用铜五十六万斤。

公元 698 年，戊戌　周武则天圣历元年

大祚荣建震国（渤海）。突厥扰掠赵、定等州。狄仁杰为河北道安抚大使，抚慰百姓。

公元 699 年，己亥　周武则天圣历二年

河南北置武骑团以备突厥。

公元 700 年，庚子　周武则天久视元年

命张昌宗与文学之士修《三教珠英》。复开屠禁。名相狄仁杰卒。

公元 701 年，辛丑　周武则天长安元年

凉州都督郭元振开屯田，军粮足，牛羊被野。

公元 702 年，壬寅　周武则天长安二年

初设武举。置北庭都护府于庭州。文学家陈子昂卒（661 年生），有《陈子昂集》传世。

公元703年，癸卯　周武则天长安三年

分派使者以六条察州县。括户。

公元704年，甲辰　周武则天长安四年

朝臣指陈时政，重内官，轻外职。监察御史张廷珪谏作大像，武则天为之罢役。

公元705年，乙巳　唐中宗神龙元年

张柬之等发动政变，逼武后退位。中宗复位，复国号唐。武则天卒，遗命“去帝号，称则天大圣皇后”。进士科考试帖经、杂文、时务策等三场的格局最后确定下来。

公元706年，丙午　唐中宗神龙二年

置十道巡察使，二年一代。大置员外官。安乐公主恃宠骄恣，势倾朝野。

公元707年，丁未　唐中宗景龙元年

太子李重俊发动政变，诛武三思等，旋败。

公元708年，戊申　唐中宗景龙二年

张仁愿筑三受降城于黄河北，以御突厥。置修文馆学士，以善文者充选。

公元709年，己酉　唐中宗景龙三年

元行冲撰《魏典》三十卷。时政出多门，滥官充溢，食封者众，民多流亡。吴兢《贞观政要》第一稿完成。

公元710年，庚戌　唐睿宗景云元年

中宗卒，韦后专政。金城公主出嫁吐蕃赞普赤德祖赞，带去杂伎诸工和龟兹乐队。李隆基倚禁

军诛韦后及安乐公主，拥立睿宗。

公元711年，辛亥　唐睿宗景云二年

置十道按察使。太平公主专权。李隆基为太子主持政务。

公元712年，壬子　唐玄宗先天元年

李隆基即位，是为玄宗，睿宗退为太上皇。华严宗代表人物法藏卒。

公元713年，癸丑　唐玄宗开元元年

册封大祚荣为渤海郡王，忽汗州都督。太平公主赐死。姚崇为宰相。禅宗实际创始人慧能卒。命道士史崇玄等修《一切道经音义》，编纂藏目《三洞琼纲》。

公元714年，甲寅　唐玄宗开元二年

沙汰僧尼。初在广州设市舶使。徐坚等撰《大唐姓族系录》成书。置左右教坊以教俗乐，玄宗自教法曲于梨园，习者谓之皇帝梨园弟子。

公元715年，乙卯　唐玄宗开元三年

遣御史督山东、河南北诸州县捕蝗。

公元716年，丙辰　唐玄宗开元四年

宋璟为相，善于用人，刑赏无私。玄宗召新授县令，试以理人策，四十五人放归学问。

公元717年，丁巳　唐玄宗开元五年

重置营州都督府，屯田实仓廪。搜访逸书，于乾元殿前编校。

公元718年，戊午　唐玄宗开元六年

禁恶钱，熔化更铸。吕延济等五臣注《文选》完成。山水画家李思训卒，《江帆楼阁图》传为其作品。

公元719年，己未　唐玄宗开元七年

康、安等国为大食所侵，求援于唐。

公元720年，庚申　唐玄宗开元八年

突厥进扰甘、凉，掠羊马数万。

公元721年，辛酉　唐玄宗开元九年

宇文融主持括户。元行冲上《群书四录》。史学家刘知几卒，《史通》为其代表作。一行撰《大衍历》，与梁令瓒造成铜黄道游仪。名相姚崇卒。敦煌第二大窟第130窟始建于此年。

公元722年，壬戌　唐玄宗开元十年

张说奏罢缘边戍兵二十余万使还农。

公元723年，癸亥　唐玄宗开元十一年

置北都于太原。选府兵及白丁为长从宿卫。改政事堂为中书门下，设五房，分掌庶政。置丽正书院，聚文学之士。令诸州各置医学博士。

公元724年，甲子　唐玄宗开元十二年

命太史监南宫说等于河南北平地测日晷（日影长度）及极星（北极高度），据以推算子午线一度的弧长。

公元 725 年，乙丑　唐玄宗开元十三年

长从宿卫改称彍骑，分隶十二卫。置集贤殿学士。僧一行等制成水运浑天仪。玄宗封禅泰山。

公元 726 年，丙寅　唐玄宗开元十四年

河决魏州。唐于黑水靺鞨地置黑水州。张说建议修订五礼。

公元 727 年，丁卯　唐玄宗开元十五年

徐坚等编成《初学记》。天文学家一行卒，精历算，为佛教密宗（真言宗）重要人物。

公元 728 年，戊辰　唐玄宗开元十六年

颁行《开元大衍历》。制户籍三年一定。

公元 729 年，己巳　唐玄宗开元十七年

定八月五日玄宗生日为千秋节。

公元 730 年，庚午　唐玄宗开元十八年

裴光庭奏用循资格。契丹遥辇氏始为八部盟主。沙门智昇撰《开元释教录》二十卷。

公元 731 年，辛未　唐玄宗开元十九年

应吐蕃要求，赠送《毛诗》、《礼记》、《春秋》；与吐蕃于赤岭互市。

公元 732 年，壬申　唐玄宗开元二十年

《开元新礼》一百五十卷修成。

公元733年，癸酉　唐玄宗开元二十一年

金城公主请求，立唐蕃界碑于赤岭。

公元734年，甲戌　唐玄宗开元二十二年

秦州大地震。初置十道采访处置使。漕运南粮。京城诸寺置病坊。日本留学生吉备真备回国，带回《唐礼》、《大衍历》、《乐书要录》等；留学僧玄昉带回经论1076部，5048卷。

公元735年，乙亥　唐玄宗开元二十三年

佛教密宗代表人物善无畏卒。天台山道士司马承祯卒。

公元736年，丙子　唐玄宗开元二十四年

李林甫为中书令。以礼部侍郎取代吏部员外郎主持科举。

公元737年，丁丑　唐玄宗开元二十五年

召募长征健儿。置玄学博士。名相宋璟卒。

公元738年，戊寅　唐玄宗开元二十六年

令天下州县，每乡一学。册封南诏皮逻阁为云南王。

公元739年，己卯　唐玄宗开元二十七年

追赠孔子为文宣王。《唐六典》三十卷完成。

公元740年，庚辰　唐玄宗开元二十八年

金城公主卒。诗人孟浩然卒（689年生）。

公元 741 年，辛巳　唐玄宗开元二十九年

两京诸州各置崇玄学，置生徒，习老、庄、文、列。禁厚葬。乐山大佛于开元年间开凿。佛教密宗代表人物金刚智卒。

公元 742 年，壬午　唐玄宗天宝元年

置平卢节度使，至是共置十节度、经略使以备边。时有镇兵四十九万。诗人王之涣卒。李白任翰林院供奉。

公元 743 年，癸未　唐玄宗天宝二年

长安开凿广运潭，以聚江淮运船。大诗人杜甫与李白于洛阳相会。

公元 744 年，甲申　唐玄宗天宝三年

回纥骨力裴罗建牙乌德犍山，唐册封为怀仁可汗。平卢节度使安禄山兼范阳节度使。

公元 745 年，乙酉　唐玄宗天宝四年

回纥击灭后突厥。册杨玉环为贵妃。敕改波斯寺为大秦寺。

公元 746 年，丙戌　唐玄宗天宝五年

令村坊要路榜示广济方，救人疾患。

公元 747 年，丁亥　唐玄宗天宝六年

高仙芝破小勃律。书法家李邕卒。

公元 748 年，戊子　唐玄宗天宝七年

诏令传写一切道经，以广流布。

公元 749 年，己丑　唐玄宗天宝八年

停折冲府上下鱼书，府兵制最后终结。鉴真一行在广州见江中有婆罗门、波斯、昆仑等舶，不知其数。师子国、大石国、骨唐国等国人往来居住者甚多。

公元 750 年，庚寅　唐玄宗天宝九年

国子监置广文馆，教诸生习进士业者。书法家张旭卒，有草书《古诗四帖》等传世。

公元 751 年，辛卯　唐玄宗天宝十年

怛罗斯之战，中国造纸技术西传。

公元 752 年，壬辰　唐玄宗天宝十一年

杨国忠贵震朝野，代李林甫为右相。医学家王焘撰成《外台秘要》四十卷。

公元 753 年，癸巳　唐玄宗天宝十二年

高僧鉴真东渡日本国。诏天下举人不得乡贡，需补国子学生然后贡举。

公元 754 年，甲午　唐玄宗天宝十三年

杨国忠征兵全国，令剑南李宓攻南诏，李宓败死。制举策外加试诗、赋各一首。本年户部现管户 961 万，口 5288 万。

公元 755 年，乙未　唐玄宗天宝十四年

安史之乱爆发。叛军南陷洛阳。雕塑家杨惠之卒。

公元 756 年，丙申　唐肃宗至德元年

叛军陷潼关。玄宗奔蜀。叛军攻占长安。肃宗李亨即位灵武。

公元757年，丁酉　唐肃宗至德二年

郭子仪等帅唐军与回纥军收复长安、洛阳。诗人王昌龄卒。

公元758年，戊戌　唐肃宗乾元元年

以帝女宁国公主出嫁回纥可汗。以宦官为观军容使，总监九节度使大军，围叛军于相州。

公元759年，己亥　唐肃宗乾元二年

叛军大败九节度军于相州。诗人杜甫作组诗“三吏”、“三别”。

公元760年，庚子　唐肃宗上元元年

刘晏为户部侍郎，充度支、铸钱、盐铁等使。画家吴道子约在此年前后卒，有摹本《送子天王图卷》等流传。

公元761年，辛丑　唐肃宗上元二年

江淮大饥，人相食。诗人、画家王维卒（701年生），有《王右丞集》传世。

公元762年，壬寅　唐代宗宝应元年

肃宗卒，宦官拥立代宗李豫。袁晁起义浙东。大诗人李白卒（701年生），有《李太白集》传世。杜环从西亚回国，撰有《经行记》。

公元763年，癸卯　唐代宗广德元年

安史乱平。藩镇始行割据。吐蕃一度攻占长安，代宗出奔陕州，神策军扈从，入为禁军。

公元764年，甲辰　唐代宗广德二年

刘晏为河南、江淮转运使，发展南粮北运。

公元765年，乙巳 唐代宗永泰元年

宦官领神策军。诗人高适卒。

公元766年，丙午 唐代宗大历元年

令第五琦、刘晏分理全国财赋。南诏王立《南诏德化碑》于其都太和城。

公元767年，丁未 唐代宗大历二年

五台山建造金阁寺。

公元768年，戊申 唐代宗大历三年

李栖筠在浙西请量产出赋。

公元769年，己酉 唐代宗大历四年

春大风、大雪，四至八月阴雨连绵。禁畿内弋猎。

公元770年，庚戌 唐代宗大历五年

定京兆府夏秋税。大诗人杜甫卒（712年生），有《杜工部集》传世。边塞诗人岑参卒，有《岑嘉州集》传世。日人晁衡（阿倍仲麻吕）卒于长安，在唐历官秘书监等职。

公元771年，辛亥 唐代宗大历六年

韩滉作赋敛出入之法，仓库始富蓄积。滉擅画，有《五牛图》传世。

公元772年，壬子 唐代宗大历七年

元结卒，有《元次山集》传世。

公元 773 年，癸丑　唐代宗大历八年

回纥以马互市。

公元 774 年，甲寅　唐代宗大历九年

正月至五月禁畿内渔猎采捕。佛教密宗代表人物不空卒。

公元 775 年，乙卯　唐代宗大历十年

河北魏博、成德、淄青三镇交争。杭州海水翻潮，溺州民五千家。

公元 776 年，丙辰　唐代宗大历十一年

魏博叛服无常。吐蕃攻取瓜州。

公元 777 年，丁巳　唐代宗大历十二年

改诸道在京邸务名为进奏院。颜真卿撰《韵海镜原》三百六十卷。书法家怀素书《自叙帖》，为其草书代表作。

公元 778 年，戊午　唐代宗大历十三年

毁白渠碾硙八十余所以溉田。道士吴筠卒，开元中曾待诏翰林。

公元 779 年，己未　唐代宗大历十四年

收宦官所掌禁军神策军兵权。国家财赋皆归左藏。榷盐法经刘晏改进后，至大历末盐利居全国财政收入大半。代宗卒，德宗李适继位。

公元 780 年，庚申　唐德宗建中元年

杨炎创行两税法。禅宗六祖慧能述、法海集记《坛经》约成书于此年前后。

公元781年，辛酉　唐德宗建中二年

增商税为什一。成德、淄青、魏博三镇叛唐。平叛名将郭子仪卒。《大秦景教流行中国碑》立于盩厔。

公元782年，壬戌　唐德宗建中三年

河北三镇相约称王，卢龙、淮西二镇亦叛。山西五台山南禅寺建成，是我国现存最古的木结构建筑物。

公元783年，癸亥　唐德宗建中四年

泾原兵变，德宗出奔奉天。

公元784年，甲子　唐德宗兴元元年

德宗下罪己诏，淮西李希烈称楚帝于汴州。朔方李怀光叛，帝奔梁州，李晟收复长安。名臣、书法家颜真卿被害，有《多宝塔碑》等传世。

公元785年，乙丑　唐德宗贞元元年

朔方李怀光卒。

公元786年，丙寅　唐德宗贞元二年

藩镇连兵叛乱结束。

公元787年，丁卯　唐德宗贞元三年

长安等地连续地震。南诏清平官郑回劝说异牟寻派人请求恢复与唐关系；西川节度使韦皋以书招谕。唐李泌为宰相。李泌建议德宗，北和回纥，南通云南，西结大食、天竺。

公元 788 年，戊辰　唐德宗贞元四年

回纥改称回鹘。

公元 789 年，己巳　唐德宗贞元五年

定二月初一为中和节，令百官进农书。

公元 790 年，庚午　唐德宗贞元六年

中和节，百僚进《兆人本业》三卷。吐蕃攻陷北庭都护府，安西由是阻绝。

公元 791 年，辛未　唐德宗贞元七年

吐蕃攻占西州。

公元 792 年，壬申　唐德宗贞元八年

李皋卒，生前曾运巧思制造轮船。秋大雨，河南、河北、山南、江淮四十余州大水。

公元 793 年，癸酉　唐德宗贞元九年

初税茶，茶之有税，自此始。剑南西山诸羌内附，韦皋处之川西北，给以耕牛种粮。

公元 794 年，甲戌　唐德宗贞元十年

南诏出兵击败吐蕃。唐封异牟寻为南诏王。

公元 795 年，乙亥　唐德宗贞元十一年

谏议大夫阳城直谏帝信任奸臣、贬斥陆贽等不当。

公元 796 年，丙子　唐德宗贞元十二年

以宦官为左右神策护军中尉，宦官权势益大。

公元 797 年，丁丑　唐德宗贞元十三年

张建封直陈宫市害民。

公元 798 年，戊寅　唐德宗贞元十四年

神策军禀赐优厚，诸军多请遥隶，遂至十五万人。

公元 799 年，己卯　唐德宗贞元十五年

宣武军乱。韩弘为宣武节度使。

公元 800 年，庚辰　唐德宗贞元十六年

沙门圆照撰《贞元新定释教目录》。

公元 801 年，辛巳　唐德宗贞元十七年

贾耽绘《海内华夷图》，又撰《古今郡国县道四夷述》四十卷。杜佑撰成《通典》二百卷。骠国王子率乐队及舞人抵长安。

公元 802 年，壬午　唐德宗贞元十八年

乌苌国名僧莲华生在吐蕃传播佛教密宗五十余年后，约于此年返回故土。

公元 803 年，癸未　唐德宗贞元十九年

柳宗元、刘禹锡、韩愈等同时任监察御史；白居易、元稹博学宏词科登科，同授秘书省校书郎。

公元 804 年，甲申　唐德宗贞元二十年

苏冕撰《会要》四十卷,为会要体初创。日本第十七次遣唐使来唐,随行者有学问僧空海、最澄。陆羽(鸿渐)卒于贞元末,著《茶经》。乐山大佛于贞元间雕造完成,高约 71 米,历时八九十年。

公元 805 年，乙酉　唐顺宗永贞元年

德宗卒，顺宗李诵即位，王叔文等用事，停诸道进奉，废宫市，谋夺宦官兵权。顺宗传位宪宗李纯。贬王叔文等。陆贽卒，有《陆宣公奏议》传世。地理学家贾耽卒。

公元 806 年，丙戌　唐宪宗元和元年

高崇文率神策军讨平西川叛乱。空海携密宗（真言宗）经典仪轨回日，回国撰有《文镜秘府论》《篆隶万象名义》等。

公元 807 年，丁亥　唐宪宗元和二年

平定镇海节度使叛乱。李吉甫撰《元和国计簿》，每岁国家财赋倚办于东南八道四十九州。白居易为盩厔尉，作乐府诗规讽时事，被召为翰林学士。

公元 808 年，戊子　唐宪宗元和三年

牛僧孺等应制举对策，指陈时政之失。清虚子所记“伏火矾法”，所用药料已具备初期火药成分。沙陀为吐蕃所逼，诣灵州，置阴山府，以其首领为都督、兵马使。

公元 809 年，己丑　唐宪宗元和四年

徙沙陀于河东。

公元 810 年，庚寅　唐宪宗元和五年

时每有军国大事，宪宗必与李绛、白居易等翰林学士谋之。

公元811年，辛卯　唐宪宗元和六年

并省内外官及诸司流外官二千余员。

公元812年，壬辰　唐宪宗元和七年

宰相李绛分析魏博形势，说服宪宗不对魏博用兵。魏博田兴归命朝廷。林宝《元和姓纂》成书。

公元813年，癸巳　唐宪宗元和八年

李吉甫撰《元和郡县图志》，为我国现存最早的比较完整的地理总志。

公元814年，甲午　唐宪宗元和九年

淮西吴元济自为节度留后，朝廷发诸道兵征讨。诗人孟郊卒。

公元815年，乙未　唐宪宗元和十年

淄青派人刺杀宰相武元衡。裴度为相，继续讨伐淮西。

公元816年，丙申　唐宪宗元和十一年

发兵征讨成德王承宗。诗人李贺卒。

公元817年，丁酉　唐宪宗元和十二年

裴度督师淮西，李愬雪夜袭蔡州，淮西平。

公元818年，戊戌　唐宪宗元和十三年

发兵征讨淄青李师道。宪宗遣中使至法门寺迎佛骨。

公元819年，己亥　唐宪宗元和十四年

淄青平。自广德以来垂六十年，藩镇跋扈河南、北三十余州，至此尽遵朝廷约束。著名文学家、思想家柳宗元卒（773年生），提倡古文运动，有《柳河东集》传世。

公元820年，庚子　唐宪宗元和十五年

宪宗暴死，宦官拥立太子李恒即位，是为穆宗。

公元821年，辛丑　唐穆宗长庆元年

令河北诸道均定两税。卢龙、成德二镇复叛。宪宗女太和公主嫁回鹘崇德可汗。

公元822年，壬寅　唐穆宗长庆二年

魏博镇叛，河朔三镇恢复割据状态。唐、蕃复盟于逻些城。

公元823年，癸卯　唐穆宗长庆三年

立唐蕃会盟碑于逻些。碑文中说“舅甥二主，商议社稷如一，结立大和盟约，永无渝替。”

公元824年，甲辰　唐穆宗长庆四年

穆宗卒，敬宗李湛继位。白居易诗文集《白氏长庆集》五十卷，由元稹编成。著名文学家、思想家韩愈卒（768年生），提倡古文运动，有《韩昌黎集》传世。

公元825年，乙巳　唐敬宗宝历元年

淮南、浙西、宣、襄、鄂、潭等州旱灾伤稼。

公元826年，丙午　唐敬宗宝历二年

宦官杀敬宗，拥皇弟李昂继位，是为文宗。

公元827年，丁未　唐文宗大和元年

白居易为秘书监。

公元828年，戊申　唐文宗大和二年

令州县写《兆人本业》散配乡村。令京兆府按样造水车散给百姓。刘蕡对策，抨击宦官擅权。

公元829年，己酉　唐文宗大和三年

南诏兵抵成都，掠去男女、百工数万，自是南诏工巧可与蜀中比美。

公元830年，庚戌　唐文宗大和四年

兴元军乱，节度使李绛被害。京畿、河南、江南、荆襄、鄂岳、湖南等道大水。

公元831年，辛亥　唐文宗大和五年

南诏放还所俘百姓、工巧、僧道约四千人。文学家元稹卒，有《元氏长庆集》传世。淮南、浙江东西道、荆襄、鄂岳、剑南东川大水。

公元832年，壬子　唐文宗大和六年

关辅、河东亢旱。淄青初定两税额。

公元833年，癸丑　唐文宗大和七年

详定新编《格后敕》五十卷。苏州、湖州连年大水。

公元834年，甲寅　唐文宗大和八年

淮南、两浙、黔中水为灾，民户流亡。

公元 835 年，乙卯　唐文宗大和九年

“甘露之变”。宦官杀宰相王涯及朝臣。冯宿上奏请求禁止私印历日。令诸道府不得私置历日板。

公元 836 年，丙辰　唐文宗开成元年

昭义节度使刘从谏上表问王涯等罪名，指斥宦官罪恶，宦官始有所忌惮。

公元 837 年，丁巳　唐文宗开成二年

创立石壁九经于国子监，是为开成石经。

公元 838 年，戊午　唐文宗开成三年

日僧园仁随第十八次遣唐使来唐求法。

公元 839 年，己未　唐文宗开成四年

回鹘内讧，可汗被杀。会雪灾大疫，羊马多死，回鹘遂衰。天下旱，河南北蝗。

公元 840 年，庚申　唐文宗开成五年

文宗卒，宦官拥立李炎即位，是为武宗。李德裕为相。黠戛斯大破回鹘，回鹘人大部分西迁。新罗留学生一百五十人回国。

公元 841 年，辛酉　唐武宗会昌元年

命道士修建道场，帝亲受法箓。

公元 842 年，壬戌　唐武宗会昌二年

吐蕃达摩赞普卒，国内随之大乱。文学家刘禹锡卒，有《刘宾客文集》传世。

公元843年，癸亥　唐武宗会昌三年

昭义刘从谏卒，子稹自为留后，唐发兵征讨。诗人贾岛卒。

公元844年，甲子　唐武宗会昌四年

讨平昭义刘稹叛乱。

公元845年，乙丑　唐武宗会昌五年

诏令废佛，并毁祆教、摩尼教寺院，僧徒并令还俗。

公元846年，丙寅　唐武宗会昌六年

武宗卒，宦官拥立李忱即位，是为宣宗。诗人白居易卒（772年生）。诗人李绅卒。

公元847年，丁卯　唐宣宗大中元年

听僧尼修复所毁寺庙。日僧圆仁返国，撰《入唐求法巡礼行记》。

公元848年，戊辰　唐宣宗大中二年

张议潮率沙州民逐吐蕃守将，自摄州事，派使报告唐政府。

公元849年，己巳　唐宣宗大中三年

吐蕃秦、原、安乐三州及石门等七关兵民归唐。西川收复维州。李德裕卒于贬所崖州。

公元850年，庚午　唐宣宗大中四年

吐蕃内乱，论恐热击败尚婢婢。

公元851年，辛未　唐宣宗大中五年

张议潮逐渐收复河湟地，唐于沙州置归义军，以议潮为节度使、十一州观察使。

公元852年，壬申　唐宣宗大中六年

禁私度僧尼。文学家杜牧卒，有《樊川文集》传世。

公元853年，癸酉　唐宣宗大中七年

杨绍復等撰《续会要》四十卷。

公元854年，甲戌　唐宣宗大中八年

宰相令狐绹密陈除宦官策略。

公元855年，乙亥　唐宣宗大中九年

令每县据民贫富及役轻重作差科簿，有役据簿派差。

公元856年，丙子　唐宣宗大中十年

京兆尹韦澳依法惩处帝舅郑光庄吏。

公元857年，丁丑　唐宣宗大中十一年

吐蕃酋长尚延心以河、渭二州归唐。山西五台山建佛光寺大殿，为现存唐代最大木结构建筑。

公元858年，戊寅　唐宣宗大中十二年

湖南、江西、宣州军乱。河南北、淮南大水。诗人李商隐卒，有《李义山文集》传世。

公元859年，己卯　唐宣宗大中十三年

宣宗卒，宦官拥立李漼，是为懿宗。裘甫起义浙东，声震中原。

公元860年，庚辰　唐懿宗咸通元年

裘甫起义失败。薛调上言，所在群盗，半是逃户。

公元861年，辛巳　唐懿宗咸通二年

张议潮于敦煌莫高窟开大窟（156窟），绘节度使出巡图。

公元862年，壬午　唐懿宗咸通三年

将岭南道分为东西，广州为东道，邕州为西道。樊绰撰《蛮书》。

公元863年，癸未　唐懿宗咸通四年

南诏攻占交趾，侵逼邕州。作家段成式卒，有《酉阳杂俎》传世。

公元864年，甲申　唐懿宗咸通五年

敕徐泗募兵赴邕州防戍，分八百人戍桂州。

公元865年，乙酉　唐懿宗咸通六年

书法家柳公权卒，有《玄秘塔碑》等传世。

公元866年，丙戌　唐懿宗咸通七年

文学家皮日休自编所作为《皮子文薮》。

公元 867 年，丁亥　唐懿宗咸通八年

怀州刺史禁民诉旱，民怒逐之。文学家罗隐自编所作为《谗书》。

公元 868 年，戊子　唐懿宗咸通九年

戍卒庞勋于桂州北上攻占徐州。敦煌发现是年王阶刻印《金刚经》。

公元 869 年，己丑　唐懿宗咸通十年

庞勋起义失败。

公元 870 年，庚寅　唐懿宗咸通十一年

光州民怒逐刺史。

公元 871 年，辛卯　唐懿宗咸通十二年

葬同昌公主花费巨大。

公元 872 年，壬辰　唐懿宗咸通十三年

曹义金继为归义军节度使。

公元 873 年，癸巳　唐懿宗咸通十四年

懿宗卒，僖宗李儇即位。懿宗迎佛骨；僖宗诏送佛骨还法门寺。

公元 874 年，甲午　唐僖宗乾符元年

关东连年水旱，王仙芝起义，自称天补平均大将军兼海内诸豪都统。

公元875年，乙未　唐僖宗乾符二年

高骈破南诏于大渡河。黄巢聚众响应王仙芝。新罗留学生崔致远进士及第，有《桂苑笔耕集》传世。

公元876年，丙申　唐僖宗乾符三年

王仙芝、黄巢分兵作战。

公元877年，丁酉　唐僖宗乾符四年

南北各地军民纷纷起兵，武装反抗。

公元878年，戊戌　唐僖宗乾符五年

王仙芝战死黄梅；黄巢称冲天大将军，挥师南下浙闽。

公元879年，己亥　唐僖宗乾符六年

黄巢攻占广州，随后挥师北上。文学家陆龟蒙自编所作为《笠泽丛书》，所撰《耒耜经》记载江南水田所用曲辕犁等农具。

公元880年，庚子　唐僖宗广明元年

黄巢攻克长安，称帝，国号大齐。僖宗奔蜀。

公元881年，辛丑　唐僖宗中和元年

黄巢与唐军鏖战关中。

公元882年，壬寅　唐僖宗中和二年

朱温背叛义军降唐，赐名朱全忠。关中农事俱废。

公元883年，癸卯　唐僖宗中和三年

黄巢弃长安东撤。朱温任宣武节度使，李克用为河东节度使。

公元884年，甲辰　唐僖宗中和四年

黄巢起义失败。

公元885年，乙巳　唐僖宗光启元年

军阀混战，宦官田令孜胁帝奔凤翔，长安大乱。

公元886年，丙午　唐僖宗光启二年

王潮攻拔泉州。钱镠攻占越州。

公元887年，丁未　唐僖宗光启三年

杨行密进占扬州。李茂贞据凤翔。

公元888年，戊申　唐僖宗文德元年

僖宗卒，宦官立李晔，是为昭宗。

公元889年，己酉　唐昭宗龙纪元年

钱镠攻取苏州。杨行密攻占宣州、常州。

公元890年，庚戌　唐昭宗大顺元年

杨行密为宁国军（宣歙）节度使。

公元891年，辛亥 唐昭宗大顺二年

王建攻入成都，占有西川。

公元892年，壬子 唐昭宗景福元年

杨行密为淮南节度使。

公元893年，癸丑 唐昭宗景福二年

钱镠为镇海军节度使。王潮攻占福建。

公元894年，甲寅 唐昭宗乾宁元年

马殷袭取潭州。日本终止遣唐使。

公元895年，乙卯 唐昭宗乾宁二年

军阀混战，长安大乱，帝出奔南山。李克用进爵晋王。刘守光为幽州卢龙节度使。

公元896年，丙辰 唐昭宗乾宁三年

李茂贞焚掠长安，帝奔华州依韩建。钱镠据有两浙。马殷为潭州刺史。

公元897年，丁巳 唐昭宗乾宁四年

王建据有东、西两川。王潮卒，王审知为福建留后。

公元898年，戊午 唐昭宗光化元年

帝自华州返回长安。

公元899年，己未　唐昭宗光化二年

马殷据有湖南大部分地区。

公元900年，庚申　唐昭宗光化三年

朱温占据河北大部分地区。

公元901年，辛酉　唐昭宗天复元年

朱温围攻晋阳。宰相崔胤密诏朱温入京，长安大乱，帝奔凤翔。

公元902年，壬戌　唐昭宗天复二年

钱镠为越王。杨行密为吴王。南诏权臣郑买嗣杀王，建大长和国，蒙氏南诏灭亡。朱温攻凤翔。

公元903年，癸亥　唐昭宗天复三年

朱温大杀宦官，拥帝回长安，废神策军中尉，以朝臣为枢密使。王建为蜀王。

公元904年，甲子　唐哀帝天祐元年

朱温杀昭宗，立皇子李柷，是为哀帝，迁洛阳。郑璠攻豫章，“发机飞火，烧龙沙门”。

公元905年，乙丑　唐哀帝天祐二年

朱温贬杀朝士。刘隐为清海节度使，为日后南汉建国初基。

公元906年，丙寅　唐哀帝天祐三年

朱温诛魏博牙军，魏博自是衰弱。高季兴为荆南留后，为日后南平建国初基。

五代十国

公元 907 年，丁卯　后梁太祖开平元年

朱温灭唐称帝，国号梁。梁以马殷为楚王，钱镠为吴越王。契丹耶律阿保机取代遥辇氏即汗位。王建称帝，国号蜀。诗人杜荀鹤卒。

公元 908 年，戊辰　后梁太祖开平二年

李克用卒，子存勖嗣为晋王、河东节度使。

公元 909 年，己巳　后梁太祖开平三年

梁以王审知为闽王。敦煌发现后梁开平三年德深记南歌子舞谱。敦煌莫高窟发现唐、五代舞谱共二十四谱。

公元 910 年，庚午　后梁太祖开平四年

吴、越筑捍海石塘。诗人韦庄卒，代表作有《秦妇吟》。

公元 911 年，辛未　后梁太祖乾化元年

刘守光称燕帝于河北。奚臣服于耶律阿保机。

公元 912 年，壬申　后梁太祖乾化二年

诗僧贯休卒，善画佛像。

公元 913 年，癸酉　后梁末帝乾化三年

朱温三子朱友贞杀兄，继位于大梁，是为梁末帝。

公元 914 年，甲戌　后梁末帝乾化四年

晋李存勖擒斩刘守光，灭燕。

公元915年，乙亥　后梁末帝贞明元年

晋、梁濒河争战连年，魏博降晋，后梁几失河北全部地。

公元916年，丙子　后梁末帝贞明二年

辽太祖神册元年　耶律阿保机称帝，国号契丹。

公元917年，丁丑　后梁末帝贞明三年

辽太祖神册二年　刘岩称帝于广州，国号越。

公元918年，戊寅　后梁末帝贞明四年

辽太祖神册三年　越主刘岩改国号为汉，是为南汉。

公元919年，己卯　后梁末帝贞明五年

辽太祖神册四年　杨隆演称吴国王。

公元920年，庚辰　后梁末帝贞明六年

辽太祖神册五年　南汉立学校，开贡举，设铨选。吴徐温养子徐知诰专国政。契丹颁行契丹大字。

公元921年，辛巳　后梁末帝龙德元年

辽太祖神册六年　契丹定法律，正班爵。

公元922年，壬午　后梁末帝龙德二年

辽太祖天赞元年　晋王大败契丹，阿保机走塞外。

公元923年，癸未　后唐庄宗同光元年

辽太祖天赞二年　李存勖称帝，国号唐。梁末帝于滑州决黄河。唐迁都洛阳。唐封高季兴为南平王。诗人韩偓卒。

公元924年，甲申　后唐庄宗同光二年

辽太祖天赞三年　后唐以三司（盐铁、户部、度支）直隶租庸使，重敛急征。以汴、滑兵塞梁所决河，失败。

公元925年，乙酉　后唐庄宗同光三年

辽太祖天赞四年　后唐灭前蜀；以董璋为东川节度使，孟知祥为西川节度使。

公元926年，丙戌　后唐明宗天成元年

辽太宗天显元年　契丹灭渤海国，太祖阿保机卒，次子耶律德光即位。

公元927年，丁亥　后唐明宗天成二年

辽太宗天显二年　吴王杨溥称帝。

公元928年，戊子　后唐明宗天成三年

辽太宗天显三年　高季兴卒，吴以其子从诲继为荆南节度使。

公元929年，己丑　后唐明宗天成四年

辽太宗天显四年　楚用锡钱。徐知诰在吴国专政。

公元930年，庚寅　后唐明宗长兴元年

辽太宗天显五年　后唐初置三司使。东川董璋、西川孟知祥抗拒后唐。

公元931年，辛卯　后唐明宗长兴二年

辽太宗天显六年　后唐令均田税。允许民间自铸农器并杂铁器。

公元932年，壬辰　后唐明宗长兴三年

辽太宗天显七年　后唐令国子监校定九经，雕板印刷，是官府大规模刻书之始。孟知祥攻占东川，并有东西川。

公元933年，癸巳　后唐明宗长兴四年

辽太宗天显八年　敦煌莫高窟发现抄于此年的唐代曲谱《敦煌卷子谱》二十五首。

公元934年，甲午　后唐末帝清泰元年

辽太宗天显九年　孟知祥称帝成都，是为后蜀高祖。

公元935年，乙未　后唐末帝清泰二年

辽太宗天显十年　契丹屡侵扰北边。

公元936年，丙申　后晋高祖天福元年

辽太宗天显十一年　石敬瑭称臣契丹，父礼事之，契丹册封石敬瑭为帝，国号晋。晋割幽云十六州地与契丹。

公元937年，丁酉　后晋高祖天福二年

辽太宗天显十二年　后晋自洛阳迁都开封。吴徐知诰，称帝金陵，国号唐，二年后改名李昪，是为南唐前主。

公元938年，戊戌　后晋高祖天福三年

辽太宗会同元年　黄河郓州决堤。

公元939年，己亥　后晋高祖天福四年

辽太宗会同二年　河决博州。

公元940年，庚子　后晋高祖天福五年

辽太宗会同三年　赵崇祚编《花间集》，收录温庭筠、韦庄等十八家词。南唐在庐山建白鹿洞学馆，开书院讲学之先河。

公元941年，辛丑　后晋高祖天福六年

辽太宗会同四年　后晋诏撰《唐书》，以宰相赵莹监修。黄河滑州决堤。

公元942年，壬寅　后晋出帝天福七年

辽太宗会同五年　晋石敬瑭卒，侄石重贵继位。

公元943年，癸卯　后晋出帝天福八年

辽太宗会同六年　后晋水旱蝗灾，民馁死者数十万，流亡无数。

公元944年，甲辰　后晋出帝开运元年

辽太宗会同七年　契丹侵扰河北、山西。河决滑州。

公元945年，乙巳　后晋出帝开运二年

辽太宗会同八年　南唐灭闽。后晋官撰《唐书》完成。

公元 946 年，丙午　后晋出帝开运三年

辽太宗大同元年　黄河在魏州杨刘及澶州先后决堤。契丹攻占开封，后晋灭亡。

公元 947 年，丁未　后汉高祖天福十二年

辽世宗天禄元年　契丹耶律德光称帝于开封，改国号为辽，北方义军蜂起，被迫北归。河东节度使刘知远于太原称帝，国号汉，复都开封。

公元 948 年，戊申　后汉隐帝乾祐元年

辽世宗天禄二年　黄河滑州决堤。楚内乱，南汉乘机攻夺楚地。鸜鹆食蝗，后汉下令禁捕。

公元 949 年，己酉　后汉隐帝乾祐二年

辽世宗天禄三年　吴越募民垦田，不收税，由是境内无弃田。

公元 950 年，庚戌　后汉隐帝乾祐三年

辽世宗天禄四年　黄河郑州决堤。

公元 951 年，辛亥　后周太祖广顺元年

辽穆宗应历元年　郭威称帝于开封，国号周。刘知远弟刘崇称帝于太原，是为北汉。南唐灭楚。

公元 952 年，壬子　后周太祖广顺二年

辽穆宗应历二年　黄河决郑州、滑州。

公元 953 年，癸丑　后周太祖广顺三年

辽穆宗应历三年　后唐校刻九经，至此年完成。后蜀毋昭裔出私财刻板印九经。

公元954年，甲寅　后周世宗显德元年

辽穆宗应历四年　后周塞黄河决口。郭威卒，养子柴荣继位。周败辽、汉联军，置殿前军为禁军。

公元955年，乙卯　后周世宗显德二年

辽穆宗应历五年　周诏废敕额外佛寺，禁私度僧尼。败后蜀，取秦、阶、成、凤四川。

公元956年，丙辰　后周世宗显德三年

辽穆宗应历六年　周出兵攻取南唐江北诸州。

公元957年，丁巳　后周世宗显德四年

辽穆宗应历七年　颁《大周刑统》。周开科取士。

公元958年，戊午　后周世宗显德五年

辽穆宗应历八年　南唐献江北淮南十四州于周。周派使分行诸州，均定田租，关心农事。

公元959年，己未　后周世宗显德六年

辽穆宗应历九年　周世宗趁辽内乱，督师取瀛、莫、易等州地，病归，旋卒。恭帝年幼即位，以赵匡胤为殿前都点检。

宋辽夏金元

公元960年，庚申　宋太祖建隆元年

辽穆宗应历十年　赵匡胤“陈桥兵变，黄袍加身”，推翻后周，建立宋朝，后庙号太祖。三佛齐国使者来宋。

公元961年，辛酉　宋太祖建隆二年

辽穆宗应历十一年　宋疏浚五丈河。王溥进《唐会要》。宋太祖“杯酒释兵权”。占城、女真、甘州回鹘、于阗等使者来宋。南唐主李璟卒，后主李煜嗣位。吴越苏州虎丘塔落成。

公元962年，壬戌　宋太祖建隆三年

辽穆宗应历十二年　宋太祖号召武臣读书，“知为治之道”。国子监正式聚徒讲学。增广开封皇城东北隅。高丽、西州回鹘遣使入宋。北宋与高丽官方、民间贸易往来频繁。

公元963年，癸亥　宋太祖乾德元年

辽穆宗应历十三年　宋灭南平，平定湖南。颁法典《重详定刑统》及《编敕》。宋代多次整理公布《编敕》，是当时重要的立法行为。《建隆应天历》成，引入七曜纪日法。

公元964年，甲子　宋太祖乾德二年

辽穆宗应历十四年　宋军攻后蜀。华林寺建成于福州屏山，其大殿为研究我国古代建筑的珍贵实物。

公元965年，乙丑　宋太祖乾德三年

辽穆宗应历十五年　宋灭后蜀。宋集中各道精兵补充中央禁军。僧人道圆经西域至天竺求法，与于阗使者同归宋都开封，受到宋太祖召见。

公元966年，丙寅　宋太祖乾德四年

辽穆宗应历十六年　宋鼓励垦田栽植。搜求遗书。宋僧人行勤等众僧至印度求法，历时十年，是宋代规模最大的求法活动。

公元967年，丁卯　宋太祖乾德五年

辽穆宗应历十七年　黄河在北宋多次决口为患，宋廷岁发丁夫治黄河。画家李成卒，与范宽、关仝同为北方山水画代表人物。

公元968年，戊辰　宋太祖开宝元年

辽穆宗应历十八年　宋修缮汴京宫城。大食使者来宋通好。两宋时期，宋与大食商船往来频繁。北汉主刘钧卒，刘继元立。

公元969年，己巳　宋太祖开宝二年

辽景宗保宁元年　宋太祖亲征北汉失利。正定隆兴寺建大悲菩萨铜立像和阁，是现存宋代佛教寺庙总体布局保存较完整的一座。辽穆宗卒，景宗耶律贤即位，立贵妃萧绰为皇后。

公元970年，庚午　宋太祖开宝三年

辽景宗保宁二年　宋冯继昇等进献制作火箭法。宋军攻南汉。

公元971年，辛未　宋太祖开宝四年

辽景宗保宁三年　宋灭南汉。宋于广州设立市舶司，管理海外贸易。大理《段氏与三十七部会盟碑》立，记载了石城会盟情况。

公元972年，壬申　宋太祖开宝五年

辽景宗保宁四年　宋改革江淮漕运。

公元973年，癸酉　宋太祖开宝六年

辽景宗保宁五年　宋科举殿试成为制度。《重定神农本草》成书，刻印颁布天下。

公元974年，甲戌　宋太祖开宝七年

辽景宗保宁六年　宋辽互通音问修好。宋在采石矶建成跨长江大浮桥。宋军攻南唐。薛居正等进《五代史》。李昉等奉命编纂《开宝本草》，收药物983种。

公元975年，乙亥　宋太祖开宝八年

辽景宗保宁七年　宋灭南唐。宋封丁部领为交阯郡王。吴越王钱俶刊《宝箧印陀罗尼经》。

公元976年，丙子　宋太宗太平兴国元年

辽景宗保宁八年　宋太祖卒，其弟赵光义夺取帝位，即宋太宗。“斧声烛影”成为“千古之谜”。岳麓书院创建，为宋四大书院之一。

公元977年，丁丑　宋太宗太平兴国二年

辽景宗保宁九年　宋扩大科举取士额，广求才能。颁给庐山白鹿洞《九经》。宋于河北镇、易等州设榷场，与辽进行互市贸易，此后时开时停。

公元978年，戊寅　宋太宗太平兴国三年

辽景宗保宁十年　漳、泉两州与吴越向宋归降献地。《百家姓》此前在吴越成书。宋编纂建隆以来敕条为《太平兴国编敕》。《太平广记》成书。著名词人、南唐后主李煜卒。

公元979年，己卯　宋太宗太平兴国四年

辽景宗乾亨元年　宋灭北汉，进兵辽南京（今北京），大败于高粱河。民间天文学家张思训设计并制成以水银推动的“太平浑仪”。吐蕃佛教再度流行。

公元980年，庚辰　宋太宗太平兴国五年

辽景宗乾亨二年　宋史馆修《太祖实录》成。

公元981年，辛巳　宋太宗太平兴国六年

辽景宗乾亨三年　宋建立限期决狱制度。校历代医方，诏求医书。

公元982年，壬午　宋太宗太平兴国七年

辽景宗乾亨四年　宋开始编纂文学总集《文苑英华》，四年后成书。辽景宗卒，圣宗耶律隆绪即位，生母承天太后萧绰临朝听政。

公元983年，癸未　宋太宗太平兴国八年

辽圣宗统和元年　辽更名大契丹国（983—1066）。宋编纂百科类书《太平御览》。《开宝大藏经》历时十二年在益州雕印完成。太平兴国年间，乐史撰《太平寰宇记》成。

公元984年，甲申　宋太宗雍熙元年

辽圣宗统和二年　宋使王延德出使高昌回，著《西州行程记》。日本僧人奝然来宋，见宋太宗。辽重修古刹蓟州独乐寺。

公元985年，乙酉　宋太宗雍熙二年

辽圣宗统和三年　宋严格科举制度，唱名赐及第，进士唱名始此。

公元986年，丙戌　宋太宗雍熙三年

辽圣宗统和四年　宋军分路进攻契丹统治下的幽燕地区，于岐沟关等地大败，名将杨业殉难。辽以宗室女封义成公主，嫁夏州党项首领李继迁。

公元987年，丁亥　宋太宗雍熙四年

辽圣宗统和五年　宋申严考核地方官员。颁《神医普救方》。

公元988年，戊子　宋太宗端拱元年

辽圣宗统和六年　辽朝初开贡举。宋置秘阁于崇文院，藏集图书、墨迹。

公元989年，己丑　宋太宗端拱二年

辽圣宗统和七年　宋国子监刻印《五经正义》。

公元990年，庚寅　宋太宗淳化元年

辽圣宗统和八年　辽封党项李继迁为夏国王。

公元991年，辛卯　宋太宗淳化二年

辽圣宗统和九年　辽通括户口。北宋初期以来，杂剧演出在宫廷、民间日益活跃。

公元992年，壬辰　宋太宗淳化三年

辽圣宗统和十年　宋于河北兴修塘泊水利，广袤数百里悉为稻田。编中医药典《太平圣惠方》成书，收集医方16834首。《淳化秘阁法帖》成书，汇集历代书法珍品。

公元993年，癸巳　宋太宗淳化四年

辽圣宗统和十一年　王小波、李顺起义于四川。北宋全图《淳化天下图》绘成，藏于秘阁。

公元994年，甲午　宋太宗淳化五年

辽圣宗统和十二年　宋开始推广踏犁，以解决缺少耕牛问题。李顺起义失败。辽圣宗诏契丹人犯“十恶”者依汉律处罚，统一法制，促进民族融合。

公元995年，乙未　宋太宗至道元年

辽圣宗统和十三年　宋天文学家韩显符制成观测天象仪器《至道铜候仪》。高丽遣童子十人至辽，学习契丹语。

公元996年，丙申　宋太宗至道二年

辽圣宗统和十四年　宋前宰相李昉卒，曾主编《太平御览》、《太平广记》、《文苑英华》。

公元997年，丁酉　宋太宗至道三年

辽圣宗统和十五年　宋太宗卒，真宗赵恒即位。宋分天下为十五路。契丹封党项李继迁为西平王。契丹僧行均的文字学著作《龙龛手镜》刊行。

公元998年，戊戌　宋真宗咸平元年

辽圣宗统和十六年　宋太宗末或真宗初，四川发行交子，为世界上最早的纸币。

公元999年，己亥　宋真宗咸平二年

辽圣宗统和十七年　宋于杭州、明州各置市舶司，后东部沿海多处设立，对外海路贸易发达，瓷器、丝织品、铜钱等大量出口。

公元1000年，庚子　宋真宗咸平三年

辽圣宗统和十八年　宋唐福献火箭、火球、火蒺藜等火药兵器。

公元1001年，辛丑　宋真宗咸平四年

辽圣宗统和十九年　宋裁汰冗吏。校订刻印《九经》颁行，作为法定经学教材。颁《仪天历》。龟兹使者至宋。宋文学家王禹偁卒，有《小畜集》传世。

公元1002年，壬寅　宋真宗咸平五年

辽圣宗统和二十年　宋观测狮子座流星雨，留有记录。党项李继迁攻占宋灵州，改名西平府。

公元1003年，癸卯　宋真宗咸平六年

辽圣宗统和二十一年　党项李继迁统治中心移至西平府。

公元1004年，甲辰　宋真宗景德元年

辽圣宗统和二十二年　契丹大举攻宋，双方订立澶渊之盟。此后宋、辽长期和平相处。党项李继迁卒，子李德明继立。

公元1005年，乙巳　宋真宗景德二年

辽圣宗统和二十三年　宋国子监藏书十余万卷，较宋初增加约二十五倍。宋于河北雄州、霸州等地设立对辽互市榷场。

公元1006年，丙午　宋真宗景德三年

辽圣宗统和二十四年　宋有对于豺狼座超新星爆发的记载，是世界天文学史中对于超新星的最早记录。

公元1007年，丁未　宋真宗景德四年

辽圣宗统和二十五年　契丹建中京大定府。宋三司使丁谓撰财政收支文件《景德会计录》。

公元1008年，戊申　宋真宗大中祥符元年

辽圣宗统和二十六年　以藏族为主体、多民族的唃厮罗政权约于此后建立，与宋、辽、夏、回鹘频繁交往。

公元1009年，己酉　宋真宗大中祥符二年

辽圣宗统和二十七年　宋创建应天府书院，为四大书院之一。伊斯兰教清真寺建筑泉州清净寺建成。契丹政治家承天太后卒（953年生）。

公元1010年，庚戌　宋真宗大中祥符三年

辽圣宗统和二十八年　宋韩显符上新造铜候仪。《诸道图经》修成。

公元1011年，辛亥　宋真宗大中祥符四年

辽圣宗统和二十九年　《大宋重修广韵》成书，为集大成的音韵学著作。辽朝汉臣、大丞相韩德让卒，生前长期与承天太后共掌朝政。

公元1012年，壬子　宋真宗大中祥符五年

辽圣宗开泰元年　宋以福建占城稻种分授江、淮、两浙，扩大良种播种面积，提高了农业生产抵御自然灾害的能力。辽赐铁骊护国仁王佛像及五经。

公元1013年，癸丑　宋真宗大中祥符六年

辽圣宗开泰二年　北宋四大书之一、大型史学类书《册府元龟》编成，凡一千卷。保国寺大殿建成，该殿为浙江现存最古老的木构建筑。

公元1014年，甲寅　宋真宗大中祥符七年

辽圣宗开泰三年　宋名将杨延昭卒，生前英勇善战，被称作“杨六郎”。

公元1015年，乙卯　宋真宗大中祥符八年

辽圣宗开泰四年　宋在观测河流水位基础上，首次提出防洪“警戒水位”观念。唃厮罗遣使来宋。

公元 1016 年，丙辰　宋真宗大中祥符九年

辽圣宗开泰五年　宋修成太祖、太宗两朝国史，为宋朝第一部纪传体史书。

公元 1017 年，丁巳　宋真宗天禧元年

辽圣宗开泰六年　宋封交阯郡王李公蕴为南平王。

公元 1018 年，戊午　宋真宗天禧二年

辽圣宗开泰七年　宋再度修筑京城开封。城内店肆临街，商业活动日益繁荣。

公元 1019 年，己未　宋真宗天禧三年

辽圣宗开泰八年　宋开扬州“古河”，改革漕运。

公元 1020 年，庚申　宋真宗天禧四年

辽圣宗开泰九年　宋颁行《齐民要术》、《四时纂要》等，普及农业技术。文学家杨亿卒，生前与刘筠等共创“西昆体”，诗歌讲求辞藻声律，工于技巧。

公元 1021 年，辛酉　宋真宗天禧五年

辽圣宗太平元年　宋境内垦田 524 万余顷，为北宋最高统计数字。宋都开封城内厢坊有居民近 9.8 万户，城内外人口合计当在百万人左右，为当时世界繁华大都市。

公元 1022 年，壬戌　宋真宗乾兴元年

辽圣宗太平二年　宋真宗卒，仁宗赵祯继立，刘太后听政。开始在诸州陆续给学田。

公元 1023 年，癸亥　宋仁宗天圣元年

辽圣宗太平三年　宋置益州交子务，发行纸币交子。政治家寇准卒于雷州，为人刚正，善断大

事，有《寇莱公集》传世。

公元1024年，甲子　宋仁宗天圣二年

辽圣宗太平四年　太原晋祠圣母殿在此前后落成，为今存北宋建筑之代表作。

公元1025年，乙丑　宋仁宗天圣三年

辽圣宗太平五年　宋重视雕印经史书籍、编敕律文以及佛教经典、医书等。开封等处民间雕印发展迅速。

公元1026年，丙寅　宋仁宗天圣四年

辽圣宗太平六年　宋下令严惩赃吏，并举劾按察失职者。颁行国子监印刷法律。

公元1027年，丁卯　宋仁宗天圣五年

辽圣宗太平七年　宋王惟一考察人体穴位经络，铸针灸铜人，并撰《铜人腧穴针灸图经》。吐蕃历法、数学、天文学发展的综合标志《胜生历》在此前后行用。

公元1028年，戊辰　宋仁宗天圣六年

辽圣宗太平八年　契丹诏州县长吏劝农。

公元1029年，己巳　宋仁宗天圣七年

辽圣宗太平九年　宋于莱州设采金场。登州、莱州为北宋主要金矿区。

公元1030年，庚午　宋仁宗天圣八年

辽圣宗太平十年　宋燕肃发明莲花漏，提高了计时精度。

公元1031年，辛未 宋仁宗天圣九年

辽兴宗景福元年 辽圣宗卒，兴宗耶律宗真继立。圣宗在位时雕印汉文《契丹藏》成。

公元1032年，壬申 宋仁宗明道元年

辽兴宗重熙元年 西夏景宗显道元年 宋置谏院。党项李德明卒，子李元昊继立。契丹册封李元昊为夏国王。

公元1033年，癸酉 宋仁宗明道二年

辽兴宗重熙二年 西夏景宗显道二年 宋执政多年的刘太后卒，仁宗亲政。西夏仿宋朝制度设官分职，分命蕃汉人为之。

公元1034年，甲戌 宋仁宗景祐元年

辽兴宗重熙三年 西夏景宗广运元年 宋摹印《三朝训鉴图》，着彩填色，布局巧密，为我国版画史上空前杰作。范仲淹知苏州，大力疏导河湖。

公元1035年，乙亥 宋仁宗景祐二年

辽兴宗重熙四年 西夏景宗广运二年 宋刊定《前汉书》等史书，下国子监颁行。宋绶等编修《中书总例》。

公元1036年，丙子 宋仁宗景祐三年

辽兴宗重熙五年 西夏景宗大庆元年 辽兴宗廷试进士，契丹御试自此始。西夏开始创制文字，后分设蕃字院与汉字院。宋章得象等重定刻漏水秤。

公元1037年，丁丑 宋仁宗景祐四年

辽兴宗重熙六年 西夏景宗大庆二年 党项势力不断扩大。

公元1038年，戊寅　宋仁宗宝元元年

辽兴宗重熙七年　西夏景宗天授礼法延祚元年　辽在大同建华严寺薄迦教藏殿，殿内有保存至今的辽代塑像及木装修的天宫壁藏，均精美绝伦。李元昊正式称帝，国号大夏，即景宗。

公元1039年，己卯　宋仁宗宝元二年

辽兴宗重熙八年　西夏景宗天授礼法延祚二年　西夏定朝仪，设蕃学（党项学），推动民族文化发展。宋宋祁上书批评冗费。

公元1040年，庚辰　宋仁宗康定元年

辽兴宗重熙九年　西夏景宗天授礼法延祚三年　宋以韩琦、范仲淹等御西夏。曾公亮等编纂军事著作《武经总要》，其中有对于北宋军制及火药配方、指南鱼等的记录。

公元1041年，辛巳　宋仁宗庆历元年

辽兴宗重熙十年　西夏景宗天授礼法延祚四年　宋夏好水川战役。宋王尧臣等进《崇文总目》。刻于是年的《北大王墓志》，是今存契丹大字石刻珍贵文献。

公元1042年，壬午　宋仁宗庆历二年

辽兴宗重熙十一年　西夏景宗天授礼法延祚五年　西夏败宋军于定川砦。宋与契丹再度议和。

公元1043年，癸未　宋仁宗庆历三年

辽兴宗重熙十二年　西夏景宗天授礼法延祚六年　宋以范仲淹、富弼等主持推行“庆历新政”。宋一度设置武学。

公元1044年，甲申　宋仁宗庆历四年

辽兴宗重熙十三年　西夏景宗天授礼法延祚七年　宋积极兴办学校，著名学者孙复、石介等主

讲太学。宋、夏和议成，双方开榷场贸易。

公元1045年，乙酉　宋仁宗庆历五年

辽兴宗重熙十四年　西夏景宗天授礼法延祚八年　宋“庆历新政”失败。

公元1046年，丙戌　宋仁宗庆历六年

辽兴宗重熙十五年　西夏景宗天授礼法延祚九年　范仲淹作《岳阳楼记》成，“先天下之忧而忧，后天下之乐而乐”的名句，流传千古。

公元1047年，丁亥　宋仁宗庆历七年

辽兴宗重熙十六年　西夏景宗天授礼法延祚十年　宋廷重视按察地方官员。贝州卒王则兵变。

公元1048年，戊子　宋仁宗庆历八年

辽兴宗重熙十七年　西夏景宗天授礼法延祚十一年　宋庆历时，“布衣”毕昇发明活字印刷术。夏景宗卒，毅宗李谅祚继立。

公元1049年，己丑　宋仁宗皇祐元年

辽兴宗重熙十八年　西夏毅宗延嗣宁国元年　宋以琉璃砖重建开封开宝寺塔，俗称铁塔，为建筑史上重大成就。辽庆州白塔建成，附近的永安山为夏捺钵（行宫）所在地。

公元1050年，庚寅　宋仁宗皇祐二年

辽兴宗重熙十九年　西夏毅宗天祐垂圣元年　约在此前，宋数学家贾宪作成《开方作法本源图》，并提出“增乘开方法”。西夏于都城兴庆府建承天寺塔。

公元1051年，辛卯　宋仁宗皇祐三年

辽兴宗重熙二十年　西夏毅宗天祐垂圣二年　宋王洙等进《皇祐方域图志》。十一世纪时，太湖流域已形成稻麦一年二熟制。

公元1052年，壬辰　宋仁宗皇祐四年

辽兴宗重熙二十一年　西夏毅宗天祐垂圣三年　宋政治家、文学家范仲淹卒（989年生），有《范文正公集》传世。辽耶律庶成于重熙间奉命译方脉书为契丹文。

公元1053年，癸巳　宋仁宗皇祐五年

辽兴宗重熙二十二年　西夏毅宗福圣承道元年　宋将狄青率军平广南侬智高之变。欧阳修《五代史记》成书。词人柳永卒，其创作丰富了词的表现手法。

公元1054年，甲午　宋仁宗至和元年

辽兴宗重熙二十三年　西夏毅宗福圣承道二年　宋有世界天文学史上著名的超新星（天关客星）爆发之记录。仁宗中期四川出现小口径深盐井——卓筒井钻凿技术。

公元1055年，乙未　宋仁宗至和二年

辽道宗清宁元年　西夏毅宗福圣承道三年　辽兴宗卒，道宗耶律洪基即位。宋建成定州开元寺塔，为国内今存最高砖塔。词人晏殊卒，著有《珠玉词》等。

公元1056年，丙申　宋仁宗嘉祐元年

辽道宗清宁二年　西夏毅宗福圣承道四年　宋吕昌明据实际观测编制《四时潮候图》，发展了潮汐理论。辽建成应州佛宫寺释迦塔，是国内今存最古老的楼阁式木塔。

公元1057年，丁酉　宋仁宗嘉祐二年

辽道宗清宁三年　西夏毅宗䜩都元年　宋欧阳修主持科举，提倡古文，反对骈体文。宋设校正医书局，负责医书的收集、整理和出版。出身于卒伍的名将狄青卒。

公元1058年，戊戌　宋仁宗嘉祐三年

辽道宗清宁四年　西夏毅宗䜩都二年　宋凿永通河，修凿灵渠。王安石上“万言书”，提出变革主张。

公元1059年，己亥　宋仁宗嘉祐四年

辽道宗清宁五年　西夏毅宗䜩都三年　宋泉州洛阳桥（万安桥）建成，创新式施工法，长360丈，为古代著名梁式石桥。教育家胡瑗卒，世称“安定先生”。

公元1060年，庚子　宋仁宗嘉祐五年

辽道宗清宁六年　西夏毅宗䜩都四年　辽于中京置国子监。宋欧阳修、宋祁等撰新《唐书》成。诗人梅尧臣卒，积极参与诗文革新，有《宛陵集》传世。

公元1061年，辛丑　宋仁宗嘉祐六年

辽道宗清宁七年　西夏毅宗䜩都五年　宋江东、浙西地方官府组织修治圩田，排灌结合的水利系统大量出现。苏颂编成《图经本草》，收药图933幅，为现存最早的版刻药物图谱。

公元1062年，壬寅　宋仁宗嘉祐七年

辽道宗清宁八年　西夏毅宗䜩都六年　宋颁行《嘉祐编敕》。宋名臣包拯卒（999年生），任官以廉正刚直著称。

公元 1063 年，癸卯　宋仁宗嘉祐八年

辽道宗清宁九年　西夏毅宗拱化元年　宋仁宗卒，英宗赵曙即位。欧阳修《集古录》成书，为我国现存最早的研究金石铭刻的著述。

公元 1064 年，甲辰　宋英宗治平元年

辽道宗清宁十年　西夏毅宗拱化二年　宋复置武举。辽禁止民间私自刊印文字，同时搜求内府所缺经籍。

公元 1065 年，乙巳　宋英宗治平二年

辽道宗咸雍元年　西夏毅宗拱化三年　西夏增设汉、蕃官职，充实行政机构。

公元 1066 年，丙午　宋英宗治平三年

辽道宗咸雍二年　西夏毅宗拱化四年　契丹复国号辽。宋司马光进编年史《通志》。宋有哈雷彗星观测记录。文学家苏洵卒（1009 年生），有《嘉祐集》传世。

公元 1067 年，丁未　宋英宗治平四年

辽道宗咸雍三年　西夏毅宗拱化五年　宋英宗卒，神宗赵顼即位。西夏毅宗卒，惠宗李秉常即位。宋神宗为《通志》赐名《资治通鉴》。书法家蔡襄卒，有《蔡忠惠集》等。

公元 1068 年，戊申　宋神宗熙宁元年

辽道宗咸雍四年　西夏惠宗乾道元年　宋廷酝酿变法。

公元 1069 年，己酉　宋神宗熙宁二年

辽道宗咸雍五年　西夏惠宗乾道二年　宋王安石主持推行以“富国强兵”为目标的新法。颁行农田水利法，建立全国性的农田水利管理制度。

公元 1070 年，庚戌　宋神宗熙宁三年

辽道宗咸雍六年　西夏惠宗天赐礼盛国庆元年　宋都开封分为四个都厢（区），城市设区，为一历史创举。回鹘长篇叙事诗《福乐智慧》成书。

公元 1071 年，辛亥　宋神宗熙宁四年

辽道宗咸雍七年　西夏惠宗天赐礼盛国庆二年　宋王韶开拓熙河。王安石建议改革科举考试制度。宋太学实行“三舍法”，为世界教育史上首次考选升补制度。

公元 1072 年，壬子　宋神宗熙宁五年

辽道宗咸雍八年　西夏惠宗天赐礼盛国庆三年　宋章惇受命开发湖南梅山等地区。日僧成寻至汴京，撰《参天台五台山记》。文学家、思想家欧阳修卒（1007 年生）。

公元 1073 年，癸丑　宋神宗熙宁六年

辽道宗咸雍九年　西夏惠宗天赐礼盛国庆四年　宋设律学，教授法律。哲学家周惇颐卒（1016 年生），有《太极图说》、《通书》等著作传世。

公元 1074 年，甲寅　宋神宗熙宁七年

辽道宗咸雍十年　西夏惠宗天赐礼盛国庆五年　宋置三司会计司，以改良财政会计管理。

公元 1075 年，乙卯　宋神宗熙宁八年

辽道宗大康元年　西夏惠宗大安元年　宋沈括出使辽朝，归来作《使契丹图抄》。颁行《奉元历》。王安石《三经新义》颁于学官。我国第一道治蝗法规颁行。

公元 1076 年，丙辰　宋神宗熙宁九年

辽道宗大康二年　西夏惠宗大安二年　宋沈括创行实测地形方法，测定开封至淮口之地势差。

熙宁三年以来，兴修水利，溉田36万余顷。

公元1077年，丁巳　宋神宗熙宁十年

辽道宗大康三年　西夏惠宗大安三年　宋哲学家邵雍卒（1011年生），著述有《皇极经世》、《伊川击壤集》等。哲学家张载卒（1020年生），有《正蒙》、《横渠易说》等传世。

公元1078年，戊午　宋神宗元丰元年

辽道宗大康四年　西夏惠宗大安四年　北宋此前已大规模开采和广泛利用煤炭，在当时世界上处于领先地位。宋修缮汴京外城竣工。

公元1079年，己未　宋神宗元丰二年

辽道宗大康五年　西夏惠宗大安五年　宋导洛入汴。诏疏浚淮南运河。回鹘民族百科全书式的《突厥语大词典》成书。宋画家文同卒，善画墨竹。

公元1080年，庚申　宋神宗元丰三年

辽道宗大康六年　西夏惠宗大安六年　宋下诏详定官制，改革官位品阶制度。王存等纂修综合性地理总志《元丰九域志》完成。

公元1081年，辛酉　宋神宗元丰四年

辽道宗大康七年　西夏惠宗大安七年　宋五路进攻西夏失败。喀喇汗（黑汗）王朝与宋辽往来频繁，该王朝是中国境内操突厥语的民族建立的第一个穆斯林王朝。

公元1082年，壬戌　宋神宗元丰五年

辽道宗大康八年　西夏惠宗大安八年　宋改革中央官制。西夏破宋永乐城。

公元1083年，癸亥 宋神宗元丰六年

辽道宗大康九年 西夏惠宗大安九年 宋在淮河南岸开龟山运河。文学家曾巩卒（1019年生），文风质朴古雅，有《元丰类稿》传世。

公元1084年，甲子 宋神宗元丰七年

辽道宗大康十年 西夏惠宗大安十年 宋设算学，教授数学。修缮开封城垣。朱长文修苏州地方志《吴郡图经续记》成书。神宗时郭熙与其子郭思合著画论《林泉高致》。

公元1085年，乙丑 宋神宗元丰八年

辽道宗大安元年 西夏惠宗大安十一年 元丰年间，宋铜钱岁铸行量达到506万贯。宋神宗卒，哲宗赵煦即位。理学家程颢卒（1032年生），著作收入《二程全集》中。

公元1086年，丙寅 宋哲宗元祐元年

辽道宗大安二年 西夏惠宗天安礼定元年 宋废除熙丰新法。王安石卒（1021年生），有《临川集》等。司马光卒（1019年生），有《温公集》等。西夏惠宗卒，崇宗李乾顺即位。

公元1087年，丁卯 宋哲宗元祐二年

辽道宗大安三年 西夏崇宗天仪治平二年 宋增置市舶司于泉州。日喀则夏鲁寺创建，壁画艺术成就突出，所存藏经装帧精美考究。

公元1088年，戊辰 宋哲宗元祐三年

辽道宗大安四年 西夏崇宗天仪治平三年 宋苏颂等制作机械操纵的大型天文钟水运仪象台，并撰写《新仪象法要》。沈括奏进《天下郡县图》（《守令图》）。

公元1089年，己巳　宋哲宗元祐四年

辽道宗大安五年　西夏崇宗天仪治平四年　宋分经义、诗赋两科取进士。辽灵丘觉山寺塔建成，为造型优美的密檐式塔。

公元1090年，庚午　宋哲宗元祐五年

辽道宗大安六年　西夏崇宗天祐民安元年　宋、夏画定疆界。熙宁至元祐年间，说唱诸宫调产生。西夏文《大藏经》译成。

公元1091年，辛未　宋哲宗元祐六年

辽道宗大安七年　西夏崇宗天祐民安二年　宋颁法律《元祐敕令格》。颁行《观天历》。

公元1092年，壬申　宋哲宗元祐七年

辽道宗大安八年　西夏崇宗天祐民安三年　宋定立县令考核法。吕大临作《考古图》，是我国最早而系统的古器物图录专著。

公元1093年，癸酉　宋哲宗元祐八年

辽道宗大安九年　西夏崇宗天祐民安四年　宋太皇太后高氏卒，哲宗亲政。完成于元祐年间的太原晋祠侍女彩塑，栩栩如生。辽僧通理大师主持于房山云居寺刻佛经数千石。

公元1094年，甲戌　宋哲宗绍圣元年

辽道宗大安十年　西夏崇宗天祐民安五年　宋哲宗重新推行熙丰新法。

公元1095年，乙亥　宋哲宗绍圣二年

辽道宗寿昌元年　西夏崇宗天祐民安六年　宋再测恒星二十八宿距度。西夏凉州感通塔碑立。著名科学家沈括卒（1031年生），晚年写成名著《梦溪笔谈》。

公元 1096 年，丙子　宋哲宗绍圣三年

辽道宗寿昌二年　西夏崇宗天祐民安七年　女真完颜部逐渐强大。河南荥阳宋墓石棺线刻杂剧画，是中国艺术史上珍贵资料。

公元 1097 年，丁丑　宋哲宗绍圣四年

辽道宗寿昌三年　西夏崇宗天祐民安八年　宋、夏发生军事冲突。

公元 1098 年，戊寅　宋哲宗元符元年

辽道宗寿昌四年　西夏崇宗永安元年　宋范祖禹卒，曾参与修《资治通鉴》，有《范太史集》等传世。

公元 1099 年，己卯　宋哲宗元符二年

辽道宗寿昌五年　西夏崇宗永安二年　宋、夏通好。宋在各州学推行“三舍法”。建于此后的白沙赵大翁等墓，绘有大量壁画，为仿木结构砖雕壁画墓之代表作。

公元 1100 年，庚辰　宋哲宗元符三年

辽道宗寿昌六年　西夏崇宗永安三年　宋哲宗卒，徽宗赵佶即位。李诫等《营造法式》成书。文学家秦观卒，有《淮海集》等传世。辽寿昌间，耶律俨撰《皇朝实录》七十卷。

公元 1101 年，辛巳　宋徽宗建中靖国元年

辽天祚帝乾统元年　西夏崇宗贞观元年　西夏建国学，教授汉学。苏轼卒（1037 年生），有《苏东坡集》等。科学家苏颂卒，有《苏魏公集》。辽道宗卒，天祚帝耶律延禧即位。

公元 1102 年，壬午　宋徽宗崇宁元年

辽天祚帝乾统二年　西夏崇宗贞观二年　宋下令各州县兴学,并设置小学。再度推行熙丰新法。

公元1103年，癸未　宋徽宗崇宁二年

辽天祚帝乾统三年　西夏崇宗贞观三年　宋立“元祐党籍碑”，朝廷政争达到高潮。辽纂太祖诸帝实录。

公元1104年，甲申　宋徽宗崇宁三年

辽天祚帝乾统四年　西夏崇宗贞观四年　宋进据河湟。宋置书学、画学，专习书法、绘画，后并入翰林书画局（画院）。

公元1105年，乙酉　宋徽宗崇宁四年

辽天祚帝乾统五年　西夏崇宗贞观五年　宋划分全国为二十四路。宋立武学法。文学家黄庭坚卒（1045年生），工文章诗词，为江西诗派开创者。

公元1106年，丙戌　宋徽宗崇宁五年

辽天祚帝乾统六年　西夏崇宗贞观六年　宋颁《纪元历》，对回归年、朔望月测定准确。画家李公麟卒，有《五马图》等传世。

公元1107年，丁亥　宋徽宗大观元年

辽天祚帝乾统七年　西夏崇宗贞观七年　宋理学家程颐卒（1033年生），与兄程颢同为“洛学”代表人物，著作被辑为《二程全书》。书画家米芾卒，有《宝晋英光集》等。

公元1108年，戊子　宋徽宗大观二年

辽天祚帝乾统八年　西夏崇宗贞观八年　宋唐慎微《证类本草》正式刊行，更名《大观本草》，为古代重要药典。

公元1109年，己丑 宋徽宗大观三年

辽天祚帝乾统九年 西夏崇宗贞观九年 宋立海商越界法。

公元1110年，庚寅 宋徽宗大观四年

辽天祚帝乾统十年 西夏崇宗贞观十年 北宋户数达到2088万余户，总人口约达1亿。大观时，裴宗元等奉命编纂《太平惠民和剂局方》，是世界上最早的国家药局方之一。

公元1111年，辛卯 宋徽宗政和元年

辽天祚帝天庆元年 西夏崇宗贞观十一年 宋立守令劝农黜陟法。房山云居寺辽砖石塔在此前后陆续建成；压经塔等雕刻精致，造型优美。

公元1112年，壬辰 宋徽宗政和二年

辽天祚帝天庆二年 西夏崇宗贞观十二年 宋继续进行官制改革，更定武官及幕职州县官官名。文学家苏辙卒（1039年生），有《栾城集》等传世。

公元1113年，癸巳 宋徽宗政和三年

辽天祚帝天庆三年 西夏崇宗贞观十三年 宋颁《政和五礼新仪》。

公元1114年，甲午 宋徽宗政和四年

辽天祚帝天庆四年 西夏崇宗雍宁元年 女真族完颜阿骨打起兵反辽。葬于本年的宣化张世卿墓，有彩绘星图，绘黄道十二宫。西夏贞观时颁军事法典《贞观玉镜统》。

公元1115年，乙未 宋徽宗政和五年

辽天祚帝天庆五年 西夏崇宗雍宁二年 金太祖收国元年 女真族完颜阿骨打建立金朝。宋于黄河上建造永久性浮桥。刻于是年的《故耶律氏铭石》，是现存契丹小字珍贵资料。

公元 1116 年，丙申　宋徽宗政和六年

辽天祚帝天庆六年　西夏崇宗雍宁三年　金太祖收国二年　金攻占辽东京。

公元 1117 年，丁酉　宋徽宗政和七年

辽天祚帝天庆七年　西夏崇宗雍宁四年　金太祖天辅元年　宋册封段和誉为云南节度、大理国王。政和时，《圣济总录》成，收方逾二万，对临床医学贡献突出。

公元 1118 年，戊戌　宋徽宗重和元年

辽天祚帝天庆八年　西夏崇宗雍宁五年　金太祖天辅二年　宋金“海上之盟”，策划夹攻辽。金下令访求博学雄才之士。

公元 1119 年，己亥　宋徽宗宣和元年

辽天祚帝天庆九年　西夏崇宗元德元年　金太祖天辅三年　宋夏议和。宋江起义。钱乙《小儿药证直诀》问世。朱彧《萍洲可谈》成书。辽南京天宁寺塔建成。金颁女真大字。

公元 1120 年，庚子　宋徽宗宣和二年

辽天祚帝天庆十年　西夏崇宗元德二年　金太祖天辅四年　宋方腊起义。金占辽上京。

公元 1121 年，辛丑　宋徽宗宣和三年

辽天祚帝保大元年　西夏崇宗元德三年　金太祖天辅五年　宋江起义、方腊起义先后失败。词人周邦彦卒，精音律，著有《片玉词》。

公元 1122 年，壬寅　宋徽宗宣和四年

辽天祚帝保大二年　西夏崇宗元德四年　金太祖天辅六年　金占辽中京、西京和燕京。宋攻辽失败。苏州瑞光塔在此前后重修。

公元1123年，癸卯　宋徽宗宣和五年

辽天祚帝保大三年　西夏崇宗元德五年　金太宗天会元年　宋、金议定交付燕京条件，金将燕京空城归宋。金太祖卒，太宗完颜晟即位。

公元1124年，甲辰　宋徽宗宣和六年

辽天祚帝保大四年　西夏崇宗元德六年　金太宗天会二年　西辽德宗延庆元年 辽天祚帝败于夹山。耶律大石西行，后自立，史称西辽。宋徐兢出使高丽，后撰《宣和奉使高丽图经》。

公元1125年，乙巳　宋徽宗宣和七年

辽天祚帝保大五年　西夏崇宗元德七年　金太宗天会三年　金俘获辽天祚帝。金灭辽，出兵攻宋。宋徽宗传位于钦宗赵桓。徽宗时，张择端创作反映宋都风俗名画《清明上河图》。

公元1126年，丙午　宋钦宗靖康元年

西夏崇宗元德八年　金太宗天会四年　金攻破宋都城开封。至晚在北宋后期，指南针已用于航海，南宋时进一步使用“针盘”导航。

公元1127年，丁未　宋高宗建炎元年

西夏崇宗正德元年　金太宗天会五年　金灭北宋，虏徽、钦二帝北去。“伪楚”政权被推翻。宋高宗赵构重新立国，史称南宋。

公元1128年，戊申　宋高宗建炎二年

西夏崇宗正德二年　金太宗天会六年　宋宗泽联络北方义军抗金，壮志未酬而卒。金大同善化寺三圣殿建成，风格浑厚雄壮。

公元1129年，己酉　宋高宗建炎三年

西夏崇宗正德三年　金太宗天会七年　金军破南宋行都扬州，分兵渡江。宋平息“苗刘之变”。

公元1130年，庚戌　宋高宗建炎四年

西夏崇宗正德四年　金太宗天会八年　黄天荡之战，宋将韩世忠截击金军，世忠妻粱氏击鼓抗金兵。金军被逐出江南。金立伪齐政权。钟相、杨么起义。宋金富平之战，金占领陕西大部。

公元1131年，辛亥　宋高宗绍兴元年

西夏崇宗正德五年　金太宗天会九年　宋初置“见钱关子”，作为一种纸币。《绍兴重修敕令格式》成。张荣军缩头湖之战获胜，金军退出淮南。吴玠军在和尚原大败金军。

公元1132年，壬子　宋高宗绍兴二年

西夏崇宗正德六年　金太宗天会十年　宋修临安（杭州）城。西夏文同音字典《音同》（《韵统》）成书。

公元1133年，癸丑　宋高宗绍兴三年

西夏崇宗正德七年　金太宗天会十一年　宋吴玠军败于饶风关。本年前后，宋楼璹著《耕织图》，宣传推广耕织技术。郑克集中典型疑难案件加以论说，作《折狱龟鉴》。

公元1134年，甲寅　宋高宗绍兴四年

西夏崇宗正德八年　金太宗天会十二年　宋吴玠军在仙人关大败金军。岳飞军克复襄汉。耶律大石以八剌沙衮为西辽都城，称为虎思斡儿朵。

公元1135年，乙卯　宋高宗绍兴五年

西夏崇宗大德元年　金太宗天会十三年　金太宗卒，熙宗完颜亶即位。南宋车船得到推广。杨

么起义失败。宋徽宗卒于东北五国城。理学家杨时卒，有《龟山集》等传世。

公元1136年，丙辰　宋高宗绍兴六年

西夏崇宗大德二年　金熙宗天会十四年　宋将岳飞两度进兵中原。

公元1137年，丁巳　宋高宗绍兴七年

西夏崇宗大德三年　金熙宗天会十五年　金废伪齐。原绘制于北宋后期的《华夷图》、《禹迹图》刻石，代表当时地图绘制先进水平，现存西安碑林。

公元1138年，戊午　宋高宗绍兴八年

西夏崇宗大德四年　金熙宗天眷元年　宋定都临安。宋金初次媾和。金加强中央集权，改燕京枢密院为行台尚书省。女真小字颁行。

公元1139年，己未　宋高宗绍兴九年

西夏崇宗大德五年　金熙宗天眷二年　西夏崇宗卒，仁宗李仁孝即位。南宋抗金名将吴玠卒。

公元1140年，庚申　宋高宗绍兴十年

西夏仁宗大庆元年　金熙宗天眷三年　宋将刘锜大败金军于顺昌。岳飞进兵中原，郾城、颍昌等战大败金军。名臣李纲卒，执政期间坚持抗金，有《梁谿集》传世。

公元1141年，辛酉　宋高宗绍兴十一年

西夏仁宗大庆二年　金熙宗皇统元年　宋金淮西会战。吴璘败金军于剡湾。宋金缔结“绍兴和议”。著名抗金将领岳飞被害于冤狱。

公元1142年，壬戌　宋高宗绍兴十二年

西夏仁宗大庆三年　金熙宗皇统二年　宋金划分地界。宋于盱眙军、光州等地设立榷场，进行宋金互市贸易。

公元1143年，癸亥　宋高宗绍兴十三年

西夏仁宗大庆四年　金熙宗皇统三年　西辽德宗卒，感天后掌政。

公元1144年，甲子　宋高宗绍兴十四年

西夏仁宗人庆元年　金熙宗皇统四年　宋重视水文观测，记载水文资料的长江涪陵白鹤梁石鱼以宋人题刻为最多。西夏令州县各立学校，在皇宫设小学。

公元1145年，乙丑　宋高宗绍兴十五年

西夏仁宗人庆二年　金熙宗皇统五年　宋措置两浙经界，丈量土地，重定税额。西夏尊崇儒学，重太学。金颁女真小字。

公元1146年，丙寅　宋高宗绍兴十六年

西夏仁宗人庆三年　金熙宗皇统六年　宋太学生增额，置武学。

公元1147年，丁卯　宋高宗绍兴十七年

西夏仁宗人庆四年　金熙宗皇统七年　宋郑樵撰纪传体通史《通志》成书，其中“二十略”体现其史学思想精华。

公元1148年，戊辰　宋高宗绍兴十八年

西夏仁宗人庆五年　金熙宗皇统八年　完成于此前后的大足北山石刻造像，为宋代雕刻精品。金令州郡长吏以女真及其他各族人量才通用。西夏选名儒主持内学。

公元1149年，己巳　宋高宗绍兴十九年

西夏仁宗天盛元年　金海陵王天德元年　宋陈旉《农书》成书，反映出江南农业生产精耕细作的技术体系。金海陵王完颜亮杀熙宗，即帝位。

公元1150年，庚午　宋高宗绍兴二十年

西夏仁宗天盛二年　金海陵王天德二年　金罢行台尚书省。西夏文辞书《文海》约在12世纪中叶成书。我国最早的少数民族文字法典——西夏文《天盛律令》修成。

公元1151年，辛未　宋高宗绍兴二十一年

西夏仁宗天盛三年　金海陵王天德三年　金设国子监。南宋著名抗金将领韩世忠卒。

公元1152年，壬申　宋高宗绍兴二十二年

西夏仁宗天盛四年　金海陵王天德四年　宋泉州建成横跨海湾的安平桥，长约五华里，为古代最长的连梁式石板桥。

公元1153年，癸酉　宋高宗绍兴二十三年

西夏仁宗天盛五年　金海陵王贞元元年　金迁都燕京，始称中都。金重定典制，分14路，设总管府。

公元1154年，甲戌　宋高宗绍兴二十四年

西夏仁宗天盛六年　金海陵王贞元二年　贞元年间，金设印造钞引库及交钞库，行钞引法。

公元1155年，乙亥　宋高宗绍兴二十五年

西夏仁宗天盛七年　金海陵王贞元三年　约在此年或稍后，宋著名女词人李清照卒（1084年生），其词作扩大了婉约派情感深度与思想内涵，被称作“易安体”，著有《漱玉词》。

公元1156年，丙子　宋高宗绍兴二十六年

西夏仁宗天盛八年　金海陵王正隆元年　金颁行正隆官制，废中书省、门下省，保留尚书省。金葬始祖以下十帝于中都大房山。宋钦宗卒于东北五国城。

公元1157年，丁丑　宋高宗绍兴二十七年

西夏仁宗天盛九年　金海陵王正隆二年　金毁会宁府旧宫殿及已迁燕京之大族宅第为耕地，以巩固中都的都城地位。

公元1158年，戊寅　宋高宗绍兴二十八年

西夏仁宗天盛十年　金海陵王正隆三年　金准备攻宋，重建南京开封宫室。金铸“正隆通宝”。山西繁峙岩山寺重建，壁画为我国古代绘画史上乘作品。

公元1159年，己卯　宋高宗绍兴二十九年

西夏仁宗天盛十一年　金海陵王正隆四年　金海陵王积极备战，境内人民纷纷起义。宋李焘进《续皇朝公卿百官表》，此前已开始编纂《续资治通鉴长编》。

公元1160年，庚辰　宋高宗绍兴三十年

西夏仁宗天盛十二年　金海陵王正隆五年　宋印造行在会子，以铜钱为本位，行用于东南地区。

公元1161年，辛巳　宋高宗绍兴三十一年

西夏仁宗天盛十三年　金世宗大定元年　金攻宋失败。胶西海战在世界海战史上首次使用火药，宋在采石水战中使用霹雳炮等火器。宋置行在会子务。金世宗完颜雍即位，海陵王被杀。

公元1162年，壬午　宋高宗绍兴三十二年

西夏仁宗天盛十四年　金世宗大定二年　宋高宗传位于孝宗赵昚。宋为岳飞恢复名誉。金免除

“二税户”的奴婢身份。南宋抗金名将刘锜卒。

公元1163年，癸未　宋孝宗隆兴元年

西夏仁宗天盛十五年　金世宗大定三年　宋发行纸币湖广会子，以铁钱为本位。宋攻金，败于符离。犹太教寺院始建于开封。西辽仁宗卒，妹承天后掌政。

公元1164年，甲申　宋孝宗隆兴二年

西夏仁宗天盛十六年　金世宗大定四年　宋金重定和议。宋于江东、浙西等地措置开决围田。金通检诸路物力，此后多次通检推排。

公元1165年，乙酉　宋孝宗乾道元年

西夏仁宗天盛十七年　金世宗大定五年　宋复设盱眙等榷场，重开对金互市贸易。

公元1166年，丙戌　宋孝宗乾道二年

西夏仁宗天盛十八年　金世宗大定六年　宋表彰建炎以来“十三处战功”。裁汰冗兵，发行纸币西淮会子。晋祠献殿建成，为现存献殿建筑最早之例。

公元1167年，丁亥　宋孝宗乾道三年

西夏仁宗天盛十九年　金世宗大定七年　宋以虞允文经略四川。抗金名将吴璘卒。岩山寺壁画绘成，其中城阙宫殿是依据金中都形制所绘，另有村宿民宅、茶楼酒馆等。

公元1168年，戊子　宋孝宗乾道四年

西夏仁宗天盛二十年　金世宗大定八年　宋整顿会子，三年一界，造新换旧，会子法渐趋完备。李焘上《续通鉴长编》，自建隆至治平一〇八卷。宋行《乾道历》。

公元1169年，己丑　宋孝宗乾道五年

西夏仁宗天盛二十一年　金世宗大定九年

公元1170年，庚寅　宋孝宗乾道六年

西夏仁宗乾祐元年　金世宗大定十年　西夏仁宗平定权臣分裂活动。

公元1171年，辛卯　宋孝宗乾道七年

西夏仁宗乾祐二年　金世宗大定十一年　晋江九日山摩崖存两宋石刻59方，是当时海船祈风典礼的铭记，证明宋代海外贸易发达。金创设“女真进士科”。

公元1172年，壬辰　宋孝宗乾道八年

西夏仁宗乾祐三年　金世宗大定十二年　宋颁法律《乾道敕令格式》。朱熹编成《通鉴纲目》初稿及《八朝名臣言行录》。

公元1173年，癸巳　宋孝宗乾道九年

西夏仁宗乾祐四年　金世宗大定十三年　宋朱熹编撰《伊洛渊源录》。金设女真国子学，诸路设女真府学。《赵城金藏》历时25年雕印完成。

公元1174年，甲午　宋孝宗淳熙元年

西夏仁宗乾祐五年　金世宗大定十四年　宋兴修水利，修治江东陂塘沟堰。虞允文卒，执政期间整饬军备，主持抗金。

公元1175年，乙未　宋孝宗淳熙二年

西夏仁宗乾祐六年　金世宗大定十五年　宋哲学家朱熹、陆九渊、吕祖谦等聚于信州鹅湖寺，切磋辩论。茶商赖文政起义。范成大撰《桂海虞衡志》，记述广西风土民俗。

公元1176年，丙申　宋孝宗淳熙三年

西夏仁宗乾祐七年　金世宗大定十六年　宋颁分类法令汇编《吏部条法总类》。袁枢《通鉴纪事本末》刊行。金置府学，凡17处。西夏立《黑河建桥敕碑》，今存张掖。

公元1177年，丁酉　宋孝宗淳熙四年

西夏仁宗乾祐八年　金世宗大定十七年　宋颁《淳熙历》；颁《淳熙重修敕令格式》。

公元1178年，戊戌　宋孝宗淳熙五年

西夏仁宗乾祐九年　金世宗大定十八年　宋周去非撰《岭外代答》，记述岭南地理及社会风俗。西辽承天后被杀，末主即位。

公元1179年，己亥　宋孝宗淳熙六年

西夏仁宗乾祐十年　金世宗大定十九年　宋朱熹复建白鹿洞书院，生员日众。大足宝顶山佛教造像陆续雕凿，形象生动鲜明。

公元1180年，庚子　宋孝宗淳熙七年

西夏仁宗乾祐十一年　金世宗大定二十年　大理文化瑰宝《张胜温画卷》成。宋湖湘学派代表人物张栻卒，有《南轩集》等行世。

公元1181年，辛丑　宋孝宗淳熙八年

西夏仁宗乾祐十二年　金世宗大定二十一年　宋分类法令汇编《淳熙条法事类》颁行。思想家吕祖谦卒，在物候观测基础上撰《庚子辛丑日记》，著作有《吕东莱集》等传世。

公元1182年，壬寅　宋孝宗淳熙九年

西夏仁宗乾祐十三年　金世宗大定二十二年　宋朱熹逐步建立起完整系统的理学体系。女词人朱淑真卒，诗词婉丽清幽，有《断肠集》传世。

公元1183年，癸卯　宋孝宗淳熙十年

西夏仁宗乾祐十四年　金世宗大定二十三年　宋李焘进编年史《续资治通鉴长编》，此后不断修订，总计完成1063卷。朱熹讲学于武夷山。

公元1184年，甲辰　宋孝宗淳熙十一年

西夏仁宗乾祐十五年　金世宗大定二十四年　宋鼓子词等说唱艺术形式流行。史学家李焘卒，生前著述宏富。

公元1185年，乙巳　宋孝宗淳熙十二年

西夏仁宗乾祐十六年　金世宗大定二十五年　宋颁法令《淳熙宽恤诏令》。王称进纪传体北宋史《东都事略》。汉文女真文对照《大金得胜陀颂碑》建成，赵可撰文，今存吉林扶余。

公元1186年，丙午　宋孝宗淳熙十三年

西夏仁宗乾祐十七年　金世宗大定二十六年　宋赵汝愚进《国朝诸臣奏议》；王淮等进《神哲徽钦四朝国史列传》及《皇帝会要》等。

公元1187年，丁未　宋孝宗淳熙十四年

西夏仁宗乾祐十八年　金世宗大定二十七年　宋高宗赵构卒。陆游《剑南诗稿》刊刻。

公元1188年，戊申　宋孝宗淳熙十五年

西夏仁宗乾祐十九年　金世宗大定二十八年　金建女真太学。铸“大定通宝”。金世宗召见全真道士丘长春。

公元1189年，己酉　宋孝宗淳熙十六年

西夏仁宗乾祐二十年　金世宗大定二十九年　宋孝宗传位于光宗赵惇。金世宗卒，章宗完颜璟即位。金大定间，已用铜制器具烧制蒸馏酒。

公元1190年，庚戌　宋光宗绍熙元年

西夏仁宗乾祐二十一年　金章宗明昌元年　宋朱熹《四书集注》刊刻于漳州。西夏骨勒茂才撰《番汉合时掌中珠》，为西夏文与汉文双解辞典。

公元1191年，辛亥　宋光宗绍熙二年

西夏仁宗乾祐二十二年　金章宗明昌二年　两宋之际，兴起于永嘉等地的南戏逐渐完善。

公元1192年，壬子　宋光宗绍熙三年

西夏仁宗乾祐二十三年　金章宗明昌三年　金建成广利石桥，结构坚固，雕刻精美，即今卢沟桥。陆九渊卒，有《象山集》等传世。

公元1193年，癸丑　宋光宗绍熙四年

西夏仁宗乾祐二十四年　金章宗明昌四年　宋周必大著述以胶泥活字印成。诗人范成大卒，有《石湖集》、《吴郡志》等传世。西夏仁宗卒，桓宗李纯祐即位。

公元1194年，甲寅　宋光宗绍熙五年

西夏桓宗天庆元年　金章宗明昌五年　宋孝宗卒，光宗退位，宁宗赵扩即位。徐梦莘《三朝北盟会编》成书。陈亮卒，有《陈龙川集》传世。

公元1195年，乙卯　宋宁宗庆元元年

西夏桓宗天庆二年　金章宗明昌六年　宋学者黄裳卒，曾创造直观天文图示教学法，并进献天文、地理等八图。

公元1196年，丙辰　宋宁宗庆元二年

西夏桓宗天庆三年　金章宗承安元年

公元1197年，丁巳　宋宁宗庆元三年

西夏桓宗天庆四年　金章宗承安二年　金发行铸币“承安宝货”。党怀英撰《重修文宣王庙碑》。

公元1198年，戊午　宋宁宗庆元四年

西夏桓宗天庆五年　金章宗承安三年　宋颁法律《庆元重修敕令格式》。

公元1199年，己未　宋宁宗庆元五年

西夏桓宗天庆六年　金章宗承安四年　宋造《统天历》，确定回归年的数值为365.2425日，是天文学史一大进步。金筑边堡于西南路；令京、府、州、县设普济院。

公元1200年，庚申　宋宁宗庆元六年

西夏桓宗天庆七年　金章宗承安五年　宋思想家、理学集大成者朱熹卒（1130年生），创立了严密丰富的理学体系，对当时及后世产生了重大影响。

公元1201年，辛酉　宋宁宗嘉泰元年

西夏桓宗天庆八年　金章宗泰和元年　金据《唐律》修成《泰和律义》，令次年五月颁行。

公元1202年，壬戌　宋宁宗嘉泰二年

西夏桓宗天庆九年　金章宗泰和二年　宋弛庆元以来之“党禁”。金改交钞法。学者洪迈卒，

有《容斋五笔》、《夷坚志》等著作传世。文学家王庭筠卒，善诗书画。

公元 1203 年，癸亥　宋宁宗嘉泰三年

西夏桓宗天庆十年　金章宗泰和三年　宋颁行法典《庆元条法事类》，此书今存，是研究南宋法制史的珍贵文献。学者陈傅良卒，有《止斋集》等传世。

公元 1204 年，甲子　宋宁宗嘉泰四年

西夏桓宗天庆十一年　金章宗泰和四年　金罢兼官俸给。金令亲军习《孝经》、《论语》。

公元 1205 年，乙丑　宋宁宗开禧元年

西夏桓宗天庆十二年　金章宗泰和五年　宋准备北伐。北宋赵明诚所作《金石录》（李清照后序）重刻。

公元 1206 年，丙寅　宋宁宗开禧二年

西夏襄宗应天元年　金章宗泰和六年　蒙古成吉思汗元年　蒙古铁木真建国，号成吉思汗。西夏桓宗被废，襄宗李安全即位。宋诗人杨万里卒，诗风清新，号“诚斋体”。

公元 1207 年，丁卯　宋宁宗开禧三年

西夏襄宗应天二年　金章宗泰和七年　蒙古成吉思汗二年　宋金继续战争，宋杀韩侂胄，准备议和。著名爱国词人辛弃疾卒（1140 年生），为豪放词派杰出代表。金陈大任等撰《辽史》成。

公元 1208 年，戊辰　宋宁宗嘉定元年

西夏襄宗应天三年　金章宗泰和八年　蒙古成吉思汗三年　宋金议和。金章宗卒，卫绍王完颜永济即位。约在章宗时，董解元撰《西厢记诸宫调》，被誉为“北曲之祖”。

公元1209年，己巳　宋宁宗嘉定二年

西夏襄宗应天四年　金卫绍王大安元年　蒙古成吉思汗四年　蒙古攻西夏，兵临中兴府，西夏请和。宁宗时，画家刘松年作《耕织图》，并有《中兴四将图》传世。

公元1210年，庚午　宋宁宗嘉定三年

西夏襄宗皇建元年　金卫绍王大安二年　蒙古成吉思汗五年　南宋爱国诗人陆游卒（1125年生），善诗词散文，亦长于史学，有《剑南诗稿》、《渭南文集》等行世。

公元1211年，辛未　宋宁宗嘉定四年

西夏神宗光定元年　金卫绍王大安三年　蒙古成吉思汗六年　蒙古攻金，进逼中都。西夏襄宗被废，神宗李遵顼即位。西辽末帝为乃蛮部屈出律所篡。金诗人党怀英卒。

公元1212年，壬申　宋宁宗嘉定五年

西夏神宗光定二年　金卫绍王崇庆元年　蒙古成吉思汗七年　蒙古败金军，攻克东京。

公元1213年，癸酉　宋宁宗嘉定六年

西夏神宗光定三年　金宣宗贞祐元年　蒙古成吉思汗八年　蒙古攻金，深入腹地，金卫绍王被杀，宣宗完颜珣即位。

公元1214年，甲戌　宋宁宗嘉定七年

西夏神宗光定四年　金宣宗贞祐二年　蒙古成吉思汗九年　金迁都南京开封。宋罢金朝岁币。

公元1215年，乙亥　宋宁宗嘉定八年

西夏神宗光定五年　金宣宗贞祐三年　蒙古成吉思汗十年　蒙古占金北京大定府和中都。

公元 1216 年，丙子　宋宁宗嘉定九年

西夏神宗光定六年　金宣宗贞祐四年　蒙古成吉思汗十一年　蒙古围金太原府。

公元 1217 年，丁丑　宋宁宗嘉定十年

西夏神宗光定七年　金宣宗兴定元年　蒙古成吉思汗十二年　金南下攻宋，双方从此不断交战。

公元 1218 年，戊寅　宋宁宗嘉定十一年

西夏神宗光定八年　金宣宗兴定二年　蒙古成吉思汗十三年　南宋是年户数大约 1267 万，约与北宋中期持平。西辽为蒙古所灭。

公元 1219 年，己卯　宋宁宗嘉定十二年

西夏神宗光定九年　金宣宗兴定三年　蒙古成吉思汗十四年　蒙古军第一次西征。

公元 1220 年，庚辰　宋宁宗嘉定十三年

西夏神宗光定十年　金宣宗兴定四年　蒙古成吉思汗十五年　宋攻金邓、唐等州。宋、夏相约夹击金。

公元 1221 年，辛巳　宋宁宗嘉定十四年

西夏神宗光定十一年　金宣宗兴定五年　蒙古成吉思汗十六年　金军攻宋蕲州，使用铁火炮。词人姜夔卒，工诗词，精音乐，为南宋婉约派词宗。

公元 1222 年，壬午　宋宁宗嘉定十五年

西夏神宗光定十二年　金宣宗元光元年　蒙古成吉思汗十七年　金遣使至回鹘城见成吉思汗，请和。

公元1223年，癸未　宋宁宗嘉定十六年

西夏献宗乾定元年　金宣宗元光二年　蒙古成吉思汗十八年　西夏神宗传位于献宗李德旺。金宣宗卒，哀宗完颜守绪即位。宋永嘉学派代表人物叶适卒，有《水心文集》等。

公元1224年，甲申　宋宁宗嘉定十七年

西夏献宗乾定二年　金哀宗正大元年　蒙古成吉思汗十九年　宋宁宗卒，理宗赵昀即位。金开封《女真进士题名碑》刻成，面刻汉文，背刻女真文。

公元1225年，乙酉　宋理宗宝庆元年

西夏献宗乾定三年　金哀宗正大二年　蒙古成吉思汗二十年　金彭义斌义军攻蒙古，义斌战死。宋赵汝适《诸蕃志》成书。卒于理宗初年的画家马远，擅山水画。

公元1226年，丙戌　宋理宗宝庆二年

西夏末帝宝义元年　金哀宗正大三年　蒙古成吉思汗二十一年　西夏献宗卒，末帝李睍即位。成吉思汗率军攻西夏，下黑水等城。

公元1227年，丁亥　宋理宗宝庆三年

西夏末帝宝义二年　金哀宗正大四年　蒙古成吉思汗二十二年　蒙古灭西夏。成吉思汗卒。卒于理宗初年的画家李嵩，有《货郎图》等传世。道教全真教创始人丘处机卒。

公元1228年，戊子　宋理宗绍定元年

金哀宗正大五年　蒙古拖雷监国一年　金名医张从正（子和）卒，善用汗、下、吐三法治疗。

公元1229年，己丑　宋理宗绍定二年

金哀宗正大六年　蒙古太宗元年　窝阔台继蒙古大汗位。宋刻制平江城图碑，为详密的城市平

面图。

公元 1230 年，庚寅　宋理宗绍定三年

金哀宗正大七年　蒙古太宗二年　金将完颜陈和尚以少胜多，解蒙军庆阳之围。

公元 1231 年，辛卯　宋理宗绍定四年

金哀宗正大八年　蒙古太宗三年　蒙古军攻仙人关等地。

公元 1232 年，壬辰　宋理宗绍定五年

金哀宗天兴元年　蒙古太宗四年　蒙古军在三峰山歼金军主力，进围开封。金军在守卫战中使用飞火枪、震天雷等火药兵器。文学家赵秉文卒，有《滏水集》传世。

公元 1233 年，癸巳　宋理宗绍定六年

金哀宗天兴二年　蒙古太宗五年　蒙军占领金都开封。宋应约出兵，与蒙军合围蔡州。

公元 1234 年，甲午　宋理宗端平元年

金哀宗天兴三年　蒙古太宗六年　蔡州城破，金亡。宋力图收复河南，宋、蒙战争开始。蒙古军第二次西征。

公元 1235 年，乙未　宋理宗端平二年

蒙古太宗七年　蒙古出兵进攻四川、襄汉。

公元 1236 年，丙申　宋理宗端平三年

蒙古太宗八年　蒙军长驱入川。

公元 1237 年，丁酉　宋理宗嘉熙元年

蒙古太宗九年　宋、蒙战争，宋杜杲等在安丰军破蒙军。陈自明编撰《妇人大全良方》，是中国第一部较完整的妇产科专著。

公元 1238 年，戊戌　宋理宗嘉熙二年

蒙古太宗十年　宋杜杲在庐州败蒙军。李心传等修高、孝、光、宁四朝实录。

公元 1239 年，己亥　宋理宗嘉熙三年

蒙古太宗十一年　宋将孟珙屡败蒙军。

公元 1240 年，庚子　宋理宗嘉熙四年

蒙古太宗十二年　蒙古以官物代民偿付回回人羊羔息，放诸大王臣所俘男女为民。

公元 1241 年，辛丑　宋理宗淳祐元年

蒙古太宗十三年　蒙古窝阔台汗卒，皇后乃马真氏称制。蒙古分数路进军欧洲。

公元 1242 年，壬寅　宋理宗淳祐二年

蒙古乃马真后称制元年　宋余玠镇守四川，大力整顿军政。蒙古西征结束。拔都以萨莱为都城，建钦察汗国。

公元 1243 年，癸卯　宋理宗淳祐三年

蒙古乃马真后称制二年　宋余玠修筑钓鱼城等处，率军民全力卫蜀。史学家李心传卒，有《建炎以来系年要录》等传世。金学者王若虚卒，有《滹南遗老集》传世。

公元1244年，甲辰　宋理宗淳祐四年

蒙古乃马真后称制三年　蒙古政治家、契丹人耶律楚材卒，历仕成吉思汗、窝阔台汗两朝，致力于保护中原文明。全真教徒编纂《道藏》完成。

公元1245年，乙巳　宋理宗淳祐五年

蒙古乃马真后称制四年　宋、蒙战争。

公元1246年，丙午　宋理宗淳祐六年

蒙古定宗元年　贵由即蒙古大汗位，是为定宗。吐蕃萨斯迦宗教首领班弥怛·功嘉坚藏奉召至凉州，次年见阔端，上纳里、乌思、藏等地归附蒙古。宋抗蒙名将孟珙卒。

公元1247年，丁未　宋理宗淳祐七年

蒙古定宗二年　宋王致远将恒星测量图《天文图》和总舆图《地理图》摹刻上石，现存苏州。秦九韶《数书九章》、宋慈法医学著作《洗冤集录》成书。

公元1248年，戊申　宋理宗淳祐八年

蒙古定宗三年　蒙古贵由卒，斡兀立海迷失皇后称制。拔都召集诸王会议，推举蒙哥为大汗。

公元1249年，己酉　宋理宗淳祐九年

蒙古海迷失后称制元年　宋严禁毁钱铸器。

公元1250年，庚戌　宋理宗淳祐十年

蒙古海迷失后称制二年　宋诏沿海严查私运铜钱，严禁伪造会子。泉州开元寺双塔建成，为中国古代最大石塔。蒙古刘祁卒，所著《归潜志》多为修《金史》所本。

公元1251年，辛亥　宋理宗淳祐十一年

蒙古宪宗元年　蒙哥即大汗位，是为宪宗。宋军收复襄阳、樊城。

公元1252年，壬子　宋理宗淳祐十二年

蒙古宪宗二年　宋颁行《会天历》。蒙古再籍汉地民户，是为壬子户籍。

公元1253年，癸丑　宋理宗宝祐元年

蒙古宪宗三年　蒙古分封汉地民户。旭烈兀出兵西征。忽必烈兵分三路出征云南，灭大理。南宋抗蒙名将余玠卒。

公元1254年，甲寅　宋理宗宝祐二年

蒙古宪宗四年　宋王坚守合州，大规模修城设防，钓鱼城成为军事重镇。

公元1255年，乙卯　宋理宗宝祐三年

蒙古宪宗五年　蒙古兴学校于京兆。

公元1256年，丙辰　宋理宗宝祐四年

蒙古宪宗六年　蒙古忽必烈于漠南筑开平府。旭烈兀灭木剌夷国。宋修浙江堤成。

公元1257年，丁巳　宋理宗宝祐五年

蒙古宪宗七年　蒙哥汗亲征南宋，以阿里不哥留守蒙古。著名文学家、北方文坛领袖元好问卒，有《遗山先生集》、《中州集》等。

公元1258年，戊午　宋理宗宝祐六年

蒙古宪宗八年　蒙古分路大举侵宋，蒙哥统西路军入川。

公元1259年，己未　宋理宗开庆元年

蒙古宪宗九年　蒙哥汗久攻合州不克，死于军中。忽必烈督师围鄂州，后北还。南宋发明突火枪，是原始的管形火器。

公元1260年，庚申　宋理宗景定元年

元世祖中统元年　忽必烈称汗于开平，是为元世祖。厘定官制，设中书省、十路宣抚司等，建年号中统。初行中统元宝交钞。

公元1261年，辛酉　宋理宗景定二年

元世祖中统二年　蒙古立诸路提举学校官。遣官为诸路劝农使。颁布量衡新制。修沁河渠成。宋重申伪造会子之禁。

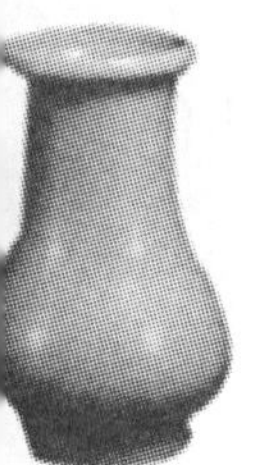

公元1262年，壬戌　宋理宗景定三年

元世祖中统三年　蒙古始定中外官俸禄。以郭守敬提举诸路河渠，大兴水利。

公元1263年，癸亥　宋理宗景定四年

元世祖中统四年　蒙古立枢密院。升开平府为上都。立平准库于燕京。立漕运河渠司。宋陈自明《外科精要》成书，反映出专科临床医学的发展。

公元1264年，甲子　宋理宗景定五年

元世祖至元元年　蒙古改燕京为中都。立翰林学士院。罢汉人世侯，立迁转法。南宋理宗卒，度宗赵禥即位。

公元1265年，乙丑　宋度宗咸淳元年

元世祖至元二年　蒙古定制各路以蒙古人充达鲁花赤（宣差），汉人充总管，回回人充同知。

公元1266年，丙寅　宋度宗咸淳二年

元世祖至元三年　蒙古设立制国用使司。以兵部侍郎黑的、礼部侍郎殷弘使日本。修中都漕渠。

公元1267年，丁卯　宋度宗咸淳三年

元世祖至元四年　蒙古修建中都。札马鲁丁上《万年历》，并制造了我国第一个地球仪。

公元1268年，戊辰　宋度宗咸淳四年

元世祖至元五年　蒙古初立御史台。忽必烈用南宋降将刘整策，发兵围襄樊。南宋行义役法。

公元1269年，己巳　宋度宗咸淳五年

元世祖至元六年　蒙古立四道提刑按察司；颁行八思巴字。宋江湖派诗人刘克庄卒，有《后村先生大全集》传世。

公元1270年，庚午　宋度宗咸淳六年

元世祖至元七年　蒙古初立尚书省，立司农司，设四道巡行劝农司。宋颁布《成天历》。

公元1271年，辛未　宋度宗咸淳七年

元世祖至元八年　忽必烈始建国号为大元；遣皇子北平王那木罕出镇阿力麻里；于上都建回回司天台。

公元1272年，壬申　宋度宗咸淳八年

元世祖至元九年　元罢尚书省，改中都为大都。南宋静江府城池图刻于崖壁，是研究古代城防史与桂林城市史的重要史料。

公元1273年，癸酉　宋度宗咸淳九年

元世祖至元十年　元军破樊城、降襄阳。元官修《农桑辑要》成书，后多次颁行。

公元1274年，甲戌　宋度宗咸淳十年

元世祖至元十一年　元以伯颜为统帅，发大军征南宋。南宋度宗卒，恭帝赵㬎即位。元政治家刘秉忠卒。

公元1275年，乙亥　宋恭帝德祐元年

元世祖至元十二年　元与宋在丁家洲、焦山等地会战，大败宋军，进逼临安。著名西方旅行家马可波罗到达元上都。

公元1276年，丙子　宋端宗景炎元年

元世祖至元十三年　南宋恭帝降元。益王赵昰即位于福州，是为端宗。文天祥等组织抗元斗争。元军入福建、广西。

公元1277年，丁丑　宋端宗景炎二年

元世祖至元十四年　元朝禁江南行用铜钱；置榷场于碉门、黎州，与吐蕃贸易。该年后，曾在泉州、庆元、上海、澉浦、温州、杭州、广州设立过市舶司。

公元1278年，戊寅　宋帝昺祥兴元年

元世祖至元十五年　南宋端宗病逝，卫王赵昺立，移驻广东新会海中崖山。文天祥战败被俘，坚拒诱降，押送途中书《过零丁洋诗》以明心迹。

公元1279年，己卯　元世祖至元十六年

宋帝昺祥兴二年　宋将张世杰与元军海上决战失败，元军破崖山，陆秀夫负幼帝投海，宋亡。

元测量晷度，四海测验之所凡二十七。建大都司天台。马八儿国遣使来元。

公元1280年，庚辰　元世祖至元十七年

理学家姚枢、窦默卒。帝师八思巴卒，著有《彰所知论》等多种著作，所制八思巴字以描写语音精确见长。都实奉命西溯河源，至星宿海。

公元1281年，辛巳　元世祖至元十八年

括江南户口。颁行郭守敬等所制《授时历》。理学家许衡卒，著有《鲁斋遗书》等。开凿自山东东平境内的汶水南下与黄河相联接的济州河成。

公元1282年，壬午　元世祖至元十九年

初通海道漕运。文天祥编《指南录》、作《正气歌》等，就义于大都，大义凛然。

公元1283年，癸未　元世祖至元二十年

颁质子令，凡达官子弟皆赴京师。自山东临清经东昌（今山东聊城）到东平路须城县西南安山的会通河成。

公元1284年，甲申　元世祖至元二十一年

遣人分道测晷影、日月交食。集诸路医士增修《本草》。立常平仓。

公元1285年，乙酉　元世祖至元二十二年

立市舶都转运司与诸路常平盐铁坑冶转运司。以不能救钞法及平抑物价无状，诛杀理财大臣、中书右丞卢世荣。

公元1286年，丙戌　元世祖至元二十三年

颁发大司农司所定《农桑辑要》于各地。

公元1287年，丁亥　元世祖至元二十四年

复分立尚书省及中书省。发行至元通行宝钞，一抵中统钞五。史学家胡三省卒，著《资治通鉴音注》。

公元1288年，戊子　元世祖至元二十五年

太医院新编《本草》成。汴梁路河决二十二处。

公元1289年，己丑　元世祖至元二十六年

籍江南户口。浑天仪成。南宋遗民谢枋得卒，有《秘笈新书》传世。

公元1290年，庚寅　元世祖至元二十七年

括民间兵器。禁汉人田猎。地震，武平地陷，死七千余人。

公元1291年，辛卯　元世祖至元二十八年

颁行《至元新格》。改提刑按察司为肃政廉访司。由郭守敬主持开凿通州至临清段为御河（今卫河），大都至通州为通惠河。

公元1292年，壬辰　元世祖至元二十九年

置乌思藏纳里速古鲁孙等三路宣慰使司都元帅府。

公元1293年，癸巳　元世祖至元三十年

开通惠河，漕粮可直达大都。浙西大水。理学家刘因卒，有《静修集》传世。

公元1294年，甲午　元世祖至元三十一年

世祖病逝，其孙铁穆耳即位于上都，是为元成宗。

公元1295年，乙未　元成宗元贞元年

设各路阴阳教授。令江南地税收钞。南宋遗民谢翱卒，所作诗歌多亡国之思，有《晞发集》等传世。

公元1296年，丙申　元成宗元贞二年

学者王应麟卒，著《困学纪闻》、《玉海》等。

公元1297年，丁酉　元成宗大德元年

元军破海都兵，入八邻地。周达观自真腊归国，后写成《真腊风土记》一书。文学家刘辰翁卒，有《须溪四景诗》传世。

公元1298年，戊戌　元成宗大德二年

据右丞相完泽言，当时岁入之数：金19000两，银6万两，钞360万锭，然不足于用。

公元1299年，己亥　元成宗大德三年

置各路惠民局。除江南诸寺佃户五十万寺籍，使其复为编民。据明人徐光启《农政全书》引明人应训辑《三吴水考》，13世纪后期，风力已用于提水，已有风车。

公元1300年，庚子　元成宗大德四年

约是年，著名戏曲家关汉卿卒，著《窦娥冤》、《救风尘》、《拜月亭》等。公元13世纪后期，黄道婆在松江地区推广棉纺织技术。

公元1301年，辛丑　元成宗大德五年

征缅万户曳福山等进驯象六只。

公元1302年，壬寅　元成宗大德六年

令探马赤军协助江南水手押运海道漕运船，以防海寇。

公元1303年，癸卯　元成宗大德七年

遣使宣抚各地。山西等地连续数月发生地震，太原、平阳死伤严重。《大元大一统志》成书。

公元1304年，甲辰　元成宗大德八年

定蒙古、色目、汉人国子生员额。元朝与西北诸王约和。陈大震《大德南海志》成书。

公元1305年，乙巳　元成宗大德九年

给曲阜林庙洒扫户，以尚珍署田五十顷供孔庙岁祀。

公元1306年，丙午　元成宗大德十年

思想家邓牧卒，著《伯牙琴》。建筑工艺师阿尼哥卒，主持修建大都圣寿万安寺（今北京白塔寺）白塔。元曲家白朴卒于本年后，有杂剧《梧桐雨》和《墙头马上》传世。

公元1307年，丁未　元成宗大德十一年

成宗卒，侄爱育黎拔力八达等发动政变，自北方迎立其兄海山。海山即帝位，是为元武宗，爱育黎拔力八达被立为皇太子。

公元1308年，戊申　元武宗至大元年

禁白莲社，毁其祠宇，以其人还隶民籍。

公元1309年，己酉　元武宗至大二年

改各行中书省为行尚书省。颁行至大银钞。

公元1310年，庚戌　元武宗至大三年

浚会通河。画家高克恭卒，善画山水、墨竹。

公元1311年，辛亥　元武宗至大四年

武宗卒，爱育黎拔力八达即帝位，是为元仁宗。罢尚书省、至大银钞、铜钱。

公元1312年，壬子　元仁宗皇庆元年

云南行省右丞算只儿威有罪，国师搠思吉斡节儿奏请释之，仁宗不从，且斥其不当过问“官事”。

公元1313年，癸丑　元仁宗皇庆二年

行科举。王祯《农书》三十七卷成书。此时土地利用方法已有圩田、围田、柜田、梯田、架田、沙田、涂田等。文学家姚燧卒，有《牧庵集》传世。

公元1314年，甲寅　元仁宗延祐元年

复置回回国子监。维吾尔族人鲁明善《农桑衣食撮要》成书，是我国现存最早的一部由少数民族写的农书。

公元1315年，乙卯　元仁宗延祐二年

潘昂霄《河源志》成书，该书为我国有关河源的第一部专著。

公元1316年，丙辰　元仁宗延祐三年

著名科学家郭守敬卒（1231年生），参与制定《授时历》，创制天文仪器，多次主持修建元代的水利工程。

公元1317年，丁巳　元仁宗延祐四年

命各县置义仓。浚扬州运河。

公元1318年，戊午　元仁宗延祐五年

增江西茶课。宁远、伏羌、成纪等县山崩。

公元1319年，己未　元仁宗延祐六年

暹国遣使至京。追封宋儒周敦颐为道国公。

公元1320年，庚申　元仁宗延祐七年

仁宗卒，皇太子硕德八剌即帝位，是为元英宗。罢回回国子学。

公元1321年，辛酉　元英宗至治元年

元曲作家马致远卒于本年以后，有杂剧《汉宫秋》等传世。道教领袖张留孙卒。

公元1322年，壬戌　元英宗至治二年

著名书画家、文学家赵孟頫卒，他在诗文、音律、书法、绘画、古物鉴定等方面都有很高的成就，为元代画坛领袖。其诗文有《松雪斋文集》十卷。

公元1323年，癸亥　元英宗至治三年

《大元通制》成，颁行天下。英宗为铁失等所杀，晋王也孙铁木儿即帝位，是为元泰定帝。诗人杨载卒。史学家马端临卒，著《文献通考》。

公元1324年，甲子　元泰定帝泰定元年

文学家贯云石卒，著有《贯酸斋诗集》、《酸甜乐府》等。

公元1325年，乙丑　元泰定帝泰定二年

行区田法于内地，颁发《救荒活民书》于州县。

公元1326年，丙寅　元泰定帝泰定三年

周德清约在泰定间作《音韵》。

公元1327年，丁卯　元泰定帝泰定四年

文学家袁桷卒。水利家、画家任仁发卒，多次主持水利工程，撰《浙西水利议答录》，传世的绘画作品有《二骏图》、《五马图》、《张果见明皇图》、《春水凫鹭图》等。

公元1328年，戊辰　元文宗天历元年

泰定帝卒，皇太子阿剌吉八即位于上都，燕帖木儿于大都发动政变，迎武宗之子图帖睦尔为皇帝，是为元文宗。

公元1329年，己巳　元文宗天历二年

和世琜于和林北即帝位，是为元明宗，南来与文宗相会后暴死。文宗复位。立奎章阁学士院，聚集文士鉴赏图书，备皇帝咨询。

公元1330年，庚午　元文宗至顺元年

忽思慧所著饮食学专著《饮膳正要》成书。诗人范梈卒。

公元1331年，辛未　元文宗至顺二年

《经世大典》修成。

公元1332年，壬申　元文宗至顺三年

文宗卒，明宗次子懿璘质班被拥立为帝，是为元宁宗，旋卒。现存世界上最早的火铳于该年铸造。

公元1333年，癸酉　元顺帝元统元年

燕帖木儿卒，和世瑓长子妥欢贴睦尔即位，是为元顺帝。理学家吴澄卒，有《草庐吴文正公全集》传世。中国地理学史上划时代的学者朱思本卒，著有《舆地图》等。

公元1334年，甲戌　元顺帝元统二年

立盐局于京师，官自卖盐。诏蒙古、色目人行父母丧。

公元1335年，乙亥　元顺帝至元元年

凡有妻室之僧，令还俗为民，既而复听其为僧。

公元1336年，丙子　元顺帝至元二年

黄河复于故道。

公元1337年，丁丑　元顺帝至元三年

禁止汉人、南人、高丽人持兵器、养马。

公元1338年，戊寅　元顺帝至元四年

文学家马祖常卒，曾参与修《英宗实录》，译《皇图大训》、《承华事略》为蒙文，有《石田集》

传世。

公元1339年，己卯　元顺帝至元五年

敕赐曲阜宣圣庙碑。加封孝女曹娥为慧感灵孝昭顺纯懿夫人。

公元1340年，庚辰　元顺帝至元六年

监察御史上言，以为宜禁答失蛮、回回、主吾人叔伯为婚姻。以孔克坚袭封衍圣公。

公元1341年，辛巳　元顺帝至正元年

杜本《敖氏伤寒金镜录》成书，该书为我国现存第一部舌诊专书。

公元1342年，壬午　元顺帝至正二年

教皇伯涅的克十二世使节来中国，抵达上都。顺帝遣使者全德里，德里算端遣寓居印度的摩洛哥人伊本·拔图塔率领使团入元报聘。文学家柳贯卒，有《待制集》传世。

公元1343年，癸未　元顺帝至正三年

书画鉴定家、画家柯九思卒。

公元1344年，甲申　元顺帝至正四年

文学家揭傒斯卒，有《文安集》传世。

公元1345年，乙酉　元顺帝至正五年

《辽史》、《金史》、《宋史》修成。《至正条格》修成。元曲作家乔吉卒，有《扬州梦》、《金钱记》等传世。书法家康里人巙巙卒。

公元1346年，丙戌　元顺帝至正六年

颁《至正条格》于天下。

公元1347年，丁亥　元顺帝至正七年

医学家危亦林卒，在麻醉与骨折复位手术上有重大贡献，著《世医得效方》。

公元1348年，戊子　元顺帝至正八年

《六条政类》修成。著名学者虞集卒，有《道园学古录》传世。约是年著名诗人萨都剌卒，有《雁门集》传世。

公元1349年，己丑　元顺帝至正九年

地理学家汪大渊《岛夷志略》成书。

公元1350年，庚寅　元顺帝至正十年

改钞法，行至正交钞，铸至正通宝。公元14世纪中期，娄元礼撰写的《田家五行》问世，是我国现存最早的农业气象专著。

公元1351年，辛卯　元顺帝至正十一年

贾鲁治理黄河。各地红巾军纷纷起义，韩山童、刘福通等于颍州，李二、赵君用、彭早住于徐州，徐寿辉等于蕲州起义。徐寿辉以蕲水为都，国号天完，建元治平。

公元1352年，壬辰　元顺帝至正十二年

郭子兴等起义，据濠州。医学家葛乾孙卒，精于医治肺痨，有《十药神书》传世。史学家、文学家苏天爵卒，撰《元朝名臣事略》，另有《滋溪文稿》传世。

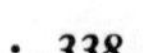

公元1353年，癸巳　元顺帝至正十三年

泰州民张士诚等起义。

公元1354年，甲午　元顺帝至正十四年

画家吴镇卒（1280年生）。约是年，画家黄公望卒（1296年生）。

公元1355年，乙未　元顺帝至正十五年

刘福通等拥立韩山童子韩林儿为皇帝，号小明王，国号宋，建元龙凤，都亳州。

公元1356年，丙申　元顺帝至正十六年

张士诚渡江攻克平江等地。朱元璋取集庆，改为应天府。朱元璋称吴国公。

公元1357年，丁酉　元顺帝至正十七年

宋红巾军分三路北伐。文学家黄溍卒。医学家朱震亨卒，精于伤寒、肺痨、妇科，著《局方发挥》、《丹溪心法》等。

公元1358年，戊戌　元顺帝至正十八年

刘福通取汴梁，迎韩林儿居之，以为都城。刘福通兵攻占上都。文学家欧阳玄卒，有《圭斋集》传世。

公元1359年，己亥　元顺帝至正十九年

徐寿辉将陈友谅自称汉王。戏剧家高明卒，现存南戏剧本，以其《琵琶记》成就最高。

公元1360年，庚子　元顺帝至正二十年

陈友谅称帝，国号大汉。

公元 1361 年，辛丑　元顺帝至正二十一年

朱元璋大举进攻陈友谅。

公元 1362 年，壬寅　元顺帝至正二十二年

明玉珍在四川称帝，国号夏，建元天统。

公元 1363 年，癸卯　元顺帝至正二十三年

朱元璋与陈友谅在鄱阳湖展开决战，陈败死。张士诚出兵袭安丰，刘福通、韩林儿为朱元璋救出。张士诚自称吴王。公哥朵儿只撰写的藏文史籍《红册》成书。

公元 1364 年，甲辰　元顺帝至正二十四年

朱元璋称吴王。朱元璋军下武昌，陈理投降，汉政权灭亡。

公元 1365 年，乙巳　元顺帝至正二十五年

七月，京师大水。

公元 1366 年，丙午　元顺帝至正二十六年

明玉珍卒，子明昇即位。

公元 1367 年，丁未　元顺帝至正二十七年

朱元璋始称吴元年。朱元璋遣徐达等率军北伐。浙东方国珍投降朱元璋。

明清

公元1368年，戊申　明太祖洪武元年

朱元璋在应天府即皇帝位，国号明。明军攻占大都，元朝灭亡，元顺帝逃往上都，史称北元。改大都为北平府。颁“洪武通宝”钱。

公元1369年，己酉　明太祖洪武二年

《元史》修成。诏天下府、州、县皆立学。定封建诸王之制。

公元1370年，庚戌　明太祖洪武三年

诏定科举法。元帝妥欢贴睦尔病逝应昌，谥惠宗（明加谥顺帝），太子爱猷识理达腊继立，仍号大元（北元），退走蒙古和林。《水浒传》作者施耐庵约卒于此年。

公元1371年，辛亥　明太祖洪武四年

置定辽都卫指挥使司于辽阳。设朵甘卫指挥使司，后升格为都指挥使司。设科取士。

公元1372年，壬子　明太祖洪武五年

乌斯藏王入贡，授以元朝所授官。命使以即位建元告琉球中山国，中山国遣使入朝，为建立关系之始。宗喀巴入藏求佛法，为黄教始祖。

公元1373年，癸丑　明太祖洪武六年

在乌斯藏设指挥使司，后升格为都指挥使司。暂罢科举。颁《大明律》。

公元1374年，甲寅　明太祖洪武七年

画家倪瓒卒，擅山水。

公元 1375 年，乙卯　明太祖洪武八年

诏天下立社学。行钞法。造“大明宝钞”。改各都卫为都指挥使司。定辽都卫为辽东都指挥使司。贵州苗民起义。

公元 1376 年，丙辰　明太祖洪武九年

罢行中书省，分全国为十二个布政使司，后增为十三个布政使司。

公元 1377 年，丁巳　明太祖洪武十年

畿辅大水灾。

公元 1378 年，戊午　明太祖洪武十一年

黄河在兰阳决口，为进入明朝后黄河首次决口。琉球山南国来朝。北元爱猷识理达腊卒，子脱古思帖木儿继位。

公元 1379 年，己未　明太祖洪武十二年

四川眉县白莲教彭普贵起义，失败。

公元 1380 年，庚申　明太祖洪武十三年

左丞相胡惟庸因谋反案死，株连者万余人。罢中书省，废丞相。

公元 1381 年，辛酉　明太祖洪武十四年

命各府州县编制赋役黄册，以管理户口、赋役。改国子学为国子监。

公元 1382 年，壬戌　明太祖洪武十五年

洪武时始造边墙（明长城），年代待考。自山海关至嘉峪关，前后修建十八次，万历时完工。

诏天下通祀孔子。复设科举取士，次年颁科举取士式。

公元1383年，癸亥　明太祖洪武十六年

琉球山北国遣使与中山、山南使臣一同来朝。

公元1384年，甲子　明太祖洪武十七年

贵州罗罗族（彝族）土司奢香入朝。建州女真斡朵里部孟特穆袭父职为豆漫，孟特穆为努尔哈赤先世祖。是为满族兴起之始。

公元1385年，乙丑　明太祖洪武十八年

画家王蒙卒，画以山水为主。御制《大诰》成，颁行天下。次年复为续编、三编。于江宁鸡鸣山建观象台，其上安置圭表、风向计等。

公元1386年，丙寅　明太祖洪武十九年

斡朵里部人杨哈刺先年归附后，本年赴北平，后得授新设三万卫百户。

公元1387年，丁卯　明太祖洪武二十年

编鱼鳞图册，以登记田土。帖木儿帝国使臣首次来中国。

公元1388年，戊辰　明太祖洪武二十一年

元主脱古思帖木儿卒。

公元1389年，己巳　明太祖洪武二十二年

置兀良哈三卫。更定《大明律》。倭寇沿海。

公元 1390 年，庚午　明太祖洪武二十三年

黄河在开封、西华等地决口，淹没五千余户。海潮汹涌，决堤二万余丈。

公元 1391 年，辛未　明太祖洪武二十四年

廷臣参考历代礼制，更定冠服、居室、器用制度。

公元 1392 年，壬申　明太祖洪武二十五年

琉球中山、山南派人来国学学习。

公元 1393 年，癸酉　明太祖洪武二十六年

凉国公蓝玉以谋反案死，株连者万五千余人。核定全国土地 850 万顷，户 1065 万，口 6054 万。

公元 1394 年，甲戌　明太祖洪武二十七年

禁钱，用钞。修《寰宇通志》成。

公元 1395 年，乙亥　明太祖洪武二十八年

大兴水利，开塘堰凡四万九百八十七处，河四千一百六十二处，陂渠堤岸五千四十八处。傅安奉使中亚帖木儿帝国撒马儿罕等，后与中亚续有往来。诏土司皆立儒学。

公元 1396 年，丙子　明太祖洪武二十九年

燕王朱棣巡边，败鞑靼兵于彻彻儿山、兀良哈等地。

公元 1397 年，丁丑　明太祖洪武三十年

陈德文奉使中亚哈烈等，加强与中亚的联系。

公元1398年，戊寅　明太祖洪武三十一年

朱元璋卒，庙号太祖，皇太孙朱允炆继位。

公元1399年，己卯　明惠帝建文元年

朱元璋第四子燕王朱棣“靖难”起兵。

公元1400年，庚辰　明惠帝建文二年

燕王兵南下。罗贯中约卒于此年，著有《三国志演义》等。

公元1401年，辛巳　明惠帝建文三年

公元1402年，壬午　明惠帝建文四年

朱棣兵下南京。朱允炆自焚死（或说出亡为僧），弘光时追谥惠宗。朱棣即位。鬼力赤废元国号，称鞑靼。

公元1403年，癸未　明成祖永乐元年

建州女真首领阿哈出归附，赐名李思诚，任建州卫指挥使。疏浚吴淞江。改北平为北京。

公元1404年，甲申　明成祖永乐二年

日本使臣来，以对马、壹岐海寇掠中国沿海，令治之。

公元1405年，乙酉　明成祖永乐三年

郑和首次“下西洋”，抵苏门答剌、古里等处。

公元1406年，丙戌　明成祖永乐四年

赈苏、松等地流民。

公元1407年，丁亥　明成祖永乐五年

《永乐大典》修成，历时五年。郑和等回国后，第二次“下西洋”。

公元1408年，戊子　明成祖永乐六年

初建北京宫殿。浡泥国王来中国，卒于南京。

公元1409年，己丑　明成祖永乐七年

郑和等回国，又第三次“下西洋”，抵占城、锡兰和印度半岛西岸诸国。始建长陵。设奴儿干都司于特林。封瓦剌首领马哈木为顺宁王，太平为贤义王，把秃孛罗为安乐王。

公元1410年，庚寅　明成祖永乐八年

令税粮课程俱折收钞。

公元1411年，辛卯　明成祖永乐九年

郑和等回国。浚修会通河。满剌加国王来中国。

公元1412年，壬辰　明成祖永乐十年

分设建州左卫，以孟特穆为指挥使。

公元1413年，癸巳　明成祖永乐十一年

郑和第四次“下西洋”，抵波斯湾忽鲁谟斯，非洲东岸木骨都束等处。封鞑靼首领阿鲁台为和宁王。

公元1414年，甲午　明成祖永乐十二年

命胡广等纂修《五经四书性理大全》。陈诚等奉使护送哈烈等处使臣回国。泥八剌国沙的新葛来中国，封王。

公元1415年，乙未　明成祖永乐十三年

郑和等回国。陈诚等回国，归著《西域行程记》、《西域番国志》。与中亚诸国往来更加频繁。

公元1416年，丙申　明成祖永乐十四年

爪哇、锡兰、木骨都束等十余国派使者来中国。苏禄东西峒王来中国。

公元1417年，丁酉　明成祖永乐十五年

郑和第五次“下西洋”，护送各国使者回国，厚礼酬赠。

公元1418年，戊戌　明成祖永乐十六年

封瓦刺首领脱欢为顺宁王。

公元1419年，己亥　明成祖永乐十七年

郑和等回国。西藏喇嘛教黄教创始人宗喀巴圆寂（1357年生）。辽东总兵刘江大破倭寇于望海埚。

公元1420年，庚子　明成祖永乐十八年

蒲台、益都、诸城等处唐赛儿起义，失败。北京宫殿落成。古麻剌朗国王来中国。

公元1421年，辛丑　明成祖永乐十九年

迁都北京，南京为留都。郑和第六次“下西洋”，送忽鲁谟斯等十六国使臣回国。

公元1422年，壬寅　明成祖永乐二十年

郑和等回国。

公元1423年，癸卯　明成祖永乐二十一年

锡兰国王来中国。

公元1424年，甲辰　明成祖永乐二十二年

朱棣数北征，是年卒于榆木川，庙号太宗（后改成祖），子朱高炽继立。

公元1425年，乙巳　明仁宗洪熙元年

诏北京诸司悉称行在。朱高炽卒，庙号仁宗，子朱瞻基继立。本草学家周王朱橚卒，著《救荒本草》、《普济方》等。

公元1426年，丙午　明宣宗宣德元年

汉王朱高煦起兵反，失败诛死。

公元1427年，丁未　明宣宗宣德二年

命御史以时巡察各地。

公元1428年，戊申　明宣宗宣德三年

宣德年间用黄铜添加金银等铸成的香炉，工艺考究，世称“宣德炉”。

公元1429年，己酉　明宣宗宣德四年

初设钞关，征收船税。

公元1430年，庚戌　明宣宗宣德五年

眼镜在此前后传入中国，但当时使用不普遍。

公元1431年，辛亥　明宣宗宣德六年

郑和第七次“下西洋”，抵忽鲁谟斯等十七国。

公元1432年，壬子　明宣宗宣德七年

实行中盐法，商人按规定运粮于边，向政府换领盐引。

公元1433年，癸丑　明宣宗宣德八年

郑和船队回国，郑和在归途中卒（一说在南京卒）。孟特穆升为右都督，旋被三万卫杨木答兀袭杀。

公元1434年，甲寅　明宣宗宣德九年

两畿、山东、山西、河南等地蝗。

公元1435年，乙卯　明宣宗宣德十年

朱瞻基卒，庙号宣宗，子朱祁镇继位。畿南、山东、河南、淮安等地蝗。

公元1436年，丙辰　明英宗正统元年

始征金花银。

公元1437年，丁巳　明英宗正统二年

黄、淮泛滥，河南、江北府县水灾严重。

公元1438年，戊午　明英宗正统三年

京师地震。瓦剌酋长脱欢立脱脱不花为主，自为丞相专国事。

公元1439年，己未　明英宗正统四年

瓦剌脱欢卒，子也先袭位，称太师、淮王，称雄各部。京师大雨，河南北、山东、江南、江西等大水，损失严重。周宪王朱有燉卒，著《牡丹仙》等杂剧三十一种，总名《诚斋乐府》。

公元1440年，庚申　明英宗正统五年

大修北京宫殿。西北大雨，南、北大水。

公元1441年，辛酉　明英宗正统六年

定都北京，诏诸司不称行在。

公元1442年，壬戌　明英宗正统七年

北方各省旱灾、蝗灾严重。分置建州右卫，以孟特穆弟凡察、子充善均升都督同知，分掌左、右卫事。

公元1443年，癸亥　明英宗正统八年

铸针灸俞穴铜人像，有666处穴位孔，现存于南京。

公元1444年，甲子　明英宗正统九年

新建太学成。

公元1445年，乙丑　明英宗正统十年

京师地震。

公元 1446 年，丙寅　明英宗正统十一年

倭掠沿海。京师地震。

公元 1447 年，丁卯　明英宗正统十二年

处州叶宗留、陈鉴胡等起义，次年战死。余部坚持三年，失败。

公元 1448 年，戊辰　明英宗正统十三年

沙县邓茂七起义，攻邵武等地，与叶宗留起义呼应，次年战死，失败。

公元 1449 年，己巳　明英宗正统十四年

瓦剌入掠，土木堡之变，朱祁镇被俘。于谦拥郕王朱祁钰称帝，奉祁镇为太上皇，保卫北京，败瓦剌。南海黄萧养起义，次年败死。

公元 1450 年，庚午　明景帝景泰元年

瓦剌释放朱祁镇回京。数学家吴敬撰成《九章算法比类大全》。

公元 1451 年，辛未　明景帝景泰二年

也先杀鞑靼可汗脱脱不花自立。

公元 1452 年，壬申　明景帝景泰三年

赈各地流民。全国大范围大旱。京城“隆福寺商贸店”建立。

公元 1453 年，癸酉　明景帝景泰四年

也先称大元田盛大可汗，年号添元。

公元1454年，甲戌　明景帝景泰五年

也先被杀（一说次年卒）。

公元1455年，乙亥　明景帝景泰六年

南、北大旱，北京蝗灾。

公元1456年，丙子　明景帝景泰七年

北京、山东、河南连月雨，大水。湖广、南京、浙江、江西旱。

公元1457年，丁丑　明英宗天顺元年

朱祁镇复辟，祁钰被废为郕王，旋卒，成化时追谥景帝，后加庙号代宗。于谦被害。

公元1458年，戊寅　明英宗天顺二年

修《一统志》。充善袭父职为建州左卫右都督，次年改左都督。

公元1459年，己卯　明英宗天顺三年

公元1460年，庚辰　明英宗天顺四年

苏州名园留园约本年建成。陕西庆阳大陨石，人死伤以万计。大水。

公元1461年，辛巳　明英宗天顺五年

总督京营太监曹吉祥及昭武伯曹钦在京城反叛，怀宁伯孙镗讨平之。

公元1462年，壬午　明英宗天顺六年

画家戴进卒，画山水，兼擅人物。

公元1463年，癸未　明英宗天顺七年

开龙首渠，疏浚郑、白渠。

公元1464年，甲申　明英宗天顺八年

朱祁镇卒，庙号英宗，遗诏停止用宫人殉葬，子朱见深立。立武举法。理学家薛瑄卒，有《薛文清集》传世。

公元1465年，乙酉　明宪宗成化元年

荆襄流民起义，刘通、石龙起房县，转战楚、豫、陕，次年败死。

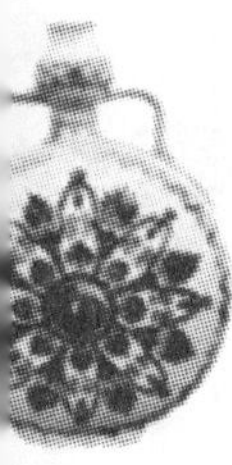

公元1466年，丙戌　明宪宗成化二年

江淮大旱。

公元1467年，丁亥　明宪宗成化三年

四川自先年六月至本年四月屡屡地震。

公元1468年，戊子　明宪宗成化四年

湖广、江西连年灾，免被灾税粮。

公元1469年，己丑　明宪宗成化五年

理学家吴与弼卒，有《吴康斋先生集》传世。以充善子妥罗为建州左卫都指挥同知。

公元1470年，庚寅　明宪宗成化六年

荆襄起义军余部李原再起。南、北方大旱、饥。

公元1471年，辛卯　明宪宗成化七年

李原失败，被俘杀。

公元1472年，壬辰　明宪宗成化八年

京师久旱，运河水涸。

公元1473年，癸巳　明宪宗成化九年

山东大饥。

公元1474年，甲午　明宪宗成化十年

修筑长城近900公里。

公元1475年，乙未　明宪宗成化十一年

官修马医书《类方马经》问世。

公元1476年，丙申　明宪宗成化十二年

荆襄流民再起事，加以安抚、镇压，分设郧阳府管治。京师地震。

公元1477年，丁酉　明宪宗成化十三年

甘肃、宁夏、山东等地地震，南京等地水灾。

公元1478年，戊戌　明宪宗成化十四年

设武科乡试、会试。

公元1479年，己亥　明宪宗成化十五年

连年灾，免山东、湖广、南畿、河南、四川、江西被灾税粮。

公元1480年，庚子　明宪宗成化十六年

禁势家侵占民田。

公元1481年，辛丑　明宪宗成化十七年

禁私铸钱。

公元1482年，壬寅　明宪宗成化十八年

卫、漳、滹沱河泛涨，漕河八十余处决口，河南淫雨三月，淹死万余人。

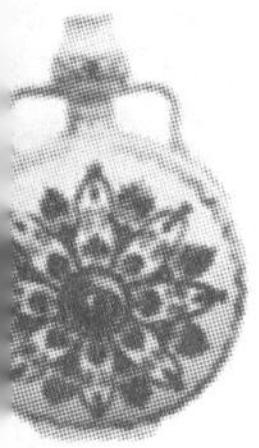

公元1483年，癸卯　明宪宗成化十九年

公元1484年，甲辰　明宪宗成化二十年

学者胡居仁卒，著《居业录》。京师地震。

公元1485年，乙巳　明宪宗成化二十一年

大规模发粮赈饥，减免税粮，全活灾民无算。妥罗晋升建州左卫都督。

公元1486年，丙午　明宪宗成化二十二年

鞑靼小王子犯甘州。

公元1487年，丁未　明宪宗成化二十三年

朱见深卒，庙号宪宗，子朱祐樘继位。

公元 1488 年，戊申　明孝宗弘治元年

鞑靼部首领小王子，自称大元汗，深入河套。

公元 1489 年，己酉　明孝宗弘治二年

黄河在开封府境决口六处，河水南流淹归德、徐州入淮河，北流淹曹州入运河，发夫五万整治。

公元 1490 年，庚戌　明孝宗弘治三年

芦沟桥建成。京师地震。

公元 1491 年，辛亥　明孝宗弘治四年

是年全国户 910 万，口 5300 万。

公元 1492 年，壬子　明孝宗弘治五年

征求遗书，充实内阁及北京、南京国子监。黄河多处决口流入运河，夺汶河入海，征发十五万人整治。

公元 1493 年，癸丑　明孝宗弘治六年

北京大旱、蝗灾。发出大量银、米粮济北方饥民，救活二百六十余万人。

公元 1494 年，甲寅　明孝宗弘治七年

辽东、山东、云南等处地震。

公元 1495 年，乙卯　明孝宗弘治八年

黄河自金明昌五年分二道入海，至此经过整治，始合一由南道，即经淮安东北流入大海。

公元1496年，丙辰　明孝宗弘治九年

公元1497年，丁巳　明孝宗弘治十年

敕阁臣纂修《会典》。

公元1498年，戊午　明孝宗弘治十一年

禁中外奢靡逾制。

公元1499年，己未　明孝宗弘治十二年

严左道惑众之禁。

公元1500年，庚申　明孝宗弘治十三年

学者陈献章卒，著《白沙集》。两京地震。

公元1501年，辛酉　明孝宗弘治十四年

陕西、山西平阳、蒲州地震。

公元1502年，壬戌　明孝宗弘治十五年

使用方格簇育蚕。出现填食肥育的填鸭法。邝璠编撰刊刻《便民图纂》，书中利民用者颇多。《大明会典》成书。

公元1503年，癸亥　明孝宗弘治十六年

赈两畿、浙江、山东、河南、湖广灾。

公元1504年，甲子　明孝宗弘治十七年

严谶纬妖书之禁。

公元1505年，乙丑　明孝宗弘治十八年

朱祐樘卒，庙号孝宗，子朱厚照继立。官修《本草品汇精要》稿成。宦官刘瑾始用权，残害异己，刻剥百姓。

公元1506年，丙寅　明武宗正德元年

妥罗卒，子脱原保袭建州左卫指挥使、都督。禁吏民奢靡。

公元1507年，丁卯　明武宗正德二年

开浙江、福建、四川银矿。

公元1508年，戊辰　明武宗正德三年

山东、四川、江西等地农民起义。

公元1509年，己巳　明武宗正德四年

画家沈周卒，擅绘山水。保宁蓝廷瑞、鄢本恕、廖惠等起义，称王，分四十八总管，转战川陕楚交界地区。

公元1510年，庚午　明武宗正德五年

霸州、文安刘六、刘七起义。

公元1511年，辛未　明武宗正德六年

刘六兄弟与杨虎、齐彦名等合，分两路转战鲁、豫等地。蓝廷瑞等在川北发展，后失败死。

公元1512年，壬申　明武宗正德七年

刘六在黄州败死。刘七、齐彦名在通州狼山战死，失败。

公元1513年，癸酉　明武宗正德八年

苏州名园拙政园初步建成。在此前后，江南名园还有上海露香园、桃园，常熟拂水山庄，太仓乐郊园等。

公元1514年，甲戌　明武宗正德九年

京师地震。乾清宫火毁重修，加全国赋。

公元1515年，乙亥　明武宗正德十年

云南赵州、丽江、鹤庆等地地震，死伤严重。

公元1516年，丙子　明武宗正德十一年

散文家李东阳卒，其文典雅流丽，并工篆隶，著《怀麓堂集》。

公元1517年，丁丑　明武宗正德十二年

葡萄牙人冒充满剌加使者名抵广州。

公元1518年，戊寅　明武宗正德十三年

赈两畿、山东水灾。

公元1519年，己卯　明武宗正德十四年

宁王朱宸濠在南昌起兵反，失败诛死。淮、扬等处大饥。

公元 1520 年，庚辰　明武宗正德十五年

赈淮、扬诸府饥。

公元 1521 年，辛巳　明武宗正德十六年

朱厚照卒，庙号武宗，堂弟朱厚熜立。

公元 1522 年，壬午　明世宗嘉靖元年

嘉靖时魏良辅等取弋阳、海盐等腔和民曲之长，改革昆腔。散文家何景明卒，著《何氏集》。长江流域大旱，淮河流域凤阳至淮安大风雨，损失惨重。

公元 1523 年，癸未　明世宗嘉靖二年

日本使团在宁波内讧，乘机焚掠。画家唐寅卒（1470 年生），精山水人物楼阁，著有《六如居士全集》。

公元 1524 年，甲申　明世宗嘉靖三年

脱原保不知所终。两畿、河南、山东、陕西同时地震。

公元 1525 年，乙酉　明世宗嘉靖四年

《大礼集议》成，颁示天下。

公元 1526 年，丙戌　明世宗嘉靖五年

书画家祝允明卒（1470 年生 ），精工书法，擅画山水花卉。赈京畿、湖广饥。

公元 1527 年，丁亥　明世宗嘉靖六年

公元1528年，戊子　明世宗嘉靖七年

理学家王守仁卒（1472年生），主致良知，世称阳明学、心学、王学、姚江之学，有《王文成公全书》传世。

公元1529年，己丑　明世宗嘉靖八年

文学家李梦阳卒。倡文学复古运动，著《空同子集》等。

公元1530年，庚寅　明世宗嘉靖九年

分别于北京正阳、安定、朝阳、阜城四门之外，建圜丘、方泽、日坛、月坛，称四郊坛。

公元1531年，辛卯　明世宗嘉靖十年

公元1532年，壬辰　明世宗嘉靖十一年

明初传进的葡萄牙造铜质后装式火炮，中国人称为佛郎机炮，嘉靖时改良铸炮技术，渐用铁铸。

公元1533年，癸巳　明世宗嘉靖十二年

免浙江、河南被灾税粮，赈云南饥。

公元1534年，甲午　明世宗嘉靖十三年

更圜丘为天坛，方泽为地坛。陈侃使琉球，记云：过钓鱼岛诸岛，“见古米山，乃属琉球者”（即古米山才是琉球国土）。

公元1535年，乙未　明世宗嘉靖十四年

鄢陵种植玉米有记载。玉米当早已传入我国。

公元1536年，丙申　明世宗嘉靖十五年

神御阁建成，更名皇史宬。

公元1537年，丁酉　明世宗嘉靖十六年

北京雨连绵数月不停，房屋倾倒，军民多压死。鲁、豫、陕、江、浙水灾，湖广尤甚。

公元1538年，戊戌　明世宗嘉靖十七年

两京、山东、陕西、福建、湖广大旱。

公元1539年，己亥　明世宗嘉靖十八年

诏赦天下。

公元1540年，庚子　明世宗嘉靖十九年

朱宪炜袭封辽王，擅戏曲，著杂剧《玉阑干》、散曲《垂窗绒》等。

公元1541年，辛丑　明世宗嘉靖二十年

思想家王艮卒，有《王心斋先生遗集》传世。

公元1542年，壬寅　明世宗嘉靖二十一年

宫人杨金英等不堪摧残，谋杀皇帝，失败，被杀。

公元1543年，癸卯　明世宗嘉靖二十二年

鞑靼俺答屡入塞。

公元1544年，甲辰　明世宗嘉靖二十三年

思想家王廷相卒，有《王氏家藏集》传世。

公元1545年，乙巳　明世宗嘉靖二十四年

南、北方大面积旱灾。

公元1546年，丙午　明世宗嘉靖二十五年

免山东、河南被灾税粮。

公元1547年，丁未　明世宗嘉靖二十六年

倭寇侵掠加剧，江浙闽沿海受祸最烈。朱纨督明军抵御。思想家罗钦顺卒，著《困知记》等。

公元1548年，戊申　明世宗嘉靖二十七年

京师地震。免陕西被灾税粮。

公元1549年，己酉　明世宗嘉靖二十八年

江南水稻品种已达三十八个。免畿内被灾税粮。

公元1550年，庚戌　明世宗嘉靖二十九年

鞑靼俺答汗在位，率军围北京，称“庚戌之变”。医家沈之问著防治麻风病专著《解围元薮》。

公元1551年，辛亥　明世宗嘉靖三十年

思想家黄绾卒，有《明道编》传世。京师地震。免两畿、河南、江西、辽东、贵州、山东、山西被灾税粮。

公元1552年，壬子　明世宗嘉靖三十一年

倭寇犯浙江，大掠舟山、象山，洗劫温、台、宁、绍间。

公元1553年，癸丑　明世宗嘉靖三十二年

葡萄牙人贿赂明地方官，被许入澳门通商。

公元1554年，甲寅　明世宗嘉靖三十三年

倭寇北犯通、泰等州，直至山东界，南犯嘉兴、崇明、昆山，掠苏州。

公元1555年，乙卯　明世宗嘉靖三十四年

画家仇英约本年卒，擅山水人物楼阁。张经、俞大猷大破倭寇于王江泾。

公元1556年，丙辰　明世宗嘉靖三十五年

山陕豫地震，死八十余万人。戚继光组织戚家军抗倭。

公元1557年，丁巳　明世宗嘉靖三十六年

葡萄牙人在澳门搭盖房屋居住，为盘踞澳门之始。

公元1558年，戊午　明世宗嘉靖三十七年

俞大猷逐倭寇出浙江。

公元1559年，己未　明世宗嘉靖三十八年

画家文征明卒（1470年生），擅山水人物花卉。

公元1560年，庚申　明世宗嘉靖三十九年

散文家唐顺之卒，有《荆川文集》传世。

公元1561年，辛酉　明世宗嘉靖四十年

范钦建天一阁藏书。河套地震，死人无算。

公元1562年，壬戌　明世宗嘉靖四十一年

学者邹守益卒，王学弟子，建复初书院讲学，著《东廓集》。

公元1563年，癸亥　明世宗嘉靖四十二年

戚继光、俞大猷在台州大败倭寇。

公元1564年，甲子　明世宗嘉靖四十三年

戚继光大破倭寇于仙游。学者罗洪先卒，著《广舆图》等。

公元1565年，乙丑　明世宗嘉靖四十四年

戚继光、俞大猷等继续在福建抗击倭寇，倭患渐趋平息。

公元1566年，丙寅　明世宗嘉靖四十五年

户部主事海瑞上疏，忤帝下狱。朱厚熜卒，庙号世宗，子朱载垕继立。释海瑞于狱。

公元1567年，丁卯　明穆宗隆庆元年

重录《永乐大典》，历五年完成。开放海禁，准贩东西二洋。

公元1568年，戊辰　明穆宗隆庆二年

戏曲家李开先卒，作《宝剑记》等。学者杨慎卒，有《太史杨升庵全集》等传世。北方自陕西至辽东、山东地震、山崩。

公元1569年，己巳　明穆宗隆庆三年

京师地震。

公元1570年，庚午　明穆宗隆庆四年

文学家李攀龙卒，著《沧溟集》等。疏浚吴淞江，开白茆河。

公元1571年，辛未　明穆宗隆庆五年

赐封俺答汗顺义王，通贡互市。散文家归有光卒，有《震川文集》等传世。

公元1572年，壬申　明穆宗隆庆六年

朱载垕卒，庙号穆宗，子朱翊钧继位。俺答汗修建呼和浩特城。

公元1573年，癸酉　明神宗万历元年

张居正以内阁首辅专国政，推行改革。

公元1574年，甲戌　明神宗万历二年

学者钱德洪卒，从王守仁学，恢宏师说，著《阳明夫子年谱》等。

公元1575年，乙亥　明神宗万历三年

明廷应俺答汗请求，将呼和浩特命名为归化城。南直隶大水，浙江杭州等四府海潮泛滥。

公元1576年，丙子　明神宗万历四年

黄河连年决口。

公元1577年，丁丑　明神宗万历五年

通令全国清丈土地。

公元1578年，戊寅　明神宗万历六年

俺答汗尊黄教锁南坚错为“圣识一切瓦尔达赖喇嘛”，即达赖喇嘛三世。是为达赖喇嘛称号之始。

公元1579年，己卯　明神宗万历七年

思想家何心隐卒，有《何心隐集》传世。张居正请废书院，凡毁六十四处。

公元1580年，庚辰　明神宗万历八年

颁黄册式。刊刻《十三经注疏》。

公元1581年，辛巳　明神宗万历九年

通行一条鞭法。俺答汗卒，妾三娘子掌鞑靼部军、政事务。

公元1582年，壬午　明神宗万历十年

《西游记》作者吴承恩卒。意大利耶稣会士利玛窦抵中国。苏州等府大水，死亡、损失严重。张居正卒（1525年生）。

公元1583年，癸未　明神宗万历十一年

努尔哈赤起兵，为统一女真战争之始。封鞑靼三娘子为忠顺夫人。学者王畿卒，有《龙溪先生全集》传世。

公元1584年，甲申 明神宗万历十二年

京师地震。

公元1585年，乙酉 明神宗万历十三年

两京地震。

公元1586年，丙戌 明神宗万历十四年

京师地震。

公元1587年，丁亥 明神宗万历十五年

抗倭名将戚继光卒（1528年生）。再封三娘子为忠顺夫人。南水、北旱，河决开封。

公元1588年，戊子 明神宗万历十六年

三世达赖喇嘛锁南坚错圆寂。

公元1589年，己丑 明神宗万历十七年

浙江台风海溢，死亡、损失惨重。

公元1590年，庚寅 明神宗万历十八年

文学家、史学家王世贞卒，有《有弇山堂别集》等传世。直隶、山东、河南界连各府风灾，死伤损失严重。

公元1591年，辛卯 明神宗万历十九年

晒青茶见于记载，时称日晒茶。

公元1592年，壬辰　明神宗万历二十年

《西游记》壬辰序刊。明军援朝抗倭。金鱼外传日本。程大位著成《算法统宗》。

公元1593年，癸巳　明神宗万历二十一年

画家戏曲家徐渭卒，著《南词叙录》。医药学家李时珍卒，著《本草纲目》。戏曲家汪道昆卒，著《大雅堂乐府》。戏曲家梁辰鱼约本年卒，作《浣纱记》。番薯本年或稍前传入中国。

公元1594年，甲午　明神宗万历二十二年

努尔哈赤与海西女真、蒙古科尔沁、锡伯等九部古勒之战，九部联军大败。

公元1595年，乙未　明神宗万历二十三年

封努尔哈赤为龙虎将军。潘季驯卒，嘉、万间四任治黄总督，倡“束水攻沙法”，著有《河防一览》等。京师地震。

公元1596年，丙申　明神宗万历二十四年

太监作为矿监税使被派往各地。此后反矿监税使的民变蜂起。

公元1597年，丁酉　明神宗万历二十五年

茶叶抄青技术已相当精细。京师地震。

公元1598年，戊戌　明神宗万历二十六年

明将邓子龙在援朝抗倭战争中英勇牺牲。朝鲜倭乱平。

公元1599年，己亥　明神宗万历二十七年

额尔德尼等创制满文。“陈李济”药店在广州开业。

公元1600年，庚子　明神宗万历二十八年

烟草在此前后传入我国，迅速传播。散文家袁宗道卒。宗道与弟宏道、中道称三袁，创文学公安派。京师地震。

公元1601年，辛丑　明神宗万历二十九年

利玛窦献自鸣钟、《坤舆万国全教图》，获准留居北京传教。

公元1602年，壬寅　明神宗万历三十年

思想家李贽卒(1527年生),著《焚书》、《续焚书》等。学者胡应麟卒,有《少室山房笔丛》传世。

公元1603年，癸卯　明神宗万历三十一年

京畿雨雹成灾。

公元1604年，甲辰　明神宗万历三十二年

荷兰人韦麻郎率船队首次进犯澎湖。无锡建东林书院，顾宪成、高攀龙等人讲学其中，品评人物，参与政治，时人谓之东林党。

公元1605年，乙巳　明神宗万历三十三年

始创亲田法。京师地震。

公元1606年，丙午　明神宗万历三十四年

茶叶始输入欧洲。

公元1607年，丁未　明神宗万历三十五年

厄鲁特、鞑靼联合歼灭入侵厄鲁特的哥萨克。

公元1608年，戊申　明神宗万历三十六年

喻本元、喻本亨撰著《元亨疗马集》问世。京师地震。

公元1609年，己酉　明神宗万历三十七年

福建、浙江、江西大水；湖广、四川、河南、山西旱；京畿、山东、徐州蝗。

公元1610年，庚戌　明神宗万历三十八年

利玛窦卒，葬于北京，著有《利玛窦中国札记》。戏曲家沈璟卒，著有《属玉堂传奇》十七种。《金瓶梅》刊刻，署名兰陵笑笑生所作。钦天监参用西洋历法修历。

公元1611年，辛亥　明神宗万历三十九年

两京、湖广、两广、河南大水。乐律家朱载堉卒，创十二平均律，对声学旋宫尤多新解，著《乐律全书》。

公元1612年，壬子　明神宗万历四十年

东林党人顾宪成卒（1550年生），有《顾端文公遗书》传世。

公元1613年，癸丑　明神宗万历四十一年

鞑靼部女首领三娘子卒。

公元1614年，甲寅　明神宗万历四十二年

李之藻译《圜容较义》成书。

公元1615年，乙卯　明神宗万历四十三年

努尔哈赤将原建四旗改定为八旗制度。历史家王圻卒，著《续文献通考》等。

公元1616年，丙辰　明神宗万历四十四年

戏曲家汤显祖卒（1550年生），作品有《牡丹亭》等。努尔哈赤称汗，建国号金。

公元1617年，丁巳　明神宗万历四十五年

学者陈第卒，著《毛诗古音考》等。

公元1618年，戊午　明神宗万历四十六年

努尔哈赤以“七大恨”誓师反明。思想家吕坤卒,著《去伪斋文集》、《呻吟语》等。京师地震。

公元1619年，己未　明神宗万历四十七年

明、金萨尔浒之战，明军大败。

公元1620年，庚申　明神宗万历四十八年　明光宗泰昌元年

朱翊钧卒，庙号神宗，子朱常洛继位，卒，庙号光宗，子朱由校立。英船育尼康号抵澳门，为英船来华之始。学者焦竑卒，著《焦氏澹园集》等。

公元1621年，辛酉　明熹宗天启元年

努尔哈赤攻占辽阳、沈阳。荷兰雷约兹率船队占据台湾南部。茅元仪《武备志》编纂成书。王象晋撰《群芳谱》问世。

公元1622年，壬戌　明熹宗天启二年

德国耶稣会士汤若望来华。雷约兹进占澎湖。闻香教徐鸿儒在山东郓城起义称帝，失败被害。

公元1623年，癸亥　明熹宗天启三年

京师地震。是年全国户983万，口5160万。

公元1624年，甲子　明熹宗天启四年

荷兰人被迫从澎湖撤往台湾。葡萄牙耶稣会士安夺德抵阿里，为传教士入西藏之始。话本集《喻世明言》成书，在此前后还有《警世通言》、《醒世恒言》。

公元1625年，乙丑　明熹宗天启五年

太监魏忠贤主持，毁首善书院，并命毁所有东林党人讲学的书院。

公元1626年，丙寅　明熹宗天启六年

官办军器工场王恭厂爆炸。袁崇焕守宁远，击败努尔哈赤。努尔哈赤卒（1559年生），追谥为清太祖，子皇太极立。北京大水，江北先旱后水。物理学家王徵著《新制诸器图说》刊行。

公元1627年，丁卯　明熹宗天启七年

皇太极攻大凌河、宁远、锦州失利，明军获宁锦大捷。朱由校卒，庙号熹宗，弟朱由检立。澄城农民抗粮起义。王徵与西士邓玉函合译《远西奇器图说》刊行。

公元1628年，戊辰　明思宗崇祯元年

王嘉胤、高迎祥等在陕西起义。杭州等三府台风、大雨，漂没数万人。

公元1629年，己巳　明思宗崇祯二年

议改历法。后金围北京，袁崇焕率师入援。下袁崇焕于狱，次年被杀。

公元1630年，庚午　明思宗崇祯三年

李自成、张献忠参加起义。厄鲁特蒙古土尔扈特部本年前后西迁伏尔加河。

公元 1631 年，辛未　明思宗崇祯四年

汤若望开始在京从事天文、历算、火炮、传教工作。

公元 1632 年，壬申　明思宗崇祯五年

小麦育苗移栽技术、看苗施肥技术及太湖流域“桑基鱼塘”已在此前出现。

公元 1633 年，癸酉　明思宗崇祯六年

荷兰等国海盗商船历年来抢掠沿海，攻南澳失败。历算家、农学家徐光启卒（1562 年生）。复社于苏州虎丘集会，各地士子数千人参加。

公元 1634 年，甲戌　明思宗崇祯七年

《崇祯历书》修成。

公元 1635 年，乙亥　明思宗崇祯八年

高迎祥、李自成等克凤阳。陈祖绶编绘《皇明职方地图》，次年绘竣刊印。

公元 1636 年，丙子　明思宗崇祯九年

清太宗崇德元年　皇太极称帝，国号大清。高迎祥在陕西被俘，押送京师，被害。李自成为闯王。

公元 1637 年，丁丑　明思宗崇祯十年

清太宗崇德二年　书画家董其昌卒，擅山水、书法。宋应星《天工开物》初刻行世。英船四艘违禁抵广州求市，挑衅，被击退。清颁满蒙汉字历。“叶开泰”药店在武汉开业。

公元 1638 年，戊寅　明思宗崇祯十一年

清太宗崇德三年　女诗人柳如是作《戊寅草》，后续有《湖上草》、《柳如是尺牍》等。

公元1639年，己卯　明思宗崇祯十二年

清太宗崇德四年　明清松锦之战开始，历时三年余，明军大败。学者陈继儒卒，善诗文书画，有《陈眉公全集》传世。徐光启《农政全书》，陈子龙增删、刊印。

公元1640年，庚辰　明思宗崇祯十三年

清太宗崇德五年　名医张介宾卒，著有《张景岳全书》。

公元1641年，辛巳　明思宗崇祯十四年

清太宗崇德六年　地理学家、旅行家徐弘祖卒，有《徐霞客游记》传世。李自成克洛阳，张献忠克襄阳。

公元1642年，壬午　明思宗崇祯十五年

清太宗崇德七年　五世达赖推翻藏巴汗，形成三大领主对藏统治。医学家吴有性著《瘟疫论》。

公元1643年，癸未　明思宗崇祯十六年

清太宗崇德八年　李自成破西安。皇太极卒，庙号太宗，子福临继立。沙俄武装哥萨克在波雅科夫率领下入侵黑龙江。华北鼠疫流行，本年京师死者众。

公元1644年，甲申　明思宗崇祯十七年

清世祖顺治元年　清迁都北京。李自成在西安称帝，国号大顺。李自成克北京。朱由检卒，庙号思宗。山海关之战，大顺军败走。朱由崧在南京称帝，史称南明。

公元1645年，乙酉　清世祖顺治二年

西藏班禅称号始见史册。李自成卒。史可法卒。朱聿键在福州称帝，年号隆武。朱以海在绍兴监国。清廷始议修《明史》。《新法历书》编成。

公元 1646 年，丙戌　清世祖顺治三年

首届会试在京举行，傅以渐成清代第一名状元。朱由崧卒。清军下福建，朱聿键卒。朱由榔在肇庆称帝，年号永历。张献忠在西充阵亡。文学家冯梦龙卒。

公元 1647 年，丁亥　清世祖顺治四年

《大清律》修成，颁行全国。清廷再举会试，吕宫成清代第二名状元。

公元 1648 年，戊子　清世祖顺治五年

设六部汉尚书、都察院汉左都御史。

公元 1649 年，己丑　清世祖顺治六年

西藏达赖喇嘛遣使朝贡。

公元 1650 年，庚寅　清世祖顺治七年

清廷颁行满译本《三国演义》。摄政王多尔衮卒。

公元 1651 年，辛卯　清世祖顺治八年

世祖亲政，整饬吏治。

公元 1652 年，壬辰　清世祖顺治九年

西藏达赖喇嘛抵京，在南苑谒见清世祖。郭怀一领导台湾人民反荷起义。清军开始反击沙俄入侵。画家陈洪绶卒。

公元 1653 年，癸巳　清世祖顺治十年

清廷命儒臣将《五经》译为满文。册封五世达赖喇嘛。从此达赖转世，必经中央册封。赐汤若

望通玄教师。

公元1654年，甲午　清世祖顺治十一年

清廷命儒臣以满文译明《洪武大诰》。陕甘等地地震。文学家侯方域卒。

公元1655年，乙未　清世祖顺治十二年

清廷编成《资政要览》、《劝善要言》，兴文教，崇经术。满文《大清律》颁行。沙俄遣使抵京，为沙俄使清之始。

公元1656年，丙申　清世祖顺治十三年

清廷命儒臣编纂《通鉴全书》、《孝经衍义》。

公元1657年，丁酉　清世祖顺治十四年

编年体明史《国榷》撰成，作者谈迁卒。

公元1658年，戊戌　清世祖顺治十五年

谷应泰撰《明史纪事本末》刊行。清廷改订官制，满汉官员品级划一。

公元1659年，己亥　清世祖顺治十六年

清军下昆明。朱由榔逃亡缅甸。清廷严禁溺女恶习。比利时耶酥会士南怀仁来华。藏书家毛晋卒。

公元1660年，庚子　清世祖顺治十七年

清廷定八旗都统以下汉官名。法国商人至广东通商。

公元1661年，辛丑　清世祖顺治十八年

福临卒，庙号世祖，子玄烨继位。郑成功征台湾，驱逐荷兰殖民者。清军入缅，朱由榔被执。文学家金圣叹卒（1608年生）。陆世仪著《思辨录辑要》刊行。

公元1662年，壬寅　清圣祖康熙元年

四世班禅圆寂。小彻辰萨囊台吉著《蒙古源流》成书。郑成功卒。颁行统一钱币康熙通宝。民间手工艺人孙云球卒。医学家张志聪卒。

公元1663年，癸卯　清圣祖康熙二年

宋应星约在此年前后卒。文字狱《明史》案结案。黄宗羲著《明夷待访录》成。画家僧弘仁卒，开创新安画派。

公元1664年，甲辰　清圣祖康熙三年

清军攻下郧西夔东山区，大顺军余部抗清失败。张煌言在杭州遇害。

公元1665年，乙巳　清圣祖康熙四年

北京地震。清廷新旧历法之争结案，新历受挫，汤若望罢官，杨光先任钦天监监正。

公元1666年，丙午　清圣祖康熙五年

汤若望卒（1591年生）。孙奇逢著《理学宗传》成。

公元1667年，丁未　清圣祖康熙六年

顾炎武著《音学五书》在淮安开刻。

公元 1668 年，戊申　清圣祖康熙七年

鲁南地震，伤亡惨重，波及邻省。

公元 1669 年，己酉　清圣祖康熙八年

清除权臣鳌拜势力。历法冤案昭雪，杨光先罢官，南怀仁任钦天监监副。经学家刁包卒，有《易酌》等传世。“同仁堂”药店在京开业，为中国四大药店之一。

公元 1670 年，庚戌　清圣祖康熙九年

选取满汉官学生学习天文。清廷致力端正社会风气，颁《圣谕十六条》。

公元 1671 年，辛亥　清圣祖康熙十年

学者方以智卒（1611 年生），有《通雅》、《物理小识》等传世。噶尔丹成准噶尔部实际首领，数年后统治厄鲁特四部。

公元 1672 年，壬子　清圣祖康熙十一年

满译本《大学衍义》刊行。思想家陆世仪卒，有《思辨录》等传世。“松竹斋”（后“荣宝斋”）在北京开业。

公元 1673 年，癸丑　清圣祖康熙十二年

吴三桂在昆明反，自称周王。三藩之乱开始。画家僧髡残卒。

公元 1674 年，甲寅　清圣祖康熙十三年

福建耿精忠等相继叛乱。学者张履祥卒，有《杨园全集》传世。

公元1675年，乙卯　清圣祖康熙十四年

英国人到厦门通商。学者孙奇逢卒，有《理学宗传》等传世。

公元1676年，丙辰　清圣祖康熙十五年

广东尚之信叛。耿精忠降。史学家查继佐卒，有《罪惟录》传世。

公元1677年，丁巳　清圣祖康熙十六年

尚之信降，仍不奉调遣。儒臣撰《日讲四书解义》成，玄烨作序。经学家张尔岐卒。理学家陈确卒。画家王鉴卒。

公元1678年，戊午　清圣祖康熙十七年

《日讲四书解义》颁发满汉文武大臣。吴三桂在衡州称帝，国号大周，同年卒。

公元1679年，己未　清圣祖康熙十八年

京师和畿辅地震，损失惨重。试博学鸿儒。重开史馆，纂修《明史》。王概等编《芥子园画传》初集成书。学者张岱卒，有《石匮书》及其后集传世。

公元1680年，庚申　清圣祖康熙十九年

尚之信卒。耿精忠被捕。云南楚雄等地地震。文学家李渔卒，有《闲情偶寄》等传世。

公元1681年，辛酉　清圣祖康熙二十年

郑经卒，台湾内乱，次子郑克塽立。清军克昆明，三藩乱平。

公元1682年，壬戌　清圣祖康熙二十一年

耿精忠诛。五世达赖圆寂。学者顾炎武卒（1613年生），遗著汇为《亭林遗书》。学者朱之瑜

流亡日本卒。天文学家王锡阐卒（1628年生）。

公元1683年，癸亥　清圣祖康熙二十二年

郑克塽降，台湾回归。废除海禁，招民开荒复业。山西地震。经学家万斯大卒（1633年生）。理学家吕留良卒。文学家施闰章卒。

公元1684年，甲子　清圣祖康熙二十三年

《日讲易经解义》颁行全国。纂修《大清会典》。玄烨至曲阜拜谒孔庙。学者傅山卒（1602年生），有《霜红龛集》传世。台湾设一府三县。

公元1685年，乙丑　清圣祖康熙二十四年

雅克萨战争开始，败沙俄入侵军。纂修《简明赋役全书》。满族词人纳兰性德卒，有《通志堂集》传世。

公元1686年，丙寅　清圣祖康熙二十五年

纂修《大清一统志》。理学家魏裔介卒。画家王时敏卒。

公元1687年，丁卯　清圣祖康熙二十六年

建周公、孔子、孟子庙碑，玄烨作碑文。理学家汤斌、魏象枢卒。

公元1688年，戊辰　清圣祖康熙二十七年

南怀仁卒，赠官予谥。禁妇女从夫死。洪昇写成名剧《长生殿》。陈淏子花卉名著《花镜》问世。理学家朱用纯卒。

公元 1689 年，己巳　清圣祖康熙二十八年

《中俄尼布楚条约》签订。张英等编《孝经衍义》成，刊行全国。玄烨南巡河工。画家龚贤卒，为金陵八家之首。

公元 1690 年，庚午　清圣祖康熙二十九年

乌兰布通之战，噶尔丹被清军击败北逃。《大清会典》编成。画家恽寿平卒（1633 年生），开创常州画派。

公元 1691 年，辛未　清圣祖康熙三十年

玄烨与喀尔喀蒙古诸部举行多伦会盟。封哲布尊丹巴呼图克图一世为大喇嘛。

公元 1692 年，壬申　清圣祖康熙三十一年

学者王夫之卒（1619 年生），遗著汇为《船山遗书》。历史地理学家顾祖禹卒，有《读史方舆纪要》传世。理学家陆陇其卒，有《三鱼堂集》传世。

公元 1693 年，癸酉　清圣祖康熙三十二年

重修曲阜孔子庙落成。黄宗羲著《明儒学案》在河北刊行。医学家张璐著《本经逢源》成。建筑师雷发达卒。

公元 1694 年，甲戌　清圣祖康熙三十三年

玄烨召试儒臣，考题为《理学真伪论》。儒臣徐乾学卒，有《读礼通考》传世。

公元 1695 年，乙亥　清圣祖康熙三十四年

学者黄宗羲卒（1610 年生），遗著汇为《梨洲遗书》。山西地震，伤亡甚众。学者刘献廷卒，有《广阳杂记》传世。

公元1696年，丙子　清圣祖康熙三十五年

昭莫多之战，噶尔丹再遭清军重创。颜元主持漳南书院讲席，倡导习行经济之学。诗人屈大均卒，有《广东新语》等传世。

公元1697年，丁丑　清圣祖康熙三十六年

清廷重申严禁溺女陋习。噶尔丹卒，侄策妄阿拉布坦取代。六世达赖仓央嘉错坐床。

公元1698年，戊寅　清圣祖康熙三十七年

玄烨巡视河工，改浑河名为永定河。

公元1699年，己卯　清圣祖康熙三十八年

玄烨再度南下，巡视黄淮河工。孔尚任写成名剧《桃花扇》。官修《春秋传说汇纂》成。朱圭刊焦秉贞绘《耕织图》成。

公元1700年，庚辰　清圣祖康熙三十九年

玄烨以治河为要务，多次出京郊巡视永定河工程。

公元1701年，辛巳　清圣祖康熙四十年

清廷遣官赴喀尔喀蒙古，教授耕作技术。藏书家钱曾卒。学者费密卒，有《弘道书》等传世。

公元1702年，壬午　清圣祖康熙四十一年

玄烨再度南下，巡视治河工程。史学家万斯同卒，对清修《明史》贡献尤多，有《石园文集》等传世。

公元1703年，癸未　清圣祖康熙四十二年

始建承德避暑山庄，历五年初步建成。始修《全唐诗》。

公元1704年，甲申　清圣祖康熙四十三年

颁布标准铁斛，统一全国量器。思想家颜元卒，著有《四存编》。经学家阎若璩卒，有《尚书古文疏证》等传世。思想家唐甄卒，有《潜书》传世。

公元1705年，乙酉　清圣祖康熙四十四年

学者李颙卒,有《二曲集》等传世。画家朱耷(八大山人)卒(1624年生),善书画,尤擅花鸟。

公元1706年，丙戌　清圣祖康熙四十五年

封拉藏汗为翊法恭顺汗，掌摄全西藏。官修《古文渊鉴》、《资治通鉴纲目》颁行。

公元1707年，丁亥　清圣祖康熙四十六年

清廷始修《皇舆全览图》。《全唐诗》刊行。画家僧石涛卒（1641年生），著有《苦瓜和尚画语录》。

公元1708年，戊子　清圣祖康熙四十七年

《清文鉴》、《佩文斋书画谱》、《广群芳谱》成书。学者潘耒卒，有《遂初堂集》传世。

公元1709年，己丑　清圣祖康熙四十八年

学者朱彝尊卒，有《经义考》、《日下旧闻》等传世。始建圆明园。

公元1710年，庚寅　清圣祖康熙四十九年

吴升任广东水师副将，率船巡视南海诸岛，周遭三千里。清廷宣布，自明年起，三年内分批普

免各省钱粮。始修《康熙字典》。

公元 1711 年，辛卯　清圣祖康熙五十年

台湾凤山、诸罗等处地震。吴乘权著《纲鉴易知录》成。儒臣王士禛卒，有《池北偶谈》等传世。

公元 1712 年，壬辰　清圣祖康熙五十一年

颁盛世滋生人丁永不加赋诏。遣图理琛等赴伏尔加河探视土尔扈特部。官修《朱子全书》成，朱熹从祀孔庙，牌位升至大成殿。

公元 1713 年，癸巳　清圣祖康熙五十二年

封五世班禅罗桑益西为班禅额尔德尼。《律历渊源》成。《佩文韵府》刊行。经学家毛奇龄卒，有《西河合集》传世。戴名世《南山集》案结案。

公元 1714 年，甲午　清圣祖康熙五十三年

清廷查禁小说。学者胡渭卒，有《禹贡锥指》、《易图明辨》等传世。画家李鱓入宫供奉，后为扬州八怪之一。

公元 1715 年，乙未　清圣祖康熙五十四年

文学家蒲松龄卒，有短篇小说集《聊斋志异》等传世。经学家姚际恒约卒于本年，有《九经通论》等传世。画家王原祁卒（1642 年生），开创娄东画派。

公元 1716 年，丙申　清圣祖康熙五十五年

清廷改革税制，丁银摊入地亩。《康熙字典》成书。

公元1717年，丁酉　清圣祖康熙五十六年

策妄阿拉布坦所派策零敦多布占领拉萨，杀害拉萨汗。清廷再禁天主教，严查白莲教。画家王翚卒（1632年生），曾主绘《康熙南巡图》卷。

公元1718年，戊戌　清圣祖康熙五十七年

《皇舆全览图》绘成。画家吴历卒，擅山水画。

公元1719年，己亥　清圣祖康熙五十八年

《骈字类编》、《子史精华》编成。

公元1720年，庚子　清圣祖康熙五十九年

罗马教皇格勒门十一世遣使来华，禁止中国教徒祀孔祭祖，玄烨力加驳斥。

公元1721年，辛丑　清圣祖康熙六十年

朱一贵在台湾起义，失败。数学家梅文鼎卒（1633年生），有《历算全书》等传世。

公元1722年，壬寅　清圣祖康熙六十一年

玄烨卒，庙号圣祖，子胤禛继位。

公元1723年，癸卯　清世宗雍正元年

哲布尊丹巴呼图克图一世圆寂，后传至八世。确定秘密建储法。

公元1724年，甲辰　清世宗雍正二年

全面推行摊丁入地。续修《清会典》。

公元1725年，乙巳　清世宗雍正三年

扩建圆明园。新修《大清律集解》成。

公元1726年，丙午　清世宗雍正四年

全面推行改土归流。胤祉、陈梦雷等辑《古今图书集成》刊印。

公元1727年，丁未　清世宗雍正五年

中俄《布连斯奇界约》签订。策妄阿拉布坦卒，子噶尔丹策零继立。设立驻藏大臣。诗人查慎行卒，有《敬业堂集》传世。

公元1728年，戊申　清世宗雍正六年

清廷命各省重修通志。

公元1729年，己酉　清世宗雍正七年

始禁鸦片。颁行《大义觉迷录》。年希尧著中国最早研究透视画法的《视学》。

公元1730年，庚戌　清世宗雍正八年

京师、畿辅地震。新修曲阜阙里文庙，建贤良祠。

公元1731年，辛亥　清世宗雍正九年

清军与准噶尔部和通淖尔之战，清军大败。

公元1732年，壬子　清世宗雍正十年

吕留良案结案。胤禛继位后，屡兴文字狱，尤以此案历时最久，影响最为深远。

公元 1733 年，癸丑　清世宗雍正十一年

命各省设立书院。续修《清会典》告成。学者李塨卒，有《大学辨业》等传世。

公元 1734 年，甲寅　清世宗雍正十二年

画家高其佩卒，以指画著称。

公元 1735 年，乙卯　清世宗雍正十三年

胤禛卒，庙号世宗，子弘历立。收回《大义觉迷录》。纂修《八旗氏族通谱》。

公元 1736 年，丙辰　清高宗乾隆元年

颁十三经、二十一史于各府州县学。试博学鸿词。

公元 1737 年，丁巳　清高宗乾隆二年

永定河溃决，整饬河工。

公元 1738 年，戊午　清高宗乾隆三年

宁夏银川、平罗地震，伤亡甚大。修川陕南北栈道。《八旗通志》书成。

公元 1739 年，己未　清高宗乾隆四年

《明史》刊行。《国朝画征录》成。颁行《钦定四书文》。

公元 1740 年，庚申　清高宗乾隆五年

重辑《大清律例》及纂修《大清一统志》成。

公元 1741 年，辛酉　清高宗乾隆六年

命各省督抚、学政采访遗书。经学家惠士奇卒，有《易说》、《礼说》等传世。

公元 1742 年，壬戌　清高宗乾隆七年

于崖州设黎人学十三所。江苏盐城河决。官修大型农书《授时通考》问世。

公元 1743 年，癸亥　清高宗乾隆八年

禁止种烟。纂修《医宗金鉴》成书。

公元 1744 年，甲子　清高宗乾隆九年

圆明园基本建成。诗人赵执信卒，有《饴山堂集》传世。宗教书画总录《秘殿珠林》二十四卷成书。

公元 1745 年，乙丑　清高宗乾隆十年

清廷宣布，自明年起，以三年为期，分批普免各省钱粮。《石渠宝笈》成书。

公元 1746 年，丙寅　清高宗乾隆十一年

修《明通鉴纲目》成。医学家叶天士卒，有《温热论》等传世。《九宫大成谱》编成。

公元 1747 年，丁卯　清高宗乾隆十二年

重刊《十三经注疏》及二十一史成。《皇清文颖》修成。历代名人书法墨迹《三希堂法帖》三十二卷上石刊成。

公元 1748 年，戊辰　清高宗乾隆十三年

弘历东巡曲阜，释奠孔庙。官修《三礼义疏》成。

公元1749年，己巳　清高宗乾隆十四年

文学家方苞卒，桐城派古文之祖，有《周官集注》等传世。清廷命大臣荐举潜心经学之士。

公元1750年，庚午　清高宗乾隆十五年

学者李绂卒，有《陆子学谱》等传世。

公元1751年，辛未　清高宗乾隆十六年

经学特科取中四人，两人实授国子监司业，两人予虚衔。

公元1752年，壬申　清高宗乾隆十七年

德国船“普鲁士国王”号来华通商。学者厉鹗卒，有《辽史拾遗》等传世。

公元1753年，癸酉　清高宗乾隆十八年

禁止以满文译《水浒传》、《西厢记》。江苏铜山河决，严惩贻误河工官员。

公元1754年，甲戌　清高宗乾隆十九年

文学家吴敬梓卒，有长篇小说《儒林外史》等传世。厄鲁特蒙古辉特部台吉阿睦尔撒纳投清。

公元1755年，乙亥　清高宗乾隆二十年

阿睦尔撒纳叛，沙俄劝其投俄。学者全祖望卒，有《鲒埼亭集》等传世。英国东印度公司派洪任辉至浙江，要求在宁波通商。

公元1756年，丙子　清高宗乾隆二十一年

《大清通礼》纂成。画家华喦卒（1682年生），擅山水，工花鸟。

公元1757年，丁丑　清高宗乾隆二十二年

阿睦尔撒纳逃亡沙俄，卒。海上贸易限在广州，禁外商至江浙闽海关贸易。

公元1758年，戊寅　清高宗乾隆二十三年

回部霍集占叛乱。经学家惠栋卒，有《周易述》等传世。

公元1759年，己卯　清高宗乾隆二十四年

学者顾栋高卒，有《春秋大事表》传世。

公元1760年，庚辰　清高宗乾隆二十五年

在乌鲁木齐、伊犁屯田垦荒，移民实边。

公元1761年，辛巳　清高宗乾隆二十六年

清廷命汉苗通婚，概免查禁。

公元1762年，壬午　清高宗乾隆二十七年

任命明瑞为伊犁将军。学者江永卒，有《古韵标准》等传世。

公元1763年，癸未　清高宗乾隆二十八年

蒙古族科学家明安图约本年卒，有《割圆密率捷法》等传世。

公元1764年，甲申　清高宗乾隆二十九年

曹雪芹约本年卒（1724年生），有长篇小说《红楼梦》传世。画家金农卒，扬州八怪之一。学者秦蕙田卒，有《五礼通考》传世。

公元1765年，乙酉　清高宗乾隆三十年

锡伯族人自盛京迁抵伊犁河南戍守。书画家郑燮卒（1693年生），扬州八怪之一，著有《板桥全集》。篆刻家丁敬卒，为西泠八家之首。

公元1766年，丙戌　清高宗乾隆三十一年

大小金川土司叛。哈萨克族塔塔拜等率部内附（前此陆续迁入）。《清会典》刊行。意大利传教士郎世宁卒，生前为宫廷画家。

公元1767年，丁亥　清高宗乾隆三十二年

《续文献通考》成书。再修《续通典》、《续通志》。

公元1768年，戊子　清高宗乾隆三十三年

《御批通鉴辑览》成书。学者齐召南卒，有《水道提纲》等传世。

公元1769年，己丑　清高宗乾隆三十四年

销毁钱谦益著述。弘历屡兴文字狱。文学家沈德潜卒（1673年生），有《清诗别裁》等传世。

公元1770年，庚寅　清高宗乾隆三十五年

《平定准噶尔方略》书成。名医薛雪卒，有《医经原旨》等传世。

公元1771年，辛卯　清高宗乾隆三十六年

渥巴锡汗率土尔扈特部返回伊犁地区。渥巴锡汗等朝觐。

公元1772年，壬辰　清高宗乾隆三十七年

命各省督抚、学政购访遗书，为修《四库全书》之始。名医徐大椿卒，有《医学源流论》等传

世。学者杭世骏卒，有《道古堂集》等传世。

公元1773年，癸巳　清高宗乾隆三十八年

《四库全书》开馆，命自《永乐大典》等书中辑佚书。以满文译《大藏经》。修《日下旧闻考》。

公元1774年，甲午　清高宗乾隆三十九年

英印政府派乔治·布治尔至日喀则活动；以后英国人频繁进藏。清水教王伦在寿张起义，失败。禁毁屈大均著述。

公元1775年，乙未　清高宗乾隆四十年

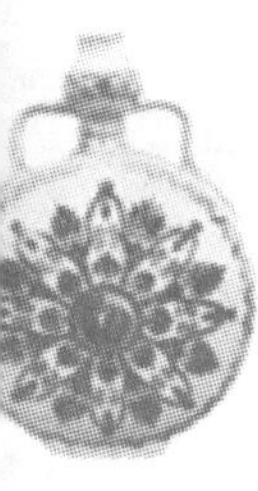

建文渊、文源、文津三阁，备藏《四库全书》。六世班禅贝丹意希认定西藏由中国皇帝管辖，拒绝与英国东印度公司建立直接关系。禁毁陈建《皇明通纪》、金堡《遍行堂集》等。

公元1776年，丙申　清高宗乾隆四十一年

大小金川叛乱平定。清廷为《四库全书》馆确定图书禁毁、删改原则，古籍横遭删毁。

公元1777年，丁酉　清高宗乾隆四十二年

学者戴震卒（1722年生），有《孟子字义疏证》等传世。

公元1778年，戊戌　清高宗乾隆四十三年

《四库全书荟要》编成。

公元1779年，己亥　清高宗乾隆四十四年

修《蒙古王公功绩表传》、《回部王公表传》。文宗阁建成，备藏《四库全书》。

公元 1780 年，庚子　清高宗乾隆四十五年

文汇阁建成，备藏《四库全书》。

公元 1781 年，辛丑　清高宗乾隆四十六年

纪昀等编《四库全书总目提要》成。苏四十三率甘肃撒拉族、回族起义，失败。沈宗骞《芥舟学画编》成书。

公元 1782 年，壬寅　清高宗乾隆四十七年

《四库全书》编成，历时十年。《皇舆西域图志》成书。修《河源纪略》。

公元 1783 年，癸卯　清高宗乾隆四十八年

辑《古今储贰金鉴》。诗人黄景仁卒，有《两当轩集》传世。

公元 1784 年，甲辰　清高宗乾隆四十九年

田五继起领导甘肃撒、回起义，失败。美国船“中国皇后”号抵广州通商。

公元 1785 年，乙巳　清高宗乾隆五十年

女作家陈端生撰成南词《再生缘》十七卷，后由梁楚生续三卷，侯芝修改。续修《大清一统志》成。《清文献通考》编成。

公元 1786 年，丙午　清高宗乾隆五十一年

台湾天地会林爽文、庄大田起义。四川地震。经学家孔广森卒，有《春秋公羊通义》等传世。

公元 1787 年，丁未　清高宗乾隆五十二年

林爽文等起义失败。

公元1788年，戊申　清高宗乾隆五十三年

经学家庄存与卒，有《春秋正辞》等传世。

公元1789年，己酉　清高宗乾隆五十四年

云南通海、华宁地震。

公元1790年，庚戌　清高宗乾隆五十五年

承德避暑山庄扩建完成。徽班高朗亭等进京；其后徽调融弋、昆、秦、汉诸腔之长，形成京剧。

公元1791年，辛亥　清高宗乾隆五十六年

定西藏事务由驻藏大臣与达赖喇嘛会商办理。

公元1792年，壬子　清高宗乾隆五十七年

击退侵藏廓尔喀军。定达赖、班禅转世掣签裁定制。颁西藏铸币钱模。

公元1793年，癸丑　清高宗乾隆五十八年

颁行《钦定西藏章程》。英使马戛尔尼提出开放通商口岸等要求，遭拒绝。

公元1794年，甲寅　清高宗乾隆五十九年

大肆搜捕鄂川豫皖陕甘等地白莲教徒。学者汪中卒，有《述学》等传世。

公元1795年，乙卯　清高宗乾隆六十年

石柳邓领导黔东湘西苗民起义。弘历内禅，被尊为太上皇，子颙琰立。学者卢文弨卒（1717年生），有《抱经堂集》等传世。

公元 1796 年，丙辰　清仁宗嘉庆元年

白莲教起义在湖北爆发，逐渐向川豫陕甘等省发展。苗民起义失败。学者邵晋涵卒，有《尔雅正义》等传世。

公元 1797 年，丁巳　清仁宗嘉庆二年

女天算家王贞仪卒，著有《地圆论》等。学者王鸣盛卒（1722 年生），有《十七史商榷》等传世。《天禄琳琅书目》成书。

公元 1798 年，戊午　清仁宗嘉庆三年

白莲教起义军在郧西失利，首领王聪儿殉难。文学家袁枚卒（1716 年生），有《小仓山房集》等传世。

公元 1799 年，己未　清仁宗嘉庆四年

太上皇弘历卒，庙号高宗。严惩权臣和珅。经学家江声卒，有《六书说》等传世。

公元 1800 年，庚申　清仁宗嘉庆五年

鸦片进口增加，年数千箱。阮元主编《经籍籑诂》成书。

公元 1801 年，辛酉　清仁宗嘉庆六年

续修《大清会典》。史学家章学诚卒（1738 年生），有《文史通义》等传世。

公元 1802 年，壬戌　清仁宗嘉庆七年

蔡牵海上武装袭击厦门大担等岛，反对清朝统治。学者张惠言卒，有《周易虞氏义》等传世。

公元1803年，癸亥　清仁宗嘉庆八年

蔡牵在普陀山附近海面战败。

公元1804年，甲子　清仁宗嘉庆九年

蔡牵攻台湾。学者钱大昕卒（1728年生），有《二十二史考异》等传世。书法家刘墉卒。

公元1805年，乙丑　清仁宗嘉庆十年

白莲教起义失败。学者纪昀卒（1724年生），有《阅微草堂笔记》等传世。书法家邓石如卒。

公元1806年，丙寅　清仁宗嘉庆十一年

学者王昶卒（1725年生），有《金石萃编》、《国朝词综》等传世。

公元1807年，丁卯　清仁宗嘉庆十二年

学者汪辉祖卒，有《元史本证》等传世。

公元1808年，戊辰　清仁宗嘉庆十三年

英军强占澳门，因清朝态度强硬，被迫撤退。《全唐文》开馆纂修。

公元1809年，己巳　清仁宗嘉庆十四年

学者洪亮吉卒（1746年生），有《春秋左传诂》等传世。经学家凌廷堪卒，有《礼经释例》等传世。蔡牵败死。

公元1810年，庚午　清仁宗嘉庆十五年

查禁鸦片。始设广东水师提督于虎门。

公元1811年，辛未 清仁宗嘉庆十六年

四川甘孜地震，伤亡甚大。

公元1812年，壬申 清仁宗嘉庆十七年

刊刻《治河方略》。伊犁地震，死者甚多。

公元1813年，癸酉 清仁宗嘉庆十八年

天理教在北京、滑县分别起义，进攻皇宫，失败。严禁贩食鸦片。蒙族学者法式善卒（1752年生），有《清秘述闻》等传世。

公元1814年，甲戌 清仁宗嘉庆十九年

纂辑《全唐文》成书。学者赵翼卒（1727年生），有《廿二史札记》等传世。文学家张问陶卒，有《船山诗草》。

公元1815年，乙亥 清仁宗嘉庆二十年

定《查封鸦片章程》。学者段玉裁卒（1735年生），有《说文解字注》等传世。学者姚鼐卒（1731年生），有《惜抱轩全集》等传世。

公元1816年，丙子 清仁宗嘉庆二十一年

英使阿麦斯特来中国。学者崔述卒，有《考信录》等传世。

公元1817年，丁丑 清仁宗嘉庆二十二年

文学家恽敬卒，阳湖文派创始人，有《大云山房文稿》等传世。

公元1818年，戊寅　清仁宗嘉庆二十三年

学者翁方纲卒，有《复初斋集》等传世。学者孙星衍卒（1753年生），有《尚书今古文注疏》等传世。

公元1819年，己卯　清仁宗嘉庆二十四年

黄河在豫东泛滥成灾。

公元1820年，庚辰　清仁宗嘉庆二十五年

颙琰卒，庙号仁宗，子旻宁立。《嘉庆重修一统志》成书。学者焦循卒（1763年生），有《孟子正义》等传世。

公元1821年，辛巳　清宣宗道光元年

鸦片走私猖獗，年进口近万箱。英美殖民者在广东沿海横行，欺压百姓。《新疆识略》修成。

公元1822年，壬午　清宣宗道光二年

在东南沿海严查鸦片。《三省边防备览》成书。

公元1823年，癸未　清宣宗道光三年

定失察鸦片烟条例。医学家陈念祖卒，有《伤寒金匮浅注》等传世。

公元1824年，甲申　清宣宗道光四年

毁苏州五通祠。林则徐综办江浙水利。续纂《清通礼》成。

公元1825年，乙酉　清宣宗道光五年

《西夏书事》刊行。藏书家黄丕烈卒，有《士礼居藏书题跋》等传世。

公元1826年，丙戌　清宣宗道光六年

中国白银因对外贸易入超而开始外流。《皇朝经世文编》辑成。

公元1827年，丁亥　清宣宗道光七年

平定张格尔叛乱。

公元1828年，戊子　清宣宗道光八年

禁用外国钱币。

公元1829年，己丑　清宣宗道光九年

重申严禁鸦片入口。阮元主编《皇清经解》成书。经学家刘逢禄卒，有《春秋公羊何氏释例》等传世。

公元1830年，庚寅　清宣宗道光十年

小说家李汝珍本年前后卒，有长篇小说《镜花缘》传世。保定、广平、大名等处地震。经学家江藩卒，有《汉学师承记》等传世。

公元1831年，辛卯　清宣宗道光十一年

查禁鸦片走私。方东树著《汉学商兑》刊行。医学家王清任卒，有《医林改错》等传世。

公元1832年，壬辰　清宣宗道光十二年

鸦片进口年万六千余箱。学者王念孙卒（1744年生），有《广雅疏证》、《读书杂志》等传世。

公元1833年，癸巳　清宣宗道光十三年

定禁止纹银出洋条例。

公元 1834 年，甲午　清宣宗道光十四年

英吉利派律劳卑到广州查办商务，违例暴横，乘兵船闯入珠江。学者王引之卒（1766 年生），有《经义述闻》、《经传释词》等传世。

公元 1835 年，乙未　清宣宗道光十五年

英吉利船闯至山东刘公岛，遭拒，退去。

公元 1836 年，丙申　清宣宗道光十六年

命各省查禁天地会。

公元 1837 年，丁酉　清宣宗道光十七年

查禁白银出口。广东查禁英吉利趸船。

公元 1838 年，戊戌　清宣宗道光十八年

黄爵滋奏请严禁鸦片。各省查禁鸦片。命林则徐为钦差大臣赴广东查办海口事件，节制全省水师。

公元 1839 年，己亥　清宣宗道光十九年

林则徐在广东命英商缴出鸦片，集中于虎门销毁，订禁烟章程并治罪专条，整顿海防。英领事义律兵船挑衅。

近代

公元1840年，庚子　清宣宗道光二十年

英国“东方远征军”乘军舰开抵中国南海海面，封锁广州，继而攻占定海，侵犯大沽。“鸦片战争”爆发。

公元1841年，辛丑　清宣宗道光二十一年

清政府对英宣战。英军占领香港，攻陷厦门、定海、镇海、宁波等地。关天培等爱国将领阵亡。广州三元里人民武装抗英斗争。思想家龚自珍卒（1792年生），有《龚自珍全集》传世。

公元1842年，壬寅　清宣宗道光二十二年

英军攻陷上海、镇江。清政府被迫签订《南京条约》，香港割让给英国，鸦片战争结束。魏源编《海国图志》出版，全面介绍外国历史和地理，提出“师夷长技以制夷”的思想。

公元1843年，癸卯　清宣宗道光二十三年

中英续订《虎门条约》。广州、厦门、上海开埠。洪秀全创立“拜上帝会”。学者严可均卒（1762年生），辑有《全上古三代秦汉三国六朝文》等传世。

公元1844年，甲辰　清宣宗道光二十四年

中美《望厦条约》、中法《黄埔条约》签订，中国再失主权。宁波、福州开埠。

公元1845年，乙巳　清宣宗道光二十五年

苏松太道与英国驻沪领事订立《上海租地章程》，允英人租地居留，外国在华设立租界即由此发展而来。外国人在华开设的第一家工厂柯拜船坞在广州开办。英资丽如银行在广州设分行。

公元1846年，丙午　清宣宗道光二十六年

浙江海盐发生地震。郑复光光学著作《镜镜詅痴》刊行。

公元 1847 年，丁未　清宣宗道光二十七年

上海爆发“徐家汇教案”，此为中国近代史上第一个教案。容闳、黄宽等分赴美国、英国留学。植物学家吴其濬卒（1789 年生），有《植物名实图考长编》、《植物名实图考》传世。

公元 1848 年，戊申　清宣宗道光二十八年

徐继畬撰《瀛寰志略》刊行，该书进一步系统介绍世界地理及各国概况，与《海国图志》先后传入日本。

公元 1849 年，己酉　清宣宗道光二十九年

俄国炮艇侵入我国黑龙江口和库页岛地区。葡萄牙驱逐清驻澳门官员，封闭海关，停付租金，强占澳门。

公元 1850 年，庚戌　清宣宗道光三十年

旻宁卒，庙号宣宗，子奕詝即位。四川西昌发生里氏 7.5 级地震。

公元 1851 年，辛亥　清文宗咸丰元年

洪秀全在广西桂平县金田村领导农民起义，建号太平天国，并于永安州封王建制。

公元 1852 年，壬子　清文宗咸丰二年

太平军挥师北上，攻克汉口。捻军起义抗清。

公元 1853 年，癸丑　清文宗咸丰三年

太平天国定都南京，改名天京。颁布《天朝田亩制度》，确定“有田同耕，有饭同食，有衣同穿，有钱同使”的平均主义原则。刘丽川领导的小刀会在上海起义。

公元 1854 年，甲寅　清文宗咸丰四年

太平天国开科取士，并开女科，许妇女应试。第一个留美学生容闳毕业于耶鲁大学，次年回国。英国人威妥玛等人任江海关税务司，外国人管理中国海关制度由此开端。

公元 1855 年，乙卯　清文宗咸丰五年

太平天国北伐军失败，主将林凤祥被俘就义。黄河在河南兰仪铜瓦厢决口，河水折入山东，夺大清河道流入渤海。碑学书法家包世臣卒（1775 年生），著有《艺舟双楫》等。

公元 1856 年，丙辰　清文宗咸丰六年

英法以“亚罗号事件”和“西林教案”为借口，发动第二次鸦片战争。俄国强占中国黑龙江下游地区，设立“滨海省”。

公元 1857 年，丁巳　清文宗咸丰七年

英法联军攻陷广州。第一个留英学生黄宽毕业回国，后在广州行医，并培养中国第一代西医。

公元 1858 年，戊午　清文宗咸丰八年

俄国迫订《瑷珲条约》，清政府被迫割让 60 万平方公里土地。中国被迫与英、法、俄、美等国分别订立《天津条约》。中国人主办的第一份近代日报《中外新报》在香港创刊。

公元 1859 年，己未　清文宗咸丰九年

太平天国干王洪仁玕颁布《资政新篇》，主张革新和学习西方先进文化。英国人李泰国被清政府南洋通商大臣任为中国海关总税务司。

公元 1860 年，庚申　清文宗咸丰十年

英法联军占领北京，圆明园被劫焚。中国被迫与英、法、俄等国分别订立《北京条约》，第二

次鸦片战争结束。英国割去九龙半岛南部地区，俄国掠去40万平方公里中国土地。

公元1861年，辛酉　清文宗咸丰十一年

奕詝卒，庙号文宗，子载淳即位。慈禧太后发动政变，两宫太后听政。清政府总理各国事务衙门成立。外国公使驻节北京。冯桂芬撰《校邠庐抗议》，主张采西学、制洋器。

公元1862年，壬戌　清穆宗同治元年

近代中国第一所培养外语人才的新式学堂京师同文馆成立。

公元1863年，癸亥　清穆宗同治二年

太平天国翼王石达开兵败四川大渡河紫打地。英国人赫德任中国海关总税务司。

公元1864年，甲子　清穆宗同治三年

太平天国天王洪秀全卒（1814年生），清军攻占南京，太平天国起义失败。中俄订立《勘分西北界约记》，俄国掠去44万多平方公里中国土地。

公元1865年，乙丑　清穆宗同治四年

第一个大型近代企业江南机器制造总局在上海建立。南京设金陵机器局。中亚浩罕国军事头目阿古柏率部侵入新疆。

公元1866年，丙寅　清穆宗同治五年

福州船政局设立，内设船政学堂，近代中国第一所培养造船技术人才和海军人才的学校由此诞生。最早的民营机器制造厂发昌机器厂开设于上海。孙中山诞生。

公元 1867 年，丁卯 清穆宗同治六年

清政府派出第一个外交使团，以美国卸任公使蒲安臣领衔，赴有约各国办理交涉。中国自行建造的第一艘木壳机动兵船“恬吉”号下水。

公元 1868 年，戊辰 清穆宗同治七年

《教会新报》(后改名为《万国公报》) 在上海创刊。数学家李善兰出任京师同文馆数学总教习。捻军起义失败。

公元 1869 年，己巳 清穆宗同治八年

延续 20 年之久的两广天地会起义失败。上海公共租界会审公廨正式成立，中国进一步丧失司法主权。

公元 1870 年，庚午 清穆宗同治九年

天津教案发生。直隶、江西、福建、广东、四川等省相继爆发反洋教斗争。阿古柏部攻占乌鲁木齐。《景德镇陶录》刊行。

公元 1871 年，辛未 清穆宗同治十年

中日订立互予平等地位的《修好条规》和《通商章程》，建立平等邦交。俄国出兵强占新疆伊犁地区。上海香港间海底电报线铺成。

公元 1872 年，壬申 清穆宗同治十一年

《申报》在上海创刊。詹天佑等中国第一批官费留学生 30 人赴美留学。

公元 1873 年，癸酉 清穆宗同治十二年

第一家近代航运企业轮船招商局在上海设立。陈启源在广东南海创办中国最早的民营机器缫丝

厂继昌隆缫丝厂。刘永福率黑旗军援越抗法，迫使法军退出河内。

公元 1874 年，甲戌　清穆宗同治十三年

载淳卒（公元为 1875 年），庙号穆宗，载湉继位。日本政府派兵侵犯台湾，台湾民众奋起抗敌。第一所盲童学校启明瞽目院在北京建立。胡庆余堂中药店在杭州正式开业。

公元 1875 年，乙亥　清德宗光绪元年

郭嵩焘任出使英国钦差大臣，中国正式派遣常驻各国公使由此开端。台湾基隆筹建中国第一个使用机器开采的大型煤矿。

公元 1876 年，丙子　清德宗光绪二年

左宗棠率军击败阿古柏部，收复乌鲁木齐。中英订立《烟台条约》。第一所中外合办的科技学校格致书院在上海建立。

公元 1877 年，丁丑　清德宗光绪三年

清军收复达坂城、吐鲁番等地，阿古柏兵败自杀。左潜和曾纪鸿将圆周率计算至 100 位。山西、河南及陕西、直隶、山东等省发生特大旱灾，先后持续四年。

公元 1878 年，戊寅　清德宗光绪四年

清政府收复除伊犁以外的全部新疆领土。第一个机织毛纺厂兰州机器织呢局建立。国人自办第一所新式小学正蒙书院在上海创办。

公元 1879 年，己卯　清德宗光绪五年

日本吞并琉球，改为冲绳县，琉球官员求援，清政府总理各国事务衙门向日本公使提出抗议。薛福成著《筹洋刍议》，提出变法主张。甘肃武都发生里氏 7.5 级地震。

公元1880年，庚辰　清德宗光绪六年

曾纪泽出使俄国，与俄谈判归还伊犁问题。天津电报总局和电报学堂设立。京剧表演艺术家程长庚卒（1811年生）。

公元1881年，辛巳　清德宗光绪七年

中国收回被俄国侵占的伊犁地区。开平至胥各庄运煤铁路建成，中国火箭号车头首次行驶。开平煤矿建成投产。

公元1882年，壬午　清德宗光绪八年

中俄《伊犁界约》、《喀什葛尔界约》签订。徐鸿复在上海开设同文书局，影印《二十四史》、《图书集成》等古籍。数学家李善兰卒（1810年生），有《则古昔斋算学》传世。

公元1883年，癸未　清德宗光绪九年

中法战争爆发。清政府命设沪粤沿海电报线。

公元1884年，甲申　清德宗光绪十年

法国舰队入侵福建马尾，清廷下诏对法宣战。新疆改建行省。吴石如主绘的石印画报《点石斋画报》创刊。近代化学学科建设先驱徐寿卒（1818年生），有《化学鉴原》等译著传世。

公元1885年，乙酉　清德宗光绪十一年

冯子材率粤军出关，大败法军。中法签订《越南条款》。台湾改建行省。

公元1886年，丙戌　清德宗光绪十二年

重庆发生教案。《天津时报》创刊。台湾巡抚刘铭传主持修筑台北至基隆铁路。朱德诞生。

公元1887年，丁亥　清德宗光绪十三年

中葡签订《和好通商条约》，承认葡萄牙永驻和管理澳门，规定未经中国首肯，葡萄牙永不得将澳门让与他国。四川至云南电报线及福建至台湾水底电报线建成。

公元1888年，戊子　清德宗光绪十四年

英军入侵西藏。康有为第一次上书请求变法。北洋海军正式成军。慈禧太后重修清漪园，改名颐和园。天津至唐山铁路筑成通车。黑龙江漠河金矿开办。

公元1889年，己丑　清德宗光绪十五年

慈禧太后宣布“归政”，光绪帝亲政。卢（沟桥）汉（口）铁路兴工。第一家官办上海机器织布局建成投产。国人自办天津总医院创立。

公元1890年，庚寅　清德宗光绪十六年

四川大足县余栋臣领导反洋教起义。张之洞在汉阳创办湖北炼铁厂、汉阳兵工厂，在武昌设湖北织布局及两湖书院。

公元1891年，辛卯　清德宗光绪十七年

芜湖、武穴、宜昌及扬州教案相继发生。康有为在广州创设万木草堂讲学，著《新学伪经考》刊行。

公元1892年，壬辰　清德宗光绪十八年

俄军侵入帕米尔地区，强占萨雷阔勒岭以西两万多平方公里中国领土。大冶铁矿建成。华侨张弼士在山东烟台创办张裕葡萄酒公司。澳门慈善机构同善堂创办。

公元1893年，癸巳　清德宗光绪十九年

郑观应著《盛世危言》刊行。毛泽东诞生。

公元1894年，甲午　清德宗光绪二十年

中日甲午战争爆发，清军与日军展开平壤大战、黄海海战。孙中山在檀香山创立兴中会。北京南纸店《松竹斋》更名《荣宝斋》。

公元1895年，乙未　清德宗光绪二十一年

日军攻占威海卫，北洋水师覆没。康有为等“公车上书”。清全权代表李鸿章与日本签订《马关条约》。台湾军民抗击侵台日军。孙中山在广州发动武装起义失败。海派画家任颐卒。

公元1896年，丙申　清德宗光绪二十二年

《中俄密约》签订，俄国势力深入我国东北。《强学报》、《时务报》在上海创刊。清政府建立邮政，由英人赫德兼任总邮政司。

公元1897年，丁酉　清德宗光绪二十三年

商务印书馆创设于上海。国人自办第一家商业银行中国通商银行在上海开业。德国海军强占胶州湾。俄国舰队入侵旅顺湾，强占旅顺、大连。《演义白话报》、《蒙学报》在上海创刊。

公元1898年，戊戌　清德宗光绪二十四年

戊戌变法失败。英国强租九龙半岛。京师大学堂创办。严复译《天演论》出版。马建忠著《马氏文通》出版。周恩来、刘少奇诞生。谭嗣同（1865年生）等6位维新志士死难。

公元1899年，己亥　清德宗光绪二十五年

义和团运动爆发。金石学家王懿荣发现殷墟甲骨文。张謇创办南通大生纱厂投产。美国国务卿

海约翰向英、俄、德、日、意、法等国提出对华实行“门户开放”政策。

公元1900年，庚子　清德宗光绪二十六年

八国联军占领津、京。俄军制造海兰泡和江东六十四屯大屠杀惨案，占领东北。萍乡煤矿创平地炉炼焦，产品达世界先进水平。敦煌莫高窟发现大批古代写经、文书等文物。

公元1901年，辛丑　清德宗光绪二十七年

清政府被迫与俄、英、美、日、德、法、意、奥、比、西、荷11国签订《辛丑条约》，规定中国赔款白银4.5亿海关两，外国军队驻扎北京、天津、山海关沿线等条款。总理各国事务衙门改为外务部，班列六部之首。山东章丘、惠民境内黄河决口。兵工技术专家徐建寅研制火药发生爆炸殉职（1845年生），有《器象显真》、《兵学》等传世。

公元1902年，壬寅　清德宗光绪二十八年

中俄订立《交收东三省条约》，规定俄军分期分批从中国东北撤离。袁世凯在保定、天津创办巡警。荣宗敬等在江苏无锡建成保兴面粉厂（后改组为茂新），中国最大民族资本荣家企业由此开创。中国最早的商会组织上海商业会议公所（后改称商务总会）成立。梁启超在日本横滨创刊《新民丛报》，并发表《新史学》一文。《大公报》在天津创办。蔡元培在上海发起成立中国教育会，并创办爱国学社、爱国女学。康有为著成《大同书》。中医学家朱沛文、唐宗海分别出版《华洋脏腑图象约纂》、《中西汇通医经精义》。杨廷栋翻译法国卢梭《民约论》在上海出版。数学家华蘅芳卒（1833年生），有《抛物浅说》、《行素轩算稿》等传世。

公元1903年，癸卯　清德宗光绪二十九年

俄国违约拒不从中国东北撤兵，中国人民掀起拒俄运动。邹容著《革命军》一书出版。清政府勾结上海租界当局拘捕《苏报》主笔章太炎等人，并查封《苏报》及爱国学社，《苏报》案发生。陈天华著《猛回头》、《警世钟》出版。刘鹗的小说《老残游记》发表。英军司令官麦克唐纳率部越

咱里拉山口，发动第二次侵藏战争，占领亚东、春丕及帕里地区，最后侵占拉萨。

公元1904年，甲辰　清德宗光绪三十年

日俄战争在东三省境内爆发，清政府宣布严守“局外中立”。黄兴、宋教仁等在湖南长沙成立华兴会。陶成章、蔡元培等在上海成立光复会。《东方杂志》月刊在上海创刊。清政府正式颁布新学制。上海各界发起创立万国红十字会。无线电报开始使用。叶春善于北京创办京剧科班喜连成社(后改称富连成社)。邓小平诞生。

公元1905年，乙巳　清德宗光绪三十一年

为反对美国迫害华工，上海商务总会发起反美爱国运动。孙中山在日本东京组成中国同盟会，创刊机关报《民报》，在《发刊词》中首次提出民族、民权、民生“三民主义”。清政府派载泽等五大臣赴东西洋考察政治。清廷下谕废除凌迟、枭首、戮尸三项重刑。清政府明令废除科举取士制度。留日学生反对日本政府制定的《清国留学生取缔规则》，发动总罢课。第一个国家银行大清户部银行开设。侨商简照南等在香港创办广东南洋烟草公司。张謇在江苏创设中国最早博物馆南通博物苑。邝荣光编制第一本地质图《直隶省地质图》与《直隶省矿产图》。诗人黄遵宪卒（1848年生），有《人境庐诗草》、《日本国志》等传世。曾朴的小说《孽海花》前二十回出版。

公元1906年，丙午　清德宗光绪三十二年

中英签订《续订藏印条约》，规定“英国国家允不占并藏境及不干涉西藏一切政治”，英承认中国对西藏的领土主权。清廷宣布“预备仿行宪政”。京汉铁路建成正式通车。保定陆军军官学堂开设。农工商部农事试验场在北京西郊建立。湘赣哥老会发动萍乡、浏阳、醴陵起义。商人宋炜臣等创办汉口既济水电有限公司。周学熙在唐山创办启新洋灰公司。李宝嘉的小说《官场现形记》出版。

公元1907年，丁未　清德宗光绪三十三年

光复会首领徐锡麟发动安庆起义，事败牺牲。“鉴湖女侠”秋瑾在绍兴就义。交通银行成立。

匈牙利人斯坦因受英国指使，劫掠敦煌石窟文物，运往伦敦存入不列颠博物馆。留日学生李叔同、欧阳予倩等在东京组织的春柳社、王钟声在上海主持的春阳社分别演出话剧《黑奴吁天录》等。

公元 1908 年，戊申　清德宗光绪三十四年

清政府颁布《钦定宪法大纲》，定预备立宪以 9 年为期。载湉卒，庙号德宗，溥仪继位，以载沣为摄政王。慈禧太后卒。第一所国立女子师范学堂京师女子师范学堂创办。首座钢筋混凝土框架结构六层建筑物上海电话公司建成。汉冶萍煤铁厂矿公司成立。

公元 1909 年，己酉　清宣统元年

清政府向比利时赎回京汉（口）铁路管理权。中国工程师詹天佑设计建造的京张（家口）铁路建成通车。首座国家图书馆京师图书馆在北京筹建。陈去病、柳亚子等在苏州成立文学团体南社。中国地学会在天津创立。清政府开始进行第一次全国人口调查，据有关资料估计，1910 年全国人口数约 3.68 亿。

公元 1910 年，庚戌　清宣统二年

各省谘议局代表晋京，组织国会请愿同志会，连续三次发动国会请愿运动。同盟会发动广州新军起义。近代首届官商合办商品博览会南洋劝业会在南京举办。清政府颁布首部著作权法《大清著作权律》。第一届全国学界运动会在南京举行，后由国民政府追认为第一届全国运动会。大型文学期刊《小说月报》在上海创刊。吴沃尧的小说《二十年目睹之怪现状》出版。台湾基隆发生里氏 8.3 级地震。

公元 1911 年，辛亥　清宣统三年

革命党人发动“黄花岗起义”失败。清政府取消粤汉（口）、川汉（口）铁路民办的成案，宣布铁路干线均归国有，并与英、法、德、美四国银行团签订粤汉、川汉铁路借款合同，川、粤、湘、鄂掀起保路运动，四川保路同志军起义。清华大学前身清华学堂在北京成立，次年改名清华学

校。革命党人举行武昌起义，湖南、陕西等14省相继宣告独立，辛亥革命爆发。东三省鼠疫流行，首次在中国召开的国际学术会议万国防疫会议在奉天举行。

公元1912年，壬子　中华民国元年

孙中山在南京就任中华民国临时大总统，宣统皇帝溥仪宣布退位。开始使用公历。孙中山在南京公布《中华民国临时约法》。南京临时政府颁布《教育宗旨令》，提出近代第一个资产阶级性质的教育方针，实行教育改革。孙中山向临时参议院提出辞职，袁世凯在北京就任临时大总统。大清银行改组为中国银行。中华书局在上海创办。京师大学堂改名北京大学。文学研究会在北京成立。中华全国商会联合会成立。第一座水电站云南石龙坝水电站建成发电。

公元1913年，癸丑　中华民国二年

孙中山发动讨伐袁世凯的“二次革命”。中华民国第一届国会在北京召开。津浦（口）铁路全线通车。江苏医学专门学校首次实行人体解剖。郑正秋、张石川联合编导中国首部故事影片《难夫难妻》上映。时居远东第一的上海杨树浦电厂建成发电。

公元1914年，甲寅　中华民国三年

袁世凯下令解散国会，废除《中华民国临时约法》，公布《中华民国约法》，改责任内阁制为总统制。孙中山在日本组建中华革命党。日本对德国宣战，派军侵占胶济路全线及青岛。中国政府断然不承认英国勾结西藏地方代表私订的《西姆拉条约》。

公元1915年，乙卯　中华民国四年

袁世凯授意成立筹安会、全国请愿联合会，操纵各省区国体投票，赞成君主立宪。袁世凯宣布承受帝制。蔡锷等通电宣告云南独立。日本向中国政府提出妄图灭亡中国的二十一条要求。陈独秀主编《青年杂志》(次年改《新青年》) 创刊。留美学生任鸿隽、赵元任等发起成立中国科学社，出版《科学》月刊。中国实业界参加美国旧金山巴拿马太平洋万国博览会，参赛品获大奖56项，名

誉优奖 67 项，金奖 196 项。侨商郭乐在香港开设永安水火保险公司。

公元 1916 年，丙辰　中华民国五年

云南军政府成立，护国战争爆发，袁世凯被迫取消帝制。袁世凯在内外交困、忧疾交加下死去。黎元洪任大总统。第一家电器生产企业华生电器厂在上海开设。

公元 1917 年，丁巳　中华民国六年

张勋率军北上，迫黎元洪解散国会，拥戴清废帝溥仪复辟。孙中山南下广州，成立护法军政府，任军政府大元帅，揭起护法旗帜。北京政府向德国、奥地利宣战，参加第一次世界大战。胡适在《新青年》杂志发表《文学改良刍议》；陈独秀在《新青年》杂志发表《文学革命论》，倡导文学革命。黄炎培等发起成立中国最早研究和推行职业教育的团体中华职业教育社。中华农学会在南京成立。京剧表演艺术家谭鑫培卒（1847 年生）。

公元 1918 年，戊午　中华民国七年

皖系军阀操纵安福国会选举徐世昌为大总统。毛泽东在长沙组织新民学会。鲁迅小说《狂人日记》在《新青年》杂志上发表。首家证券物品交易所在北京创立。

公元 1919 年，己未　中华民国八年

北京大学等校学生汇集天安门前游行示威，要求外争主权，内惩国贼，拒绝在巴黎和约上签字，五四运动爆发。中国出席巴黎和会代表团拒绝在对德和约上签字。苏俄政府发表第一次对华宣言，宣布废除帝俄与中国签订的一切不平等条约。李大钊在《新青年》杂志发表《我的马克思主义观》，系统介绍马克思主义基本观点。毛泽东主办《湘江评论》创刊。中华革命党改组为中国国民党。中国红十字会加入国际红十字联合会。中华橡胶厂在上海创立，开创国人自办橡胶业。翁文灏著《中国矿产志略》，全面论述中国各种矿产分布和分类。梅兰芳赴日本访问演出，拉开中国戏曲走向世界的帷幕。

公元1920年，庚申　中华民国九年

直皖战争爆发，以段祺瑞为首的皖系失败，北京中央政权由直奉两系控制。上海、北京、武汉、湖南、山东、广州共产主义小组相继建立。第一本《共产党宣言》中文全译本由陈望道译成在上海出版。在李大钊的支持下，邓中夏、高君宇等发起成立近代中国第一个研究马克思主义的学术团体北京大学马克思主义学说研究会。中国加入国际联盟。孙中山由上海到广州恢复军政府。北京大学首招女生，王兰、查晓园等入校旁听，开大学男女学生同校共学先例。连横著《台湾通史》出版。江南造船所造成第一艘万吨级轮船下水。甘肃海源地区发生里氏8.5级地震。台湾花莲发生里氏8.3级地震。

公元1921年，辛酉　中华民国十年

中国共产党第一次全国代表大会在上海召开，毛泽东、董必武、陈潭秋、何叔衡、王尽美、邓恩铭、李达等12人出席，代表党员57人，中国共产党正式宣告成立。京绥（远）铁路竣工通车。爱国华侨陈嘉庚创办厦门大学。第五届远东运动会在上海举行，中国篮球队荣获冠军。仰韶文化遗址发掘。文学团体创造社成立，出版《创造季刊》等刊物。

公元1922年，壬戌　中华民国十一年

第一次全国劳动大会在广州召开。中国社会主义青年团在广州成立。中国地质学会在北京成立。中国天文学会在北京成立。明星影片公司在上海创办。《向导》周报在上海创刊。

公元1923年，癸亥　中华民国十二年

京汉铁路工人大罢工，林祥谦在汉口江岸车站就义。北京政府外交部照会日本取消中日条约(即“二十一条”)及换文。北京无线电台开始与世界通电讯。中国红十字会派遣救护队赴东京救灾。

公元1924年，甲子　中华民国十三年

中国国民党第一次全国代表大会在广州召开，第一次国共合作建立。中国国民党陆军军官学校

在广州黄埔成立。冯玉祥驱逐宣统皇帝溥仪出宫。中国妇女首次庆祝国际妇女节活动在广州举行。广州农民运动讲习所创办。范旭东创办中国第一个纯碱厂永利碱厂建成投产。中华全国体育联合会在南京成立。第一个西洋歌剧团在上海组建。首台无线电话机研制成功。

公元1925年，乙丑　中华民国十四年

上海发生“五卅”惨案。省港大罢工爆发。中华全国劳动总工会在广州成立。中国社会主义青年团改名为中国共产主义青年团。中国致公党成立。北京故宫博物院成立。邵醉翁兄弟在上海创办天一影片公司。王云五创造四角号码检字法。民主革命先行者孙中山在北京逝世。民主革命家廖仲恺在广州遇刺身亡（1877年生）。

公元1926年，丙寅　中华民国十五年

国民革命军誓师北伐。北京发生“三·一八”惨案。第一次全国农民大会在广州召开。卢作孚在四川合川创办民生实业公司。上海徐家汇天文台列为世界三个经度基点之一。中国历史博物馆开馆。首座广播电台哈尔滨广播电台播音。第一本大型画报《良友》在上海创刊。中国学者首次主持西阴村遗址发掘。

公元1927年，丁卯　中华民国十六年

蒋介石发动“四·一二”政变，南京国民政府成立。收回汉口、九江英租界。周恩来领导南昌起义。毛泽东领导秋收起义。张太雷领导广州起义。《中央日报》在汉口创刊。首家旅行社中国旅行社在上海创办。中华自然科学社在南京成立。陶行知在南京创办晓庄师范学校。李大钊被害（1889年生）。

公元1928年，戊辰　中华民国十七年

毛泽东、朱德井冈山会师。张学良宣布东北改旗易帜，中国实现南北统一。日军制造济南惨案。中央银行在上海成立。中央研究院在南京成立。北京改称北平。安阳小屯殷墟开始发掘。

公元1929年，己巳　中华民国十八年

孙中山灵榇奉安南京紫金山。邓小平领导广西百色起义。收回天津比利时租界和镇江英租界。西湖博览会在杭州举行。京（南京）沪航空首次载客。裴文中在北平周口店发现“北京人”头盖骨。

公元1930年，庚午　中华民国十九年

蒋（介石）桂（李宗仁）冯（玉祥）阎（锡山）进行中原大战。收回英租借地威海卫和厦门英租界。台湾雾社高山族人民举行抗日大暴动。中国左翼作家联盟在上海成立。中国社会科学家联盟在上海成立。中国左翼文化总同盟在上海成立。第一个自建地震台鹫峰地震台在北平建成。山东历城县龙山镇附近城子崖遗址发掘。

公元1931年，辛未　中华民国二十年

日军在沈阳制造“九·一八”事变，东北军民组织义勇军抗日，全国掀起抗日浪潮。中华苏维埃共和国临时中央政府在江西瑞金成立。《红色中华》、《参考消息》在瑞金创刊。何孟雄等24位革命者就义上海龙华。国际商会中国分会成立并开始成为国际商会会员之一。第一部有声电影《歌女红牡丹》在上海公演。长江中下游发生大水灾。安阳后冈遗址发掘。

公元1932年，壬申　中华民国二十一年

十九路军进行淞沪抗战。废止内战大同盟在上海成立。中国民权保障同盟在上海成立。伪满洲国在长春成立，溥仪任伪政府执政。理论界开展中国社会史论战。中国选手首次参加奥运会。甘肃发生里氏7.6级地震。

公元1933年，癸酉　中华民国二十二年

日军进犯山海关，中国军队进行长城抗战。冯玉祥在张家口组成察哈尔民众抗日同盟军。李济深等在福州成立“中华共和国人民革命政府”。第一次纪念“八一”建军节在瑞金举行。第五届全

国运动会在南京举行，香港选手杨秀琼获女子游泳比赛全部冠军。黄河决口水患成灾。四川茂县等地发生里氏 7.5 级地震。第十三世达赖喇嘛圆寂。

公元 1934 年，甲戌　中华民国二十三年

中央红军开始二万五千里长征。溥仪在长春就任伪满洲帝国皇帝。南京紫金山天文台建成。上海及亚洲最高的建筑国际饭店建成开业。田汉词、聂耳曲《义勇军进行曲》写成。

公元 1935 年，乙亥　中华民国二十四年

中共中央在遵义召开政治局扩大会议。北平爆发“一二·九”学生爱国运动。中共中央发表《为抗日救国告全体同胞书》。币制改革，停用银元，发行法币（纸币）。资源委员会在南京成立。最大的体育建筑上海江湾体育场建成。刘开渠创作的《淞沪抗日阵亡战士纪念碑》落成。台湾、澎湖地区发生地震。

公元 1936 年，丙子　中华民国二十五年

红军三大主力会师，长征胜利结束。张学良、杨虎城发动兵谏，囚禁蒋介石，要求抗日，是为西安事变。全国各界救国联合会在上海成立。沈钧儒、章乃器、邹韬奋、李公朴、沙千里、史良、王造时等七人因呼吁抗日被捕入狱，激起全国人民的抗议。中国人民抗日军政大学成立。粤汉（口）铁路全线通车。中国武术队参加奥运会表演，轰动柏林。鲁迅在上海逝世（1881 年生），有《鲁迅全集》传世。

公元 1937 年，丁丑　中华民国二十六年

日军发动卢沟桥事变，全面抗战开始。中国军队在淞沪与日军奋战 3 个月，歼敌 6 万余人。首都南京失陷，日军进行灭绝人性的大屠杀，30 万人死难。中共中央移驻延安。国共两党第二次合作，红军主力改编为八路军（第十八集团军），南方红军游击队改编为新四军（新编第四军）。陕甘宁边区政府成立。八路军在平型关取得抗战以来第一个胜仗。新华通讯社在延安成立。第一座自行

设计和建造的铁路、公路双层大桥钱塘江大桥建成通车。西南联合大学成立。

公元 1938 年，戊寅　中华民国二十七年

首届国民参政会在汉口召开。宋庆龄在香港组织保卫中国同盟。中国军队在台儿庄抗击日军取得重大胜利。中国空军远征日本三岛。中国军队抗击日军进攻武汉历时 4 个月。白求恩率领由加拿大和美国人组成的医疗队到中国，支援中国人民抗战。《资本论》中文全译本在上海出版。《新华日报》在汉口创刊。《鲁迅全集》在上海出版。中华全国文艺界抗敌协会在武汉成立。中国电影制片厂在汉口成立。花园口黄河决口。

公元 1939 年，己卯　中华民国二十八年

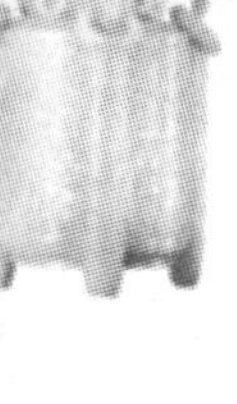

滇缅公路通车,为战时运输发挥重大作用。新疆民众购机 100 架献给抗战事业。柯棣华率领印度援华医疗队到延安,支援边区人民抗战。延安自然科学院成立。冼星海在延安创作《黄河大合唱》。陕北公学在延安成立。甘肃玉门油矿第一号井出油。气象学家涂长望发表《中国气团的性质》。

公元 1940 年，庚辰　中华民国二十九年

国民政府定重庆为陪都。八路军发动百团大战。日军在华进行细菌战。中国军队在湖北枣阳、襄阳、宜昌等地与日军激战 50 余天，张自忠将军壮烈殉国。汪精卫伪政权在南京成立。延安新华广播电台开播。国际广播电台设立。中央图书馆在重庆成立。天文学家刘子华在法国宣布太阳系有第 10 颗行星，取名为“木王星”。教育家蔡元培逝世（1868 年生），有《蔡元培全集》传世。

公元 1941 年，辛巳　中华民国三十年

中国政府对日、德、意宣战。皖南事变发生。日军制造潘家峪惨案。中国民主政团同盟在重庆成立。台湾革命同盟会在重庆成立。《解放日报》在延安创刊。文化界在重庆庆祝首届“诗人节”。侯德榜在索维制碱法的基础上创造出联合制碱法，1943 年命名为“侯氏制碱法”。

公元1942年，壬午　中华民国三十一年

中国签署《联合国家宣言》。中国远征军入缅助英军作战，戴安澜将军战死异域。左权在山西辽县麻田附近指挥八路军与日军作战中壮烈牺牲。延安整风运动开始。毛泽东在延安文艺座谈会上发表重要讲话。抗日根据地开展大生产运动。

公元1943年，癸未　中华民国三十二年

蒋介石任国民政府主席。毛泽东任中共中央政治局和书记处主席。中美、中英签订新约，美、英两国放弃《辛丑条约》等所取得的在华特权。中、美、英三国首脑举行开罗会议，规定满洲、台湾、澎湖列岛等归还中国，确定对日作战及战后大计。平（京）剧《逼上梁山》在延安演出。蒋介石发表《中国之命运》。中美合作所在重庆成立。

公元1944年，甲申　中华民国三十三年

日本为打通大陆交通线，发动豫湘桂战役。美军驻延观察组进驻延安。中国民主同盟在重庆成立。新疆伊犁、塔城、阿山三地区人民武装起义。郭沫若发表《甲申三百年祭》。敦煌艺术研究所成立。陕甘宁边区文教大会在延安召开。物理学家卢鹤绂在重庆发表论文，提示原子弹秘密，预告原子弹将要研制成功。

公元1945年，乙酉　中华民国三十四年

中国共产党第七次全国代表大会在延安召开。中、美、英三国发表《波茨坦公告》，促令日本投降。苏联对日宣战，出兵中国东北。日本政府宣布无条件投降。中国战区日军投降签字仪式在南京举行。台湾、澎湖列岛重归中国版图。中国派代表团参加联合国制宪大会并在《联合国宪章》上签署，成为联合国发起国之一。毛泽东到重庆同国民党谈判。国共代表签署《政府与中共代表会谈纪要》。中国民主建国会、中国民主促进会在重庆、上海分别成立。地质学家黄汲清制成中国首幅大地构造图。歌剧《白毛女》在延安演出。

公元1946年，丙戌　中华民国三十五年

国共签订“停战协定”，政治协商会议在重庆召开。王若飞、叶挺等在由重庆返延安途中遇空难。国民党军围攻中原解放区，全面内战爆发。北平爆发学生抗议美军暴行运动。李公朴、闻一多在昆明遇害。国民政府接收各地外国租界。中国接收西沙、南沙群岛。九三学社在重庆成立。

公元1947年，丁亥　中华民国三十六年

刘伯承、邓小平率军挺进大别山，揭开人民解放军战略进攻序幕。中共中央颁布《中国土地法大纲》。国民党统治地区学生举行反饥饿、反内战、反迫害运动。内蒙古自治区建立。台湾爆发“二·二八”起义。中国农工民主党在上海成立。台湾民主自治同盟在香港成立。

公元1948年，戊子　中华民国三十七年

中共中央进驻河北省平山县西柏坡村。国民党统治地区通货膨胀，法币贬值，南京国民政府发行金圆券代替法币为本位币。人民解放军发起辽沈、淮海、平津三大战役。中国国民党革命委员会在香港成立。中国人民银行在石家庄成立。张文裕发现被国际上称为“张原子”和“张辐射”的U子系弱作用离子和U子原子。作家丁玲的长篇小说《太阳照在桑干河上》出版。

现代

公元1949年，己丑

国共和谈彻底破裂，人民解放军发动渡江战役，相继占领南京、上海。北平和平解放，中共中央进入北平。中国人民政治协商会议在北平召开第一次全体会议，选举毛泽东为中华人民共和国中央人民政府主席，朱德、刘少奇、宋庆龄、李济深、张澜、高岗为副主席；决定定都北平，更名北京；决定采用公元纪年；决定中华人民共和国国旗和国歌；决定10月1日为中华人民共和国国庆纪念日。开国大典在北京举行，毛泽东宣布中华人民共和国中央人民政府成立。周恩来任政务院总理，董必武、陈云、郭沫若、黄炎培任副总理。中国新民主主义青年团中央委员会决定建立“中国少年儿童队”。中国科学院成立。中华全国妇女联合会成立。中国文学艺术界联合会成立。

公元1950年，庚寅

毛泽东、周恩来等访问苏联。《中苏友好同盟互助条约》正式签定。朝鲜战争爆发，中国政府派志愿军抗美援朝。土地改革运动在新解放区开始分批分期有计划有步骤地开展。《中华人民共和国婚姻法》正式实施。教育部规定6月1日为中国儿童节。青年团中央规定5月4日为中国青年节。中华全国自然科学专门学会联合会、中华全国科学技术普及协会成立，后合并为中华人民共和国科学技术协会。政务院颁布《关于保护古文物建筑的指示》。四川省甘孜藏族自治州成立。上海第三制药厂生产出青霉素。

公元1951年，辛卯

西藏和平解放。《毛泽东选集》开始出版发行。“三反”（反对贪污、反对浪费、反对官僚主义）运动开始。中国文字改革研究委员会成立。根治淮河第一期工程完工。青海省玉树藏族自治州成立。四川省发现“资阳人”头骨化石。

公元1952年，壬辰

“五反”（反行贿、反偷税漏税、反盗窃国家财产、反偷工减料、反盗窃国家经济情报）运动掀起高潮。全国高等学校进行院系调整。中华全国体育总会成立。吉林省延边朝鲜族自治州、海南黎族苗族自治州、四川省凉山彝族自治州和阿坝藏族羌族自治州成立。苏联将长春铁路移交中国。荆江分洪工程完工。成（都）渝（重庆）、天（水）兰（州）铁路建成通车。力学家吴仲华提出叶轮机三元流动理论。

公元1953年，癸巳

毛泽东提出党在过渡时期的总路线。第一个五年计划开始执行。粮食、棉花、油料实行统购统销。中国少年儿童队改名为“中国少年先锋队”。云南省西双版纳傣族自治州、德宏傣族景颇族自治州，湖北省土家族苗族自治州和青海省海南藏族自治州、黄南藏族自治州、海北藏族自治州成立。中国伊斯兰教协会成立。中国佛教协会成立。中华全国工商业联合会成立。朝鲜停战协议签字。新建的第一座大型露天煤矿阜新海州露天煤矿投产。第一汽车制造厂开工兴建。郭永怀发展了高速边界层理论中庞加莱—莱特希尔方法（即后来的奇异摄动法）。画家董希文创作油画《开国大典》。画家徐悲鸿逝世（1895年生），有《奔马图》等传世。

公元1954年，甲午

第一届全国人民代表大会举行，选举毛泽东为中华人民共和国主席，朱德为副主席，刘少奇为全国人民代表大会常务委员会委员长，宋庆龄等13人为副委员长。《中华人民共和国宪法》公布。政务院更名为国务院，周恩来任总理。公布全国人口总数为6.0193亿多人。周恩来率团出席万隆会议，代表中国政府提出和平共处五项外交原则。新疆伊犁哈萨克自治州、克孜勒苏柯尔克孜自治州、巴音楞蒙古自治州、博尔塔拉蒙古自治州、昌吉回族自治州，云南省怒江傈僳族自治州和青海省果洛藏族自治州、海西蒙古族藏族自治州成立。长江流域发生特大洪灾。自行研制的首批飞机试飞成功。建成康藏、青藏、川藏公路。山西襄汾县丁村遗址发掘。陕西西安市半坡遗址发掘。

公元1955年，乙未

中国人民解放军开始实行军衔制度，朱德、彭德怀、林彪、刘伯承、贺龙、陈毅、罗荣桓、徐向前、聂荣臻、叶剑英被授予元帅军衔。新疆维吾尔自治区成立。农业合作化运动在全国掀起高

潮。私营工商业和手工业开始社会主义改造。中国中医研究院建院。中美两国举行大使级首次会谈。

公元1956年，丙申

中国共产党召开第八次全国代表大会。毛泽东提出多快好省的社会主义建设方针、十大关系及“百花齐放，百家争鸣”的方针。全国资本主义工商业基本上实现全行业公私合营。国务院发出《关于推广普通话的指示》。汉字简化方案开始实行。云南省大理白族自治州、贵州省黔南布依族苗族自治州和黔东南苗族侗族自治州、甘肃省临夏回族自治州成立。中国选手打破最轻量级世界挺举记录。长春第一汽车制造厂试制成功第一批“解放”牌汽车。《中国地震资料年表》和第一张中国地震区域划分图编辑出版。昆剧《十五贯》在北京演出。

公元1957年，丁酉

毛泽东率团出席在莫斯科召开的各国共产党、工人党代表会议。中共中央决定在全党进行整风，反右派运动发生。中国新民主主义青年团更名为“中国共产主义青年团”。湖南省湘西土家族苗族自治州、云南省迪庆藏族自治州和红河哈尼族彝族自治州成立。中国农业科学院成立。中国道教协会成立。马寅初提出“新人口论”。北京天文馆开馆。第一座长江大桥在武汉建成。第一艘综合考察船“金星”号开始近海调查。开始进行全国范围的历史暴雨洪水调查，《洪水调查和计算》出版。中国运动员打破女子跳高世界纪录。山东发生百年罕见特大洪水。画家齐白石逝世（1864年生），曾获世界和平理事会国际和平奖金。

公元1958年，戊戌

中共中央提出“鼓足干劲，力争上游，多快好省地建设社会主义”的总路线。人民英雄纪念碑落成。《红旗》杂志创刊。人民公社普遍建立。广西壮族自治区、宁夏回族自治区相继成立。云南省文山壮族苗族自治州、楚雄彝族自治州成立。《汉语拼音方案》颁布。中国人民志愿军全部撤离朝鲜。甘肃兰州炼油厂建成投产。第一艘万吨远洋货轮“跃进号”下水。第一座试验性原子反应堆和回旋加速器建成。第一台内燃电动机车试制成功。中国科学院计算机研究所试制成功第一架通用电子计算机。第一台半导体收音机在上海诞生。中央电视台前身北京电视台开始播放节目。第一部国产“东风”牌轿车诞生。歌剧《洪湖赤卫队》在武汉首演。长篇小说《青春之歌》出版。

公元1959年，己亥

人民解放军平定西藏叛乱。刘少奇出任国家主席。计量制度开始统一。第一架每秒运行一万次的快速通用电子数字计算机在北京试制成功。第一套7.25万千瓦水力发电设备制成。自行研制的“旋风25型”直升飞机开始批量生产。第一拖拉机制造厂在洛阳建成。人民大会堂等北京十大建筑相继建成。中国科学院地理研究所等完成综合自然地理、地貌、气候、水文、土壤、植物、动物、昆虫等8种自然区划。北京明十三陵中的定陵博物馆（地下宫殿）正式开放。容国团为中国首次获世界乒乓球锦标赛男子单打冠军。小提琴协奏曲《梁祝》完成创作。台湾发生水灾。广东地区发现“马坝人”化石。山东泰安大汶口新石器时代墓地发掘。

公元1960年，庚子

苏联政府片面撕毁合同、撤走专家。全国范围的灾荒日趋严重，市场供应紧张。中央确认“调整、巩固、充实、提高”的发展国民经济的方针。第一枚液体燃料探空火箭发射成功。中国登山队员首次登上珠穆朗玛峰。

公元1961年，辛丑

安徽试行“定产到田，责任到人”的田间管理责任制。中国科学院上海实验生物研究所利用单性生殖法获得世界上第一只母蟾蜍产卵成功。中国革命博物馆开馆。中国乒乓球队获第26届世界锦标赛男子团体冠军和男女单打世界冠军。长篇小说《红岩》出版。

公元1962年，壬寅

国民经济形势开始好转。中共中央提倡计划生育。中国人民解放军在中印边界进行自卫反击作

战。上海江南造船厂制成1.2万吨压力的自由锻造水压机。北京自然博物馆正式成立。中国美术馆落成。

公元1963年，癸卯

中共中央决定在农村开展社会主义教育运动。毛泽东号召学习雷锋。中苏两党开始公开论战。黑龙江大庆油田建成，石油基本自给。上海第六人民医院成功进行“断指再植”手术。广东省发生严重干旱。

公元1964年，甲辰

国务院颁布《关于严格禁止楼、堂、馆、所建设的决定》。全国人民代表大会提出四个现代化目标。《毛主席语录》出版。毛泽东号召工业学大庆，农业学大寨。第一颗原子弹爆炸成功。第一枚中近程导弹发射成功。第一台通用数字电子计算机正式投入运行。第一台太阳望远镜试制成功。台湾石门水库竣工。西南三线开始建设。台湾嘉南发生里氏6.5级地震。“蓝田猿人”头盖骨在陕西蓝田发现。大型音乐舞蹈史诗《东方红》、现代芭蕾舞剧《红色娘子军》公演。

公元1965年，乙巳

西藏自治区成立。前国民政府代总统李宗仁归国。人民解放军援越抗美。中国在世界上第一次用人工方法合成结晶胰岛素。自行研制的第一座维尼龙工厂投产。自行研制的超音速强击机（强5）试飞成功。第一台大型电子显微镜在上海研制成功。云南发现距今约为170万年的“元谋人”化石。

公元1966年，丙午

“无产阶级文化大革命”开始。中近程火箭发射成功。导弹核武器发射成功。在渤海湾用固定平台钻成第一口石油探井。河北省邢台发生里氏6.7级地震。理论家李达逝世（1890年生），有《社会学大纲》等传世。作家老舍逝世（1899年生），有《骆驼祥子》、《龙须沟》、《茶馆》等传世。

公元1967年，丁未

第一颗氢弹爆炸成功。南京天文台安装调试当时中国最大的一台太阳无线电望远镜。河南平顶山大型煤矿建成投产。

公元1968年，戊申

南京长江大桥建成通车。第一台具有世界先进水平的深井石油钻机制造成功。浙江富春江大型水电站建成发电。戏剧家田汉逝世（1898年生），有《义勇军进行曲》歌词、《丽人行》、《关汉卿》剧作等传世。教育家徐特立逝世（1877年生），有《徐特立文存》传世。

公元1969年，己酉

刘少奇逝世。第一次地下核试验成功。自制钢材建造的第一艘1.5万吨油轮“大庆27号”下水。第一台12.5万千瓦双水内冷汽轮发电机组建成。第一套全自动长途电话设备调试成功。自行设计制造的高速歼击机首次试飞。河南省林县红旗渠工程全部建成。第一条地下铁道在北京建成。史学家范文澜逝世（1893年生），有《中国通史简编》、《中国近代史》等传世。史学家陈寅恪逝世（1890年生），有《隋唐制度渊源略论稿》、《唐代政治史述论稿》等传世。

公元1970年，庚戌

高等院校恢复招生。第一颗人造地球卫星发射成功。成（都）昆（明）铁路建成通车。上海研制成功一台40万倍一级大型电子显微镜。上海建成穿越黄浦江的公路隧道。第一艘自行设计制造的核动力潜艇建成下水。云南发生里氏7级地震。

公元1971年，辛亥

中国在联合国的合法席位得到恢复。第一艘2万吨货轮下水。第一条浮法玻璃生产线在河南洛阳玻璃厂建成投产。科学实验人造地球卫星发射成功。洲际火箭首次飞行试验成功。河北满城汉墓发掘出土金缕玉衣、长信宫灯、错金博山炉等文物。地质学家李四光逝世（1889年生），有《冰期

之庐山》、《地质力学概论》、《从大地构造看我国石油勘探远景》等传世。史学家陈垣逝世（1880年生），有《励耘书屋丛刻》、《二十史朔闰表》等传世。

公元1972年，壬子

美国总统尼克松、日本首相田中角荣相继访华，中美、中日关系正常化。第一台6000马力内燃机车研制成功。山东北镇黄河公路大桥建成。北京、上海等地建立卫星通信地面站。长沙马王堆汉墓出土。山东临沂银雀山西汉前期墓葬中发现《孙子兵法》和久已失传的《孙膑兵法》等竹简。北京市周口店北京猿人展览馆建成开放。建筑学家梁思成逝世（1901年生），有《清式营造则例》、《中国建筑史》等传世。

公元1973年，癸丑

第一台天文测时、测纬用的光电等高仪研制成功。第一台每秒运算百万次电子集成电路计算机研制成功。中国首次通过动物实验证明：细胞质内的信息核糖核酸对细胞分化、个体发育和性状遗传有显著作用。香港海底隧道通车。浙江余姚县河姆渡新石器时代遗址发掘，发现约公元前5000年的稻谷等遗存。河北省武安县发现磁山文化遗址。四川甘孜自治州发生里氏7.9级地震。

公元1974年，甲寅

第一艘2.5万吨级浮船坞建成投产。甘肃省刘家峡水电站建成。第一条输油管道大庆至秦皇岛建成。第一艘海洋地质勘探浮船出海试钻成功。天津大港油田建成。山东胜利油田建成。第一个5万吨级码头在广东湛江建成。澳门澳凼大桥通车。云南昭通、四川凉山发生里氏7.1级地震。河北省开始挖掘战国晚期的中山国王墓。近代气象学奠基人竺可桢逝世（1890年生），有《中国气象概论》、《我国五千年气候变迁初步研究》等传世。

公元1975年，乙卯

邓小平主持中央日常工作，提出全面整顿的治国方针，国民经济形势开始好转。中央政府特赦全部在押战犯。第一次成功地回收人造地球卫星。第一艘长江大型客轮“东方红11号”试航成功。第一条电气化铁路宝（鸡）成（都）铁路建成通车。测定珠穆朗玛峰海拔高度为8848.13米。辽宁省营口、海城一带发生里氏7.3级地震。陕西临潼秦始皇陵墓出土大批兵马俑。福建省泉州湾发掘一艘宋代木造海船。蒋介石在台湾逝世（1887年生）。

公元1976年，丙辰

周恩来、朱德、毛泽东相继逝世。中共中央一举粉碎“四人帮”，“文化大革命”结束。第一座10万吨级深水油港在大连建成。京杭中同轴电缆1800路载波通信工程竣工。万吨级海洋科学调查船在太平洋海域进行首次远洋科学调查。中国科学家在西藏海拔5500米的甘巴拉山上建成世界上海拔最高的宇宙线实验站。中国首次成功地拍摄珠穆朗玛峰顶端的地质、地貌特征图片。河北省唐山发生里氏7.8级地震。吉林地区降落陨石雨，收集到100多块陨石，其中最大的重达1770公斤。

公元1977年，丁巳

全国高考制度恢复。中国社会科学院建立。全国基本建设会议在北京召开。自行设计研制的第一个数字制卫星通信地面站建成。中国参加首次全球大气实验。数学家陈景润在“哥德巴赫猜想”问题研究中取得重要成就，被国际数学界称为“陈氏定理”。物理学家吴有训逝世（1897年生）。

公元1978年，戊午

全国开展“实践是检验真理的唯一标准”讨论。中国共产党召开十一届三中全会，决定将工作重点转移到经济建设上来，中国开始改革开放的新时代。安徽凤阳县梨园公社小岗村生产队18户农民订立契约，划分耕地，包干到户，农村改革开始。中共中央召开全国科学大会。1976年“天安门事件”获得平反。研究生教育制度恢复。中国科学院、中国社会科学院设立研究生院。公派留学制度恢复。香港建成自港岛遮打道至九龙尖沙咀地下铁道。第一只人工授精繁殖的大熊猫在北京动物园诞生。湖北随县曾侯乙墓发掘，发现战国早期音乐编钟。文学家、史学家、古文字学家郭沫若逝世（1892年生），有《郭沫若全集》传世。

公元1979年，己未

中美建立外交关系。《中华人民共和国中外合资经营企业法》颁布实施，开始引进外资。《中华人民共和国环境保护法（试行）》颁布。河南南阳油田建成投产。第一座325米专用气象观测塔建成使用。第一台可移动式激光绝对重力仪研制成功。中国新疆至巴基斯坦的中巴高原公路建成通车。上海石油化工总厂第一期工程建成投产。中国科学院调查发掘位于新疆维吾尔自治区罗布泊西北的楼兰古城。实验胚胎学家童第周逝世（1902年生）。

公元1980年，庚申

中国政府在珠海、深圳、汕头、厦门设立经济特区。第一枚远程运载火箭向太平洋预定海域发射成功。重庆长江公路大桥通车。第一条复线电气化铁路石（家庄）太（原）铁路通车。第一座双向潮汐电站在浙江建成发电。中国加入世界知识产权组织。中国长白山、卧龙、鼎湖山三处自然保护区被列为国际生物圈保护区。中国潜水员创造了潜海深度世界记录。湖北省发生特大洪灾。云南禄丰县发现腊玛古猿头骨化石，证明人类起源时间是1400万年前。陕西临潼县姜寨村发现6000多年前的仰韶文化早期的一处完整原始氏族村落遗址。

公元1981年，辛酉

中共中央通过决议，高度评价毛泽东功绩，否定“文化大革命”。叶剑英委员长发表关于台湾回归祖国的9条方针。国务院颁布《关于自费出国留学的暂行规定》。学位制度开始实行。首次运用一枚运载火箭发射三颗空间物理探测卫星。中国科学院上海生化研究所完成酵母丙氨酸转移核糖核酸的人工合成。第一座大跨度预应力混凝土铁路斜拉桥广西红水河大桥建成通车。第一座大型高通量原子反应堆建成。最大的稀土生产线在甘肃第一冶炼厂建成。四川省发生特大洪灾。中华人民共和国名誉主席宋庆龄逝世（1893年生）。文学家茅盾逝世（1896年生），有《茅盾全集》传世。

公元1982年，壬戌

邓小平提出“建设有中国特色的社会主义”理论。国务院批准24个城市为中国第一批历史文化名城。《中华人民共和国文物保护法》颁布。贵州黔西布依族自治州成立。山东济南黄河公路大桥建成通车。自行研制的“运七型”客机试飞成功。第一座生产彩色显像管的现代化大型企业陕西彩色显像管总厂投产。第一次卫星通信和电视转播试验成功。第一座太阳塔在南京紫金山建成。潜艇水下发射固体燃料火箭获得成功。第一个现代化农业测试中心投入试运转。第一届少数民族运动会召开。

公元1983年，癸亥

李先念任中华人民共和国主席。彭真任六届全国人民代表大会常务委员会委员长。邓颖超任政协六届全国委员会主席。邓小平为景山学校题词：教育要面向现代化，面向世界，面向未来。湖北省鄂西土家族苗族自治州成立。中国政府决定建立以上海为中心的长江经济三角区。引滦入津工程全线正式通水。自行设计的每秒运行1亿次的“银河”巨型计算机通过国家鉴定。第一个大型向量电子计算机系统（757机）通过鉴定。横贯新疆天山南北的独山子至库车公路通车。甘肃省东乡自治县发生严重山体滑坡。广州越秀公园西发现西汉南越王墓。陕西发现中国最早的长城—楚长城遗址。画家张大千在台湾逝世（1899年生）。

公元1984年，甲子

中英两国政府签署关于香港回归祖国问题的联合声明。天津、大连等14个沿海港口城市进一步对外开放。国务院颁布《城市规划条例》。第一座微型核反应堆研制成功。第一座具有世界先进水平的地震模拟震动台建成。6.5万吨级“大庆”号油轮下水。多用途无人驾驶飞机在北京研制成功。中国首批考察队员登上南极洲并建长城站。地球同步通信卫星发射成功。第一个城市环境自动检测网络在上海落成。天津建成全国海洋环境污染检测网。最大的受控热核聚变研究装置“中国环流一号”建成。北京大学、清华大学等重点高等学校设研究生院。中国运动员在第23届奥林匹克运动会上实现了中国在奥运会金牌榜上零的突破。首届全国伤残人运动会举行。首批《珍稀濒危保护植物名录》公布。

公元1985年，乙丑

中国人民解放军裁军百万。珠江三角洲、长江三角洲、闽南三角洲地区辟为经济开放区。中国加入《保护世界文化和自然遗产公约》。中共中央公布《关于教育体制改革的决定》。上海宝山钢铁总厂一期工程建成投产。水稻雄性不育性研究获国际知识产权组织颁发的“发明与创造”金质奖章。国际上首创的天花粉蛋白全部结构测定工作完成。激光汉字编辑排版系统正式通过鉴定。第一台全数字仿真计算机通过鉴定。首次利用遥感技术完成全国土地资源调查。“崩龙族”改称为“德昂族”。数学家华罗庚逝世（1910年生），有《堆垒素数论》、《多复变数函数论中的典型域的调和分析》、《优选学》等传世。

公元1986年，丙寅

中共中央决定加强社会主义精神文明建设。《中华人民共和国义务教育法》颁布。国家自然科学基金、国家社会科学基金设立。第二汽车制造厂建成。“长征3号”运载火箭发射一颗实用通信卫星定点成功。河南郑州黄河公路大桥建成通车。居世界领先地位的锗酸铋晶体研制成功。第一个地球资源遥感卫星地面站落成。中国医学科学院研制成功抗白血病“生物导弹”。第一座符合国际标准的现代化海洋固定式采油平台建成。国务院批准20个国家级森林和野生动物自然保护区。中国女子排球队在世界性比赛中获得“五连冠”。长江下游第一次发现旧石器晚期遗址。核武器事业元勋邓稼先逝世（1924年生）。

公元1987年，丁卯

中共十三大确认“社会主义初级阶段的理论”。中葡两国政府签署关于澳门回归祖国问题的联合声明。北京图书馆（国家图书馆）新馆建成。“长征2号”火箭发射返回式卫星，首次为外国公司提供卫星搭载服务。中国科学家首次完成环球航海科学考察。中国科学院植物研究所在世界上首次由玉米原生质培养出再生植株。北京周口店“北京人”遗址、山东泰山、甘肃敦煌莫高窟、陕西秦始皇陵及兵马俑、北京故宫和万里长城等被列入《世界遗产名录》。国际天文学联合会自1967年以来先后以中国李白、张衡、鲁迅等23位科学、文学、艺术家名字为水星、火星、月球上的环形山命名。三北防护林带获联合国环保奖。

公元1988年，戊辰

杨尚昆任中华人民共和国主席。海南建省。中国在东海海域成功发射核潜艇水下运载火箭。第一座高能加速器北京正负电子对撞机对撞成功。第一例试管婴儿诞生。北京市决定以中关村地区为中心建立新技术产业开发试验区。第一座科学技术馆在北京开馆。中国首次在南极发现矿藏。最大的重离子加速器建成。中国科学院物理研究所获得世界上转变湿度最高的超导体。南沙永暑礁建立第一个海洋观测站。第一条重载单元双线电气化现代铁路大（同）秦（皇岛）铁路一期工程通车。云南澜沧、耿马发生里氏7.6级地震。海南发生飓风。蒋经国在台湾逝世（1910年生）。

公元1989年，己巳

北京发生“春夏之交政治风波”。江泽民任中共中央总书记、中央军委主席职务。京沪数字微波通信干线初步建成使用。南极第二个科学考察站中山站奠基。首次发现高能γ波段的双脉冲星。第一台专用同步辐射装置建成。中国科学家首次在理论上证明了观测的宇宙必定是四维的，在宇宙学研究中取得突破性进展。引黄济青工程正式通水。第十世班禅喇嘛圆寂。近代桥梁工程学奠基人茅以升逝世（1896年生），有《桥梁第二应力》、《钱塘江桥》等传世。

公元1990年，庚午

中国政府确立保护环境为一项基本国策。大陆人口总数达11.6亿。第十一届亚运会在北京举行。中国博士后科学基金会成立。改革开放后第一家证券交易所在上海成立。上海浦东开发区设立。“长征3号”火箭为亚洲卫星公司发射一颗美国制造的“亚洲一号”卫星。江苏、安徽等地发生特大洪涝灾害。中国科学院在世界上首次直接观察到辫子般的三链状脱氧核糖核酸新结构。世界上最大的反射式全自动水平子午环在西安天文台安装。首批建立5个自然保护区。第一台原子力显微镜研制成功。第一座眼库“同仁眼库”在北京建立。安徽黄山被列入《世界遗产名录》。

公元1991年，辛未

21个国家高新技术产业开发区设立。中国证券协会在北京成立。华东地区发生严重水灾。第一枚高空低纬度探空运载火箭“织女三号”发射成功。浙江秦山核电站并网发电。葛州坝水利工程全部建成。上海南浦大桥贯通。第一座跨海公路大桥厦门大桥通车。第一台载人式“水下机器人”研制成功。第一座利用乏燃料核反应堆建成投产。第一艘我国自行研制的海上液化石油气船下水。052型导弹驱逐舰下水。陕甘宁盆地勘探出一个国内最大的天然气田。

公元1992年，壬申

邓小平视察深圳、上海等地并发表重要讲话。中共十四大提出建立“社会主义市场经济体制”。澳门南湾湖工程正式启动。中国科学院在世界上首次合成并鉴别汞－208、铪－185两种新核素。上海原子核研究所在世界上首次发现新核素铂－202。世界首例靠人工合成营养液孕育的婴儿在上海诞生。湖南张家界武陵源、四川阿坝藏族羌族自治州的南坪县九寨沟和松潘县黄龙等被列入《世界遗产名录》。考古学家在辽宁发现1.35亿年前鸟化石。中国原子能科学事业的创始人钱三强逝世(1913年生)。

公元1993年，癸酉

金融、税制体制改革开始进行。《中华人民共和国教师法》颁布。首届中国艺术博览会召开。海峡两岸关系协会会长和台湾海峡交流基金会董事长在新加坡举行会议。世界杯马拉松赛中国选手包揽女子组前四名。上海港成为世界第三大港。广东大亚湾核电站建成。最大的海上油田流花11—1油田投入开发建设。世界上最长的光缆干线京汉广暨广邕、广琼光缆通信干线开通。银河全数字仿真—Ⅱ巨型计算机研制成功。澳门改建、扩建有115年历史的官办山顶医院（亦名仁伯爵医院)。《中国大百科全书》全部出版。

公元1994年，甲戌

中国制定《21世纪议程》。邮电部开始进入国际互联网。长江三峡工程开工。内湖第一长桥太湖大桥通车。甘肃省引大通河水入秦王川的自流灌溉工程全线通水。世界上跨度最大的斜拉桥上海杨浦大桥建成。中国探险队首次到达长江之源。中国工程院成立。经中国科学家认定雅鲁藏布江大峡谷为世界第一大峡谷。河北承德避暑山庄，山东曲阜孔庙、孔林、孔府，西藏拉萨布达拉宫，湖北武当山古建筑群等被列入《世界遗产名录》。湖南澧县城头山古城遗址出土新石器时代籽实数十种。

公元 1995 年，乙亥

中共中央确定科教兴国战略。江泽民就发展两岸关系，推进祖国和平统一进程问题提出 8 点主张。《中华人民共和国教育法》颁布。经金瓶掣签认定，国务院特准坚赞洛布继任十一世班禅额尔德尼。京九（龙）铁路全线铺通。亚洲第一高的上海东方明珠广播电视塔落成。国内最大的无导体壳托卡马克受控核聚变装置中国环流器新一号研制成功。中国科学家在世界上首次合成重丰中子新核秦镤—239。藏文《中华大藏经》对勘本出版。陈云逝世（1905 年生）。

公元 1996 年，丙子

中国政府宣布暂停核试验。第三届亚洲冬季运动会在哈尔滨举行。第一次全国科普工作会议在北京举行。粗钢产量突破 1 亿吨大关，成为世界第一粗钢生产大国。大型火车客运站北京西站正式运营。中国科学家发现 6 亿年前生命就有性别之分。中国科学院近代物理研究所在世界上首次合成并鉴别了新核素镅—235。河南商丘发现中国现存最早天文观测台遗址。四川峨眉山—乐山大佛、江西庐山被列入《世界遗产名录》。云南丽江纳西族自治县发生里氏 7 级地震。湖南、湖北两省发生严重的洪涝灾害。剧作家曹禺逝世（1910 年生），有《雷雨》、《日出》、《胆剑篇》等传世。

公元 1997 年，丁丑

香港回归祖国。邓小平逝世。中国共产党召开第十五次全国代表大会，确定邓小平理论为党的指导思想。重庆升格为直辖市。中国外汇储备超过 1000 亿美元。第十五届世界石油大会在中国举行。南（宁）昆（明）铁路通车。长江三峡工程实现大江截流。黄河小浪底水利枢纽工程实现大河

截流。北京天文台发现一颗近地小行星，被国际小行星中心证实，编号为1997BR。中国科学家试制成功世界首创的全身伽玛刀。山西平遥古城、云南丽江古城、江苏苏州园林等被列入《世界遗产名录》。画家吴作人逝世（1908年生），曾获法国政府暨文化部艺术文学最高勋章和比利时王国王冠荣誉勋章。

公元1998年，戊寅

长江及松花江流域出现历史上罕见的特大洪灾，军民奋力，战胜洪灾，形成伟大的抗洪精神。亚洲发生严重金融危机，中国政府宣布并坚持人民币不贬值。第一条时速200公里广州至深圳电气化铁路建成。香港新机场正式运营。第一艘飞翼船试飞成功。第一条彩色B超生产线在汕头投产。中国女子羽毛球队在第十七届尤伯杯羽毛球赛夺得冠军，成为尤伯杯赛史上第一支六度捧杯的队伍。北京天坛、颐和园被列入《世界遗产名录》。河北张北地区发生里氏6.2级地震。新疆阿图什发生里氏6级地震。台湾嘉义发生里氏6.2级地震。核物理学家王淦昌逝世（1907年生）。学者、作家钱钟书逝世（1910年生），有《围城》、《管锥篇》等传世。

公元1999年，己卯

澳门回归祖国。庆祝中华人民共和国成立50周年。达到世界先进水平的第一代业务气象卫星风云一号C星发射成功。长征系列运载火箭成功发射两颗铱星。上海生命科学研究中心在世界上率先发现能影响神经迁移的蛋白质分子SLIT。23位科学专家荣获“两弹一星功勋奖章”。首次进行北级综合科学考察。第一例膀胱刺激器植入成功。首例转基因牛在上海诞生。首次举办国际建筑师协会大会和世界园艺博览会。西安秦始皇陵兵马俑二号坑首次发掘出6尊带彩俑。台湾发生里氏7.6级地震。作家冰心逝世（1900年生）有《冰心全集》传世。第一艘载人航天试验飞船“神舟”号发射升空。

后记

中华世纪坛青铜甬道全长262米，用18万文字概括了中华民族从孕育到启蒙、成长、发展的历史过程。

青铜甬道从创意阶段开始，就受到了国内外各界人士的普遍关注。在它的编纂、设计、制作过程中，更得到了史学界、文学艺术界、建筑艺术界、金属铸造界乃至军界、教育界、自然科学界无数专家学者的热情指导。青铜甬道不但铭记了中华民族的发展史，而且也铭记了世纪交替之际炎黄子孙对祖国、对民族无限热爱的拳拳之心。

青铜甬道铭文的文稿，是由中华世纪坛组委会聘请中国社科院历史研究所、近代史研究所、北京大学历史系、北京师范大学史学研究所的数十位专家，用近一年的时间，认真研讨，数易其稿才完成的。初稿完成后，又对文稿中所涉及的各学科、各行业的专题内容，请各专业机构或学术团体的专家，进行核定、修改，反复修订达十余次才最后定稿。

文稿上限起自中华大地形成，下限到公元1999年。今后，随着时间的推移，将每年新铸一块铜板，安装在世纪坛坛体前的花岗石台阶上，直到青铜甬道铺到主体坛上为止。

青铜甬道铭文，着重反映中华民族的发展史。以文化、教育、科技为主线，记述对中华文明发展起促进作用的重要历史事件和人物，同时也记述了对民族发展有重大损失的浩劫和自然灾害。其中特别关注少数民族、妇女在发展史上的贡献。铭文中自夏王朝始至公元前841年，系采用国家“九五”重大科研成果，《夏商周断代工程》的观点，为中国历史学20世纪末的最新成果。

青铜甬道共耗铜70余吨，青铜板经过耐磨耐腐处理，由清华大学进行检测，大连大青艺术铸造有限公司制作，中国艺术铸造协会验收。

青铜甬道凝聚着许多专家学者和有关领导的心血。特别是它的创意人，北京市政协副主席朱相远先生。从青铜甬道的构思到铭文的编纂、修订，直到制作安装，每一环节都给予了直接的关怀和支持。没有他们的关怀、鼓励和指导，青铜甬道就达不到现有的水平。在此，对朱相远先生，对所有为青铜甬道的建设作出贡献的专家、学者和领导同志，致以诚挚的谢意。

青铜甬道铸成后，社会各界纷纷来电、来函、来信，建议将甬道铭文集册出版，以弘扬中华文明。遵照各界建议，特对铭文精校付梓，作为对关怀这一世纪工程的各界贤达的答谢。

编　　者

2000 年 9 月 12 日

辉煌灿烂文化荟萃